感谢中国教育发展基金会对本书的资助以及中国人民大学公共治理研究院的大力支持

中国高校基金会
年度发展报告
(2020)

《中国高校基金会年度发展报告》编写组 / 编

ANNUAL REPORT ON DEVELOPMENT OF
CHINA UNIVERSITY FOUNDATION (2020)

社会科学文献出版社
SOCIAL SCIENCES ACADEMIC PRESS (CHINA)

编写说明

《中国大学教育基金会发展报告（2018）》出版发行迄今已有近3年时间，其间我国高校基金会的发展环境发生了较大变化。为持续关注行业发展动态，聚焦高校基金会热点问题，2020年5月，在中国教育发展基金会的支持下，依托中国人民大学公共治理研究院这一平台，《中国高校基金会年度发展报告（2020）》编撰工作正式启动。

按照惯例，编撰工作邀请了业内专家学者及行业从业人员参与其中，针对我国高校基金会行业发展过程中出现的一些新问题、新挑战，聚焦高校基金会突发事件应对、院系筹资模式、高校多元化筹资、财务风险防范、投资管理、校友关系维护、大额捐赠项目管理等问题并进行了深入研究。此外，本次编撰工作还通过问卷形式收集整理了部分高校基金会财务、人员、治理结构等方面相关信息，力求全面准确地掌握行业发展数据。这部分内容主要在总报告部分体现。

此次编撰工作参加人员包括复旦大学教育基金会秘书长杨增国、上海交通大学教育基金会秘书长程骄杰、浙江大学教育基金会秘书长沈黎勇、暨南大学教育基金会秘书长梁燕、北京大学教育基金会副秘书长胡俊、中国人民大学教育基金会副秘书长王志成、北京师范大学教育基金会副秘书长李胜兰、北京理工大学教育基金会副秘书长余海滨、南京大学教育基金会理事王俊，以及华北电力大学教育基金研究中心副主任、中国人民大学公共治理研究院研究员杨维东。

本书由中国教育发展基金会副理事长赵路作序。

序　言

在中国教育发展基金会的资助下，《中国大学教育基金会发展报告（2018）》由社会科学文献出版社出版发行，报告记录了20余年来高校基金会的发展历程，从理论、实践和制度等方面对高校基金会进行了深入探讨，成为首个全景展现高校基金会发展的行业蓝皮书。

3年来，高校基金会发展迎来新的机遇和挑战。《中华人民共和国慈善法》相应配套政策文件密集出台，进一步明确了慈善组织在公开募捐、保值增值、信息公开以及激励惩戒等方面的规范性要求，推动各项工作有据可依、有章可循。同时，《中华人民共和国企业所得税法》《中华人民共和国个人所得税法》在捐赠税前扣除方面也进行了相应的调整与衔接，将慈善捐赠的税收优惠政策落实落细，进一步助力了慈善捐赠和慈善事业发展。特别是2018年财政部、教育部修订印发的《中央高校捐赠配比专项资金管理办法》，进一步鼓励和引导中央高校拓宽资金来源渠道，健全多元化筹资机制。地方高校捐赠配比政策也相继出台，目前已有至少8个省份、2个计划单列市和1个地级市出台了地方高校的捐赠配比政策。上述法律与政策有力地激励和推动了高校基金会行业的发展。高校基金会数量已逾600个，年度总收入在百亿元以上，2018年净资产近500亿元，2019年仅一流大学建设高校基金会的净资产就接近350亿元。经过不断努力，我国高校基金会的建设与发展取得了阶段性成果，基金会对高校改革发展的积极作用已逐渐显现。

同时，我们也应看到，高校筹资渠道比较单一的总体局面仍未有根本改变，高校基金会行业发展也遇到了一些新问题和新挑战。为动态掌握高校基金会行业发展现状，及时分析行业发展过程中面临的突出问题，推动行业健康可持续发展，2020年中国教育发展基金会继续委托中国人民大学公共治理研究院编撰《中国高校基金会年度发展报告（2020）》。本报告的编撰团队来自北京大学、中国人民大学、北京师范大学、复旦大学、上海交通大学、浙江大学、南京大学、北京理工大学、暨南大学等高校基金会治理团队，这也彰显了报告的实践与问题导向。报告在系统梳理行业发展现状的同时，分为内部治理、财务与投资、校友与筹资3个篇章，对相关问题进行了有针对性的分析。此外，报告还特别设置一章，对高校基金会在抗击疫情中的表现进行总结。

当前，全球新冠肺炎疫情仍在蔓延，不确定因素依然很多，这些都给我国高校及其基金会的可持续发展带来了一定影响。在"过紧日子"背景下，面对新的发展态势与挑战，我国高校多元化筹资的需求会更加迫切，更加需要高校基金会这一平台发挥应有作用，在管好用好存量资源的基础上，努力拓展增量资源。希望本书的出版能够为相关政策制定提供有益参考，为相关领域后续研究提供翔实资料，为推动高校基金会行业健康发展做出积极贡献。今后，中国教育发展基金会将一如既往地关注高校基金会行业的发展，与高校基金会各位同人一道，共同推动高校基金会的研究工作，为我国高校基金会建设做出新贡献。

由于研究能力有限，本书内容难免存在不足之处，敬请教育、财政领域专家学者，以及高校基金会从业人员批评指正。

中国教育发展基金会副理事长

赵　路

2020.07

目 录

总报告

分报告

特别篇

内部治理篇

财务与投资篇

校友与筹资篇

总报告

中国高校基金会：现状、挑战与机遇

杨维东[*]

引 言

1994 年，清华大学教育基金会、浙江大学竺可桢教育基金会（浙江大学教育基金会的前身）正式成立，其后我国高校基金会走入了公众的视野，行业不断发展壮大，迄今已经走过了 26 年的发展历程。这期间，我国高校基金会行业先后经历了《基金会管理条例》出台、中央财政配比政策施行、双一流战略公布以及新冠肺炎疫情应对等重要事件，整体上形成了与所在高校办学层次相对应的，特色鲜明、差异化特征明显的高校基金会体系。600 余家各级各类高校基金会正在不断探索改革与创新路径，与我国高等教育战略发展同频共振，释放出更多的组织活力，为所在高校各项工作提供有力的资金支持，为我国高等教育事业可持续发展提供不竭动力。

2017 年，在中国教育发展基金会的大力支持下，《中国大学教育基金会发展报告（2018）》顺利完成。报告总结了我国教育基金会行业 20 余年来的发展情况，记录了高校基金会的成长历程，对高校基金会发展与双一流大学建设、基金会运作管理、投资策略、校庆筹资等问题进行了深入研究，是一本系统观察高校教育基金行业发展的读物，对高校教育基金会行业建设起到了一定的推动作用。《中国大学教育基金会发展报告（2018）》问世至今已有 3 年，这期间高校基金会行业出现了一些新情况、新问题。新冠肺炎疫情的暴发，使高校基金会在彰显应变能力，充分展示社会责任感的同时，也给今后高校筹资与高校基金会管理带来了新的挑战。

因此，为动态掌握我国高校基金会行业发展现状，及时分析行业发展过程中面临的突出问题，进一步凝聚行业意识，推动高校基金会行业健康可持

---

* 杨维东，华北电力大学教育基金研究中心副主任、中国人民大学公共治理研究院研究员。

续发展，更好地搭建对话与交流平台，在中国教育发展基金会的持续资助下，中国人民大学公共治理研究院、华北电力大学教育基金研究中心启动了《中国高校基金会年度发展报告（2020）》的编撰工作，邀请部分高校基金会资深管理者参与其中，总结高校基金会在新冠疫情应对中发挥的积极作用，同时聚焦筹资模式、项目管理、高校与基金会关系、小额捐赠、投资机制、激励机制、募款平台搭建等问题，最终形成年度发展报告。该报告既为相关政策制定提出对策建议，也为相关领域研究提供翔实资料，致力于推动整个高校基金会行业的健康发展。今后，我们还将探索与行业基础设施建设相结合，与高校基金会行业发展特点相结合，尝试以两到三年为一个写作周期，形成高校基金会行业发展报告编撰的长效机制，打造系列品牌。

一　他山之石
——世界一流大学的筹款实践

与《中国大学教育基金会发展报告（2018）》不同，本报告在介绍我国高校基金会整体发展情况之前，还将对世界一流大学的筹资募款实践进行介绍，这将有助于我们从国际视野出发考察我国高校基金会的发展路径，也有助于借鉴世界一流大学在资源拓展与筹募方面的有益经验，推动我国高等教育多元化筹资进程。

毋庸讳言，新冠肺炎疫情在全球的暴发，特别是在美国的持续扩散，将对美国大学产生灾难性影响。随着政府拨款、科研资金、海外学生收入以及捐赠收入的减少，美国大学陷入了前所未有的财务困境当中，纷纷大幅削减开支予以应对，如冻结员工工资、减少招聘、管理层减薪、裁员等。不过，我们应该看到美国大学当前遇到的财务困境，是由外部的病毒大流行及其相关的不确定性引起的，就美国大学特别是私立常春藤大学而言，经过几百年的发展与演变，其筹资模式已经日趋成熟，募捐经验日益丰富，尤其是在经历了历史上若干次经济危机后，财务应变能力也有了大幅提升。相信今后随着疫情的好转以及美国经济的复苏，除了少数因疫情影响而无以为继的小型文理学院，大部分大学应该会回归常态化，特别是哈佛大学、斯坦福大学这些有着巨量捐赠基金的顶尖高校，更是会通过新一轮的筹资募款，弥补因疫情导致的财政损失。因此，即便在当前存在巨大不确定性的情况下，美国大学的筹资模式、筹资运营体系以及筹资策略，依然值得我国高校学习借鉴。

（一）美国大学筹资的特点

据美国教育资源拓展协会（CASE）统计，2019 年美国大学共筹集捐赠 496 亿美元，比 2018 年增长了 6.1 个百分点，[1] 达到历史最高水平。事实上，随着 2008 年金融危机过后的经济复苏，美国大学的募捐整体上处在上升区间内。然而，随着疫情的持续影响，相信在未来 3 ~ 5 年甚至更长时间内，美国大学筹资的整体水平不会突破 "496 亿美元" 这一高点。在新冠肺炎疫情暴发以前的几年间，美国高等教育领域的筹资募款呈现以下特点。

1. 私立大学筹款继续高歌猛进，筹款规模屡创新高

在世界一流大学的多元化筹资实践中，美国私立大学的办学资金多元化特征尤为明显。目前美国私立大学的收入来源主要包括政府（联邦及州政府）科研项目资助、学费、当年捐赠收入中可支配部分（包括往年捐赠本年到账部分）、留存捐赠基金的投资收入、附属医院等机构服务性收费、企业或基金会科研经费、校园设施与服务收费等，其中捐赠资金及其衍生基金池的投资收益，已经成为目前美国私立大学资金的主要来源。2018 ~ 2019 财年，在美国东北部八所常青藤盟校（Ivy League）中，普林斯顿大学年度预算中捐赠基金收益的总体贡献率达到了创纪录的 64%，如果再加上可供当期使用的捐赠资金，两项捐赠相关的收入接近大学预算的 70%；哈佛大学的这两项占比达到 43%，接近年度预算收入的一半；耶鲁大学捐赠基金收益的贡献率为 33%，加上当期捐赠可用资金，合计接近 40%。其他顶尖研究型私立大学的这一占比在 25% ~ 30%，甚至更高。[2]

尽管投资收益是捐赠基金的重要来源，但从根本上说，庞大的捐赠基金是由经年累月的筹资沉淀形成的，筹资环节的重要作用体现在能够保证捐赠基金池持续注入新的资金，这样筹资、投资与用资才能形成良性循环。缺少了筹资的努力，美国大学捐赠基金就失去了根基与持续增长的动力。在筹资方面，美国私立大学不断加大各种资源投入，筹资收入屡创新高。需要说明的是，本部分我们提到的筹资收入，是指实际收到的捐赠款项，包括当年实际收到的现金捐赠，以及往年捐赠承诺中本年兑现的现金部分。随着捐赠者建议基金（DAF）、慈善信托等新型公益慈善工具的兴起，当年现金捐赠部分

---

① "Voluntary Support of Education Key Findings," CASE, accessed September 29, 2020, https://www.case.org/resources/voluntary-support-education-key-findings - 2018 - 19.

② 资料来源：各大学网站。

呈现逐年下滑的态势。

从不同的学校来看，以哈佛大学为例，2018～2019 财年募捐到账金额为13.7 亿美元，仅次于 2017～2018 财年的 14 亿美元，而从 2014 年开始，伴随着全方位筹款行动（Comprehensive Fundraising Campaign）的深入开展，哈佛大学的年度筹款金额一直处在 10 亿美元以上水平。斯坦福大学 2017～2018 财年的筹款金额也突破了 10 亿美元门槛，2018～2019 财年虽有小幅下滑，但也处在 8.59 亿美元的历史高位。除此之外，耶鲁大学、哥伦比亚大学、约翰霍普金斯大学、南加州大学、宾夕法尼亚大学等传统私立高校，在筹资募款方面也都有不俗的表现。[①]

2. 公立大学异军突起，大学筹款公立、私立齐头并进

一直以来，美国州政府的财政资金是公立大学的主要来源。然而自 20 世纪 80 年代开始，州政府对州内公立大学的财政拨款日益缩减，财政拨款占比由原来的 50% 左右逐渐下降，目前大部分州立旗舰大学获得的纯粹财政拨款，仅占到了年度预算的 10%～20%。以加州大学洛杉矶分校为例，州政府拨款占比从 20 世纪 80 年代的 35% 以上降到了目前的 7% 左右。与此同时，大学的办学成本却显著增加。更为重要的是，随着公立大学使命和角色的变化，其办学规模不断扩大，财政需求也水涨船高，超出了州政府和地方政府财力能够承受的限度。

面对财务收支此消彼长的困境，公立大学，特别是公立旗舰大学越发重视多渠道筹资与自身捐赠基金池建设，纷纷效仿私立大学向多元化筹资转型，通过筹集社会捐赠方式拓展资金来源，以减少对财政资金的依赖。[②] 以密歇根大学为例，包括院系发展事务团队在内，这所大学目前从事发展与筹资相关工作的人员达到 550 人，与同等规模的私立大学在这方面的人员配置相差无几。

经过多年的探索与努力，这些公立大学在资源拓展，特别是捐赠募集方面，取得了不俗的成绩。截至 2017 年，捐赠总收入排名前 20 位的大学中，包括 8 所公立性质的大学。[③] 在 2018 年捐赠总收入排名前 10 位的美国大学中，加州大学洛杉矶分校、加州大学旧金山分校、华盛顿大学这三所公立

---

① 资料来源：各大学网站。

② Michael J. Worth and Matthew T. Lanbert, *Advancing Higher Education: New Strategies for Fundraising, Philanthropy, and Engagement* (Lanham: Rowman & Littlefield Publishers, 2019).

③ Heather Joslyn, "Donations to Colleges Up 6% in 2017," accessed September 29, 2020, https://www.philanthropy.com/article/Donations-to-Colleges-Up-6-in/242441/.

大学占据三个席位，年度筹资规模在 6 亿~8 亿美元。正如马修·兰伯特（Matthew Lambert）所描述的那样，不管是私立大学还是公立大学，正在同时致力于从政府和私人领域获取资源，事实上它们已经演变成混合型高等教育机构。此外，社区大学虽然在多渠道筹集资金方面落后于四年制公立大学，但是许多学校已经拓展了校友关系和发展项目，并有望在这一领域取得积极成果。

3. 全方位筹款行动已成为美国大学筹资的常规路径

目前，美国大学的筹款活动大多是以全方位筹款行动的形式开展的。从 20 世纪 70 年代开始，美国大学开始拓展筹款行动的范围，将传统的大额捐赠、计划捐赠及年度捐赠整合进一个体系，这就形成了全方位筹款行动的总体框架。与大额筹款行动一样，全方位筹款行动致力于实现募捐对象的全覆盖，最大程度地寻求捐赠支持。不过，全方位筹款行动并不仅仅聚焦于某个单一的筹款项目，而是形成细分的差异化营销策划，以更有针对性地推进筹款工作。

不仅仅是捐赠项目范围的扩大，全方位筹款行动的时间周期也在这几十年间得到了极大拓展。传统的筹款行动通常是 1~3 年，最多 3~5 年，但全方位筹款行动则与校长任期相契合，一般会在 7 年左右，有的时间还会更长，如果加上之前的策划与准备时间，整个周期会接近 10 年。这为识别、培育潜在捐赠者提供了更多的机会，不过这也给大学校长以及募捐团队带来新的挑战。总之，目前美国大学的筹款行动更加趋于全方位化，目标更加宏大，同时呈现出机制灵活、以捐赠者为中心等特征。

约翰斯霍普金斯大学名为 "Rising to the Challenge" 的全方位筹款行动，签约金额高达 60 亿美元，其中包括迈克尔布隆博格于 2018 年底捐赠的 18 亿美元，这也是迄今为止世界教育慈善领域金额最大的一笔捐赠。在此之前，哈佛大学为期 6 年的全方位筹款行动也圆满收官，这场发起于 2013 年的筹款行动累计收到 96 亿美元（包括捐赠承诺），打破了斯坦福大学在 2012 年底创造的 62 亿美元的筹款纪录，而哈佛大学的上一场筹款行动还要回溯至 1999 年，那时所筹集的资金共计 26.5 亿美元。

目前，公立大学与私立大学进行的筹款竞争，更多的是以全方位筹款行动的形式开展的。同样也是 2018 年底，密歇根大学的全方位筹款行动一共筹措了 50 亿美元，创下了美国公立大学筹资历史上的新高。在谈到长期依赖于政府资助的公立大学为何能取得如此丰厚的筹款回报时，负责此项事务的密歇根大学发展副校长杰瑞·梅（Jerry May）认为，学术部门负责人和院长是筹款活动的关键，在筹款行动期间，密歇根大学的院长们通常会将20%～40%的时间用于筹款。① 此外，近年来，其他美国公立大学也都纷纷启动了自己的全方位筹款行动，如2016年华盛顿大学启动了金额为50亿美元的筹款行动，弗吉尼亚大学也宣布了同为50亿美元的筹款目标。

4. 筹资事务融入资源拓展模块，资源的内涵更加丰富

在长期的办学实践中，美国大学一方面不断扩展筹资的内涵，另一方面探索将大学其他相关职能进行整合，对资源拓展框架进行重构，逐步形成了拓展（advancement）的概念。罗兰德认为，拓展的概念是指大学为了实现在招生、师资引进和筹资等方面的战略目标，针对大学利益相关者开展的所有活动和项目，以寻求其理解与支持。这些过去碎片化分布的活动，如今得以在大学拓展的整体框架下开展，包括校友关系、内部和外部的沟通、公共关系、筹资、政府关系维护以及招生管理等。几乎将那些关乎大学形象与声誉的活动全部囊括其中。② 从整体上看，拓展事务的效果会直接影响到大学的综合竞争力。

尽管拓展的概念整合了多个模块，但校友事务与大学筹资依然是拓展事务"伞状"网络之下的两个最重要分支。这两方面事务存在较强的关联性，二者的充分协同有助于两方面工作的顺利开展。校友事务与大学筹资相较而言，筹资对大学发展的影响更为直接，它包括一系列面向非公共部门的潜在捐赠者而开展的寻求捐赠与资助的行为。这些资金用来支持学校项目发展，改善校园环境，增加捐赠基金池规模等。

总之，美国大学在资源拓展方面，经过多年的磨合与进化，已经形成了整体性强、层次鲜明、重点突出的总体格局，科学化、专业化也达到了相当成熟的程度。筹款以及形象展示、品牌塑造、公共关系等职能，被有机地融合进拓展事务模块中，为大学外部关系维护与综合资源拓展搭建了平台。与之相比，我国高校一方面应提高高校基金会的专业化水平，另一方面也应思考基金会工作与学校其他模块的最佳结合点，这种结合既能够最大程度地提升筹款效果，又能够提高基金会反哺大学的能力与水平，推动所在大学内涵式发展。

除了上述四个特征以外，美国大学在近年来的筹资实践中，又形成了许

① Heather Joslyn, "Timothy Sandoval: How Harvard and Michigan Made Capital-Campaign History—The Chronicle of Philanthropy," accessed September 29, 2020, https://www.philanthropy.com/article/How-HarvardMichigan-Made/244923?cid=cpfd_rsrc.

② Rowland A. W., *Handbook of Institutional Advancement* (San Francisco: Jossey-Bass, 1986).

多新的鲜明特征，如"去中心化"筹资模式、捐赠基金的筹投用一体化治理、战略筹资项目的重要性日益凸显等。因篇幅有限，在此不再详述。

（二）海外大学筹资实践对我国高校基金会的借鉴价值

目前美国拥有各类高等教育机构4000多所，其中包括研究型大学、文理学院和社区学院等。尽管不同类型大学或学院的规模、定位、办学特色有着较大差异，但共同点在于这些高等教育机构都越发重视筹资等资源拓展事务，不断探索适合自己的筹资路径。在筹资模式构建过程中，这些美国高校一方面注重借鉴其他大学，特别是同类大学的筹资经验以及通用性的筹资策略；另一方面，还更多地关注本校的实际情况，将筹资规律与大学基因、筹资历程、校友特点等多种因素结合起来，整体上形成了各具特色、百花齐放的大学筹资格局。

不可否认，美国大学在筹资方面的探索与实践，对提升我国高校筹资与基金会管理的科学化、专业化水平大有裨益。同时也应看到，"橘生淮南则为橘，生于淮北则为枳"，中外大学筹资的情境与场景大不相同，简单复制、套用所谓的国际惯例，不仅会水土不服，更可能引发负面效应，对我国高等教育事业发展产生不良影响。具体来看，有些海外大学的筹资经验值得为我所用，如筹资团队激励机制、院系协同筹资模式、行业基础设施构建策略等，但有些又不可盲目复制，如美国大学捐赠基金的投资策略、筹款团队的专业化分工模式等。原因在于捐赠基金投资的制度环境与我国大不相同，投资组合与投资工具选择、资产配置以及风险控制等具体投资策略很难复制到我国高校基金会。在团队专业化分工方面，美国大学之所以能够在筹款体系实现专业分工，前提是有充分的人力资源保障。如前所述，不包括院系筹款人员在内，美国一流研究型大学发展事务部门的常规编制大多在 200 ~ 300 人，其年度预算占筹款金额的 10% ~ 15%。这种充分配置、充分保障的筹资团队管理模式，从目前来看，是我国高校无法复制的。

总的来说，仅就大学筹资而言，中外大学的个性大于共性，差异点多于共同点。不同的慈善文化、高等教育发展环境、配套制度体系等，都在潜移默化地影响着大学筹资事务。因此，我国大学的多元化筹资进程，应该探索出一条中国模式；我国的高校基金会发展，也应该走出一条中国道路。

然而，强调自身特色并不应一味地因循守旧或故步自封，而应在"双一流"建设的大背景下，学习借鉴他国在高等教育多元化筹资，特别是在募捐策略与技巧方面的有益经验，取长补短，做到博采众家之长，进而为我所用，提高高校基金会的治理水平，最终服务于高等教育内涵式发展大局。不仅如此，我国高校基金会在借鉴海外高校筹资治理实践的同时，也应关注制度层面的若干关键问题，如大学与其基金会的关系、投资风险防范、大学基金会公益方向等问题，逐步将借鉴成果制度化。

二 方兴未艾
——我国高校基金会行业发展概览

（一）整体情况

1. 总体数量

截至 2020 年 6 月 15 日，通过中国社会组织网以"大学""高校""学校""学院"等关键词进行查询，共搜索到相关基金会 722 家，其中民政部注册登记 19 家（包括东北大学附属的张学良教育基金会），省、市级注册登记 699 家。经过筛选，对不符合高校基金会典型特征的基金会进行了删减，包括大学二级学院或附属机构基金会，如宁波大学科学技术学院教育发展基金会、广西师范大学出版社文化发展基金会、福建农林大学安溪茶学院教育发展基金会；校友自发成立的基金会，如北京市中国科学技术大学新创公益基金会、深圳市中国刑警学院校友会公益基金会。没有统计在内的还有附属中学、附属小学基金会，如清华大学附属中学基金会、东北师范大学附属小学教育发展基金会；附属医院基金会，如江苏省徐州医科大学附属医院医学发展医疗救助基金会；中职基金会，如海口市海口旅游职业学校教育基金会。最终符合基金会典型特征的各级各类高校基金会有 623 家。

623 家高校基金会包括异地办学高校基金会，如深圳市北京大学深圳研究生院教育基金会、广东省北京理工大学珠海学院教育发展基金会、深圳市中国人民大学教育基金会；独立学院基金会、中外合作办学高校基金会、民办高校基金会也涵盖在内，如南京工业大学浦江学院教育发展基金会、南京医科大学康达学院教育发展基金会、温州肯恩大学教育发展基金会、西湖大学教育基金会、湖北一丹大学教育发展基金会等。与 2017 年底相比，各级各类高校基金会新增近百家。

2. "双一流"高校基金会分布情况

2017 年 9 月，教育部、财政部、国家发展和改革委员会联合发布《关于公布世界一流大学和一流学科建设高校及建设学科名单的通知》，正式公布世界一流大学和一流学科建设高校及建设学科名单，首批"双一流"建设高校共计137所，其中世界一流大学建设高校42所，世界一流学科建设高校95所。

2020年6月，云南大学教育基金会获得民政部门许可获准成立，因此，42所世界一流大学建设高校当中仅有国防科技大学由于性质特殊，没有成立基金会。95所一流学科建设高校，加上中国地质大学（北京）、中国石油大学（北京）、中国矿业大学（北京），一共有98个办学主体。这些高校当中，除了外交学院、中国人民公安大学、天津医科大学、天津中医药大学、上海体育学院、西藏大学、第二军医大学、第四军医大学这8所高校尚未发起教育基金会之外，其他90所高校全部成立了教育基金会。从隶属关系来看，教育部75所直属高校全部发起成立了基金会；中央高校当中，隶属于统战部、工业和信息化部、国家民委等部委高校也大多发起成立了教育基金会。需要说明的是，西南财经大学附属基金会名为四川省光华教育发展基金会，西北大学附属基金会名为朱雀教育发展基金会。

3. 区域分布情况

从地区分布来看，高校基金会分布依然与高校分布、地区经济发达程度高度相关，主要分布在江苏、浙江、北京、广东、湖北等高校密集的省、市（见图1）。

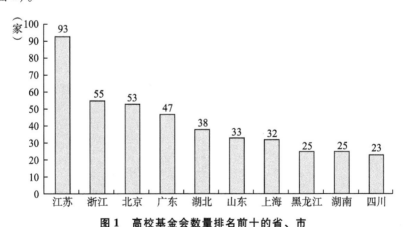

图1　高校基金会数量排名前十的省、市

从单个省、市高校基金会数量来看，江苏省的各级各类高校基金会数量最多，接近了百家规模；浙江省、北京市和广东省紧随其后，数量处在50家左右规模。结合地方高校配比政策来看，浙江省、北京市相继出台了配比政策，而高校基金会数量最大的江苏省，目前尚未出台财政配比政策，广东省则仅有深圳市推出了总规模 5 亿元的配比政策。此外，从图 2 可以看出，我国高校基金会在区域方面的不均衡性特征比较显著。东部地区高校基金会在数量上占比刚超过 50%，捐赠收入与净资产规模占比却达到了 80%（含）以上，而中、西部以及东北地区的数量、捐赠收入、净资产三项指标的占比逐次降低。

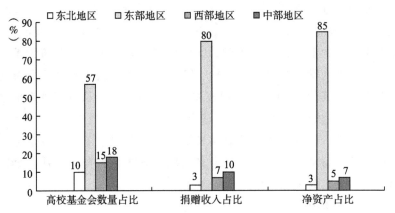

图 2　高校基金会地区分布及财务状况

4. 历史演变

从成立时间来看，以 2009 年中央财政配比政策出台为分隔点，高校基金会的成立可分为两个阶段。2009 年以前，高校成立基金会主要源于需求驱动，且以原 985 高校为主，其中 2004 年《基金会管理条例》的出台形成了一个成立高峰（见图 3、图 4）。2009 年以后，高校成立基金会更多地源于政策驱动，中央财政配比政策以及相继出台的地方财政配比政策，使中央高校以及地方高校纷纷成立附属基金会。

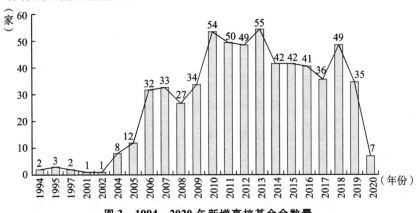

图 3　1994～2020 年新增高校基金会数量

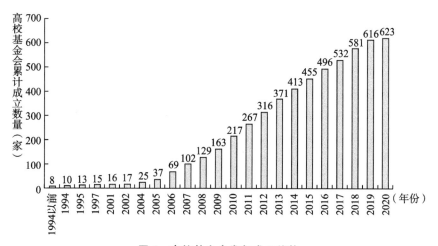

图4 高校基金会发起成立趋势

目前，我国现有近 3000 所各级各类高校，这近 3000 所高校的多元化筹资能力存在较大差异，基金会这一组织形式对不同高校的价值也大有不同。此外，即便是现在成立基金会的绝大多数高校，能够管好用好基金会的也是为数不多，尚未形成示范效应。因此，未来几年，新增高校基金会数量将维持在较低水平。面对疫情期间财政紧张的局面，尚未出台财政配比政策的省、市新推出支持政策的可能性也不大。从图 3 也能看出，从 2019 年开始，高校基金会新增数量已经呈现下降态势。

5. 类型特征

截至 2020 年 6 月 22 日，社会组织网显示，全国现有社会组织 876924 家，基金会 6178 家。按照前述标准经筛选后，高校基金会共有 623 家，约占基金会总规模的 10%。

从登记管理机关的类型来看，在这 623 家大学教育基金会中，有 19 家的登记管理机关为民政部，其余在各省、市级民政部门（562 家），行政审批局（3 家），社会组织/团体管理局（39 家）注册登记（见图 5）。

从发起高校类型来看，普通本科公立高校占比约为 77.7%，普通本科民办院校占比约为 6%，高职院校占比约为 11.6%，中外合作办学及其他类型高校占比约为 4.7%（见图 6）。

6. 治理结构

理事会是高校基金会的决策机构，是基金会治理的关键。现行《基金会管理条例》规定，理事会的理事应在 5~25 人。通过天眼查数据平台查询，623 家高校基金会中有 409 家高校基金会披露了理事会人数（不包括名誉理事

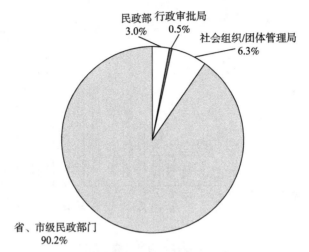

图 5　登记管理机关类型构成

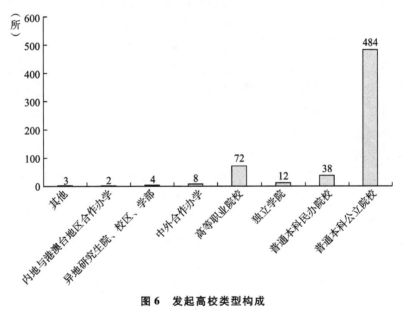

图 6　发起高校类型构成

会），其中理事人数在 5 ~ 10 人的高校基金会有 87 家，11 ~ 15 人的有 125 家，16 ~ 20 人的有 107 家，21 ~ 25 人的有 90 家（见图 7）。也有部分高校基金会通过设立名誉理事会的形式，吸引校友等各界社会人士参与基金会工作。

　　623 家高校基金会中有 480 家高校基金会公布了全职员工人数，其中有 127 家高校基金会没有专职工作人员，有 1 ~ 5 个工作人员的高校基金会共 260 家，6 ~ 10 个工作人员的有 70 家，11 ~ 15 个工作人员的有 13 家，16 ~ 20

个工作人员的有 3 家，20～25 个工作人员的有 3 家，25 个以上工作人员的有 4 家（见图 8）。这些没有专职工作人员的基金会大多是新成立的地方高校基金会，由学校事业编制人员负责基金会日常工作。这体现了高校基金会不同于其他基金会的依附发展特征。

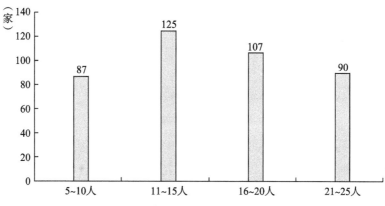

图 7　高校基金会理事会人员

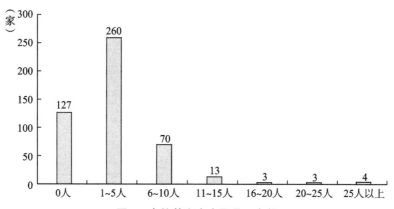

图 8　高校基金会全职员工人数

7. 财务概况

我们通过天眼查数据平台，结合中国社会组织网数据库，以及部分高校基金会网站披露数据，查询到 623 家高校基金会的相关财务信息，部分信息有所修订，因此 2014 年、2015 年部分数据与《中国大学教育基金会发展报告（2018）》略有差异。

捐赠收入方面，2014～2018 年我国高校捐赠收入逐年递增，并于 2017 年首次突破了百亿元大关（见图 9）。捐赠收入的增速存在一定的波动性，这与我国高校校庆式筹资模式存在一定的关联。

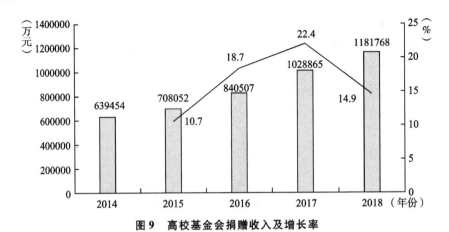

图9 高校基金会捐赠收入及增长率

净资产方面，如图10所示，从2014年开始我国高校基金会净资产一直处在上升区间，资产规模从2014年的258亿元左右跃升至2018年的约466亿元，五年间增加了200多亿元。从增长率来看，2017年的增长率最高，2018年开始有所降低，但增长率也维持在两位数。

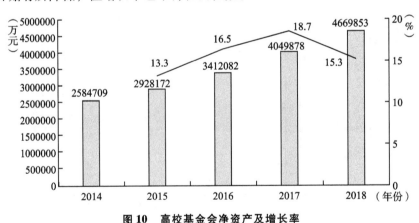

图10 高校基金会净资产及增长率

从公益支出来看，如图11所示，与捐赠收入与净资产指标一样，2014～2018年，我国高校基金会公益支出持续增长，并且2017、2018两年的增长率保持在20%左右的高增长，基金会在学校财务供给体系中正在发挥着越来越重要的作用。同时也应看到，高校基金会现在的支出比率较高，从长远来看不利于其捐赠基金池做大做强。

（二）世界一流大学建设高校基金会发展情况

42所世界一流大学建设高校，是我国高等教育领域的排头兵。其中的40

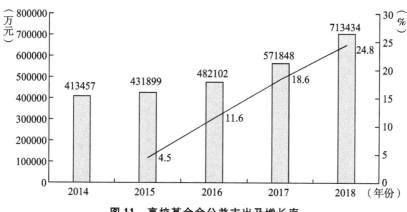

图 11　高校基金会公益支出及增长率

家高校基金会（不包括国防科技大学和 2020 年刚成立的云南大学教育基金会），也是我国高校基金会行业的第一方阵。对这部分高校基金会进行深入分析，有助于科学判断整个高等教育多元化筹资的总体格局与发展趋势。40 家高校基金会当中既有在民政部注册登记的，也有在省、市级民政部门注册登记的，信息披露的时点与要求存在一定差异，这给数据收集带来了一些障碍。同时受到疫情影响，在民政部注册登记的高校基金会的年报披露也比往年较晚。为获取 2019 年相关数据，体现年度报告的时效性，我们针对若干关键信息设计了问卷，在 40 家高校基金会的大力支持下顺利完成了信息收集工作。

从捐赠收入看，如图 12 所示，2018 年 40 家高校基金会的捐赠收入首次突破 70 亿元，占高校基金会整体捐赠收入的 59%。2019 年捐赠收入相对于 2018 年略有降低，增速从 2017 年以来逐年下降，是 2015 年以来的首个负增长。

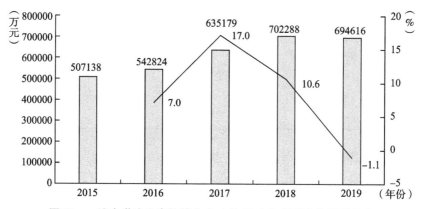

图 12　一流大学建设高校基金会（共 40 家）捐赠收入及增长率

从学校来看，如图 13 所示，在 40 家高校基金会中，年度捐赠收入超过 10 亿元规模的有 1 家，5 亿～10 亿元规模的有 3 家，1 亿～5 亿元规模的有 11 家，千万元规模的有 22 家，百万元以上规模的有 3 家。

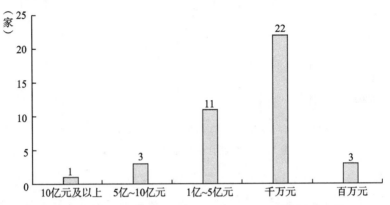

图 13　一流大学建设高校基金会（共 40 家）捐赠收入分布情况

2019 年 40 家高校基金会的年度捐赠收入处在前 10 位的高校如表 1 所示。

表 1　2019 年 40 家高校基金会年度捐赠收入 TOP10

单位：元

发起学校	捐赠收入
清华大学	17 亿 +
北京大学	9 亿 +
浙江大学	6 亿 +
北京师范大学	5 亿 +
南开大学	3 亿 +
复旦大学	3 亿 +
中国科学技术大学	2 亿 +
中山大学	2 亿 +
上海交通大学	1 亿 +
华中科技大学	1 亿 +

在公益支出方面，如图 14 所示，公益支出的变化趋势与捐赠收入类似，但存在一定的滞后现象，这与捐赠到账与支出的时间差异有关。从整体来看，2018 年、2019 年的公益支出大体维持在 40 亿元以上。

图 15 为一流大学建设高校基金会公益支出的规模分布情况：整体上呈现两头小中间大的纺锤形态，公益支出超过 10 亿元的仅有清华大学教育基金

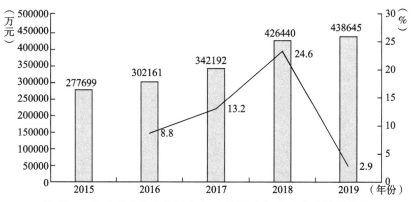

图 14　一流大学建设高校基金会（共 40 家）公益支出及增长率

会，低于 1 千万的有 5 家，其余 34 家高校基金会的公益支出则是高于 1 千万、低于 10 亿元，处在中间状态。

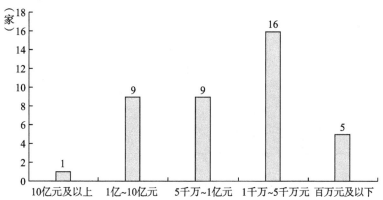

图 15　一流大学建设高校基金会（共 40 家）公益支出规模分布情况

表 2 展示了一流大学建设高校当中公益支出处在前列的 10 所高校，捐赠收入与公益支出会存在一定的不匹配现象，这说明捐赠资金本身的灵活性，以及高校发展的差异性。

表 2　2019 年一流大学建设高校基金会公益支出 TOP10

单位：元

发起学校	公益支出
清华大学	10 亿 +
北京大学	5 亿 +
厦门大学	2 亿 +
浙江大学	2 亿 +

续表

发起学校	公益支出
中山大学	2 亿 +
北京师范大学	2 亿 +
复旦大学	2 亿 +
上海交通大学	1 亿 +
南京大学	1 亿 +
中国人民大学	1 亿 +

在净资产方面，如图 16 所示，经过 4 年来的两位数增长率，40 家高校基金会的净资产于 2018 年突破 300 亿元大关，2019 年净资产接近 350 亿元。

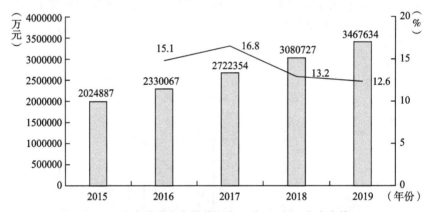

图 16　一流大学建设高校基金会（共 40 家）净资产情况

图 17、表 3、表 4 分别从不同角度分析了 40 家高校基金会的资产分布情况。

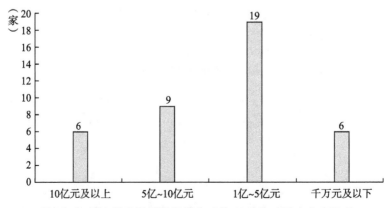

图 17　一流大学建设高校基金会（共 40 家）净资产分布情况

表3　40家一流大学建设高校基金会中2019年净资产规模10亿元以上学校

单位：元

发起学校	净资产
清华大学	90 亿 +
北京大学	60 亿 +
浙江大学	30 亿 +
上海交通大学	15 亿 +
北京师范大学	10 亿 +
南京大学	10 亿 +

表4　40家一流大学建设高校基金会2019年净资产分布情况

	TOP1	TOP2	10亿元以上	5亿~10亿元	1亿~5亿元	千万元及以下
发起学校	清华大学	北京大学	浙江大学	北京航空航天大学	北京理工大学	东北大学
	—	—	南京大学	东南大学	大连理工大学	西北农林科技大学
	—	—	上海交通大学	复旦大学	电子科技大学	郑州大学
	—	—	北京师范大学	吉林大学	哈尔滨工业大学	中国海洋大学
	—	—	—	南开大学	湖南大学	中央民族大学
	—	—	—	厦门大学	华东师范大学	新疆大学
	—	—	—	同济大学	华南理工大学	—
	—	—	—	中国科学技术大学	华中科技大学	—
	—	—	—	中国人民大学	兰州大学	—
	—	—	—	—	山东大学	—
	—	—	—	—	四川大学	—
	—	—	—	—	天津大学	—
	—	—	—	—	武汉大学	—
	—	—	—	—	西安交通大学	—
	—	—	—	—	西北工业大学	—
	—	—	—	—	中国农业大学	—
	—	—	—	—	中南大学	—
	—	—	—	—	中山大学	—
	—	—	—	—	重庆大学	—

从整体来看，在 39 家一流大学建设高校基金会（未获得新疆大学教育基金会的校外理事情况）中，校外理事占比偏低，11 所学校没有聘任校外理事（见图 18）。

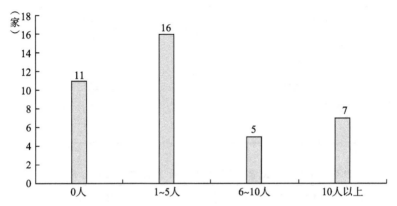

图 18　一流大学建设高校基金会（共 39 家）校外理事人数分布情况

在理事长身份方面，党委书记担任理事长的情况较多，占比为 43.6%，副职校领导担任理事长占 33.3%（如图 19）。

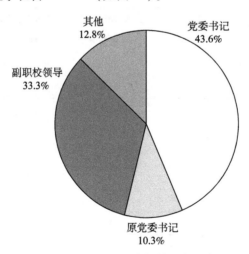

图 19　40 家一流大学建设高校基金会理事长身份

三　艰辛探索

——我国高校基金会发展现状分析

在第二部分数据与趋势分析的基础上，本部分将对我国高校基金会行业现状进行定性与特征分析，着重关注 2017 年以来高校在筹资与基金会发展过程中出现的新情况、新问题。

（一）2019 年以来巨额捐赠呈现下降趋势

从 2016 年起，中国人民大学教育基金研究中心、华北电力大学教育基金研究中心就开始整理、汇总当年高校基金会治理、高等教育捐赠的重要事件，汇编成行业发展年度十大热点新闻，并通过高校筹资联盟公众号对外发布，迄今已经连续 4 年。如果将 2016~2018 年的十大热点新闻与 2019 年进行简单对比，就会发现 2019 年面向大学的巨额捐赠明显减少，即便将海外大学捐赠计算在内，情况大体也是如此。2019 年以前的五年间，不管实际到账情况如何，面向高校的大额捐赠新闻层出不穷，屡见报端，捐赠金额也不断刷新捐赠纪录。间或的几起中国富豪海外捐赠事件，也能够经常性地引发人们对此事的热议。

这些巨额捐赠大多是伴随着大学校庆而来的，如 2018 年 10 月，国强公益基金会宣布向清华大学捐资 22 亿元，用于支持清华大学的基础前沿科学研究、人才培养和高端人才引进。[1] 这笔捐赠是当时国内高校所获的最大单笔捐赠。其后京东集团刘强东宣布向清华大学捐赠 2 亿元。[2] 北大 120 周年校庆期间，李彦宏向北大捐赠 6.6 亿元（含部分等值资产），联合成立"北大百度基金"，[3] 邵逸夫基金会捐资 5 亿元支持北大生命科学前沿研究，[4] 陈发树捐资 5 亿元助力北大医学发展。[5] 2017 年浙江大学 120 周年校庆前后，大北农集团董事长邵根伙向浙江大学捐赠 4 亿元，[6] 浙江马云公益基金会、阿里巴巴 17 位创始人及合伙人向浙江大学捐赠 5.6 亿元。[7] 中国人民大学 80 周年校庆期间，

---

[1] 蒋晓敏：《广东国强公益基金会向清华大学捐 22 亿元》，https://www.sohu.com/a/270685172_161794，最后访问日期：2020 年 9 月 29 日。

[2] 王俊：《刘强东夫妇向清华大学捐赠 2 亿元》，https://baijiahao.baidu.com/s?id=15989951808 98943514&wfr=spider&for=pc，最后访问日期：2020 年 9 月 29 日。

[3] 马婧：《李彦宏夫妇向北大捐赠 6.6 亿元》，https://baijiahao.baidu.com/s?id=15990159224937 79254&wfr=spider&for=pc，最后访问日期：2020 年 9 月 29 日。

[4] 麦洛：《邵逸夫基金会捐资 5 亿元支持北京大学生命科学前沿研究》，北京大学新闻网，http://pkunews.pku.edu.cn/xwzh/2018-05/04/content_302491.htm。

[5] 山石：《陈发树校董捐资 5 亿元助力北大医学发展》，http://news.pku.edu.cn/xwzh/2018-04/29/content_302271.htm。

[6] 周亦颖：《大北农董事长邵根伙给母校浙大捐资 4 亿元人民币》，https://www.sohu.com/a/151 651440_174909，最后访问日期：2020 年 9 月 29 日。

[7] 《马云携阿里巴巴 17 位创始人及合伙人向浙大捐赠 5.6 亿》，http://news.youth.cn/jsxw/201706/t20170612_10039988.htm。

校友捐赠累计超 10 亿元，其中京东集团刘强东捐赠 3 亿元，高瓴资本张磊捐赠 3 亿元，深圳全景集团邹刚捐赠 1 亿元，荣盛控股耿建明捐赠 1 亿元，深圳信立泰药业叶澄海捐赠 1 亿元。[①] 此外，2016 年 9 月，熊新翔在电子科技大学 60 周年校庆之际，捐资 10.3 亿元支持学校发展；[②] 2017 年 6 月，卢志强通过泛海公益基金会再向复旦大学捐赠 3 亿元人民币；[③] 2018 年，在深圳大学 35 周年校庆期间，腾讯四位创始人马化腾、张志东、陈一丹、许晨晔，以腾讯创始人校友团队的名义，联合向深圳大学捐赠 3.5 亿元。[④] 海外捐赠方面，2019 年以前的几年间陆续有陈天桥、马云向海外大学捐赠。2014 年，陈启宗、陈乐宗兄弟通过家族基金"晨兴基金会"，向哈佛大学公共卫生学院捐赠 3.5 亿美元。[⑤]

与前几年相比，2019 年以后高校获得的巨额捐赠，特别是个人直接捐赠，呈现下降趋势。有公开资料显示，2019 年 4 月，深圳鹏瑞集团董事局主席徐航通过鹏瑞启航公益基金会向清华大学捐赠 3.3 亿元。[⑥] 其后，北航校友夫妇匿名向母校捐赠 1 亿元；[⑦] 12 月，何佩鑫、陈晓明校友伉俪向复旦大学捐赠 1 亿元。[⑧] 企业捐赠方面，除新里程医院集团向中国科学院大学捐赠 3 亿[⑨]之外，大部分企业的大额捐赠处在 1 亿元规模，如绿地控股集团向华东师范大学捐赠 1 亿元，[⑩]

① 高晨：《人大 80 周年校庆捐赠累计突破 10 亿元》，http://www.idmresearch.com/news/html/? 2337.html，最后访问日期：2020 年 9 月 29 日。

② 江芸：《受益母校的哲学熊新翔捐赠电子科大 10.3 亿元》，https://www.sohu.com/a/114812608_ 115553，最后访问日期：2020 年 9 月 29 日。

③ 李治国：《复旦泛海国际金融学院成立卢志强捐了 3 亿元》，https://www.sohu.com/a/151483358_ 120702，最后访问日期：2020 年 9 月 29 日。

④ 鲁先红、常国水：《腾讯创始人校友团队向深大捐赠 3.5 亿元》，http://ah.people.com.cn/n2/ 2018/0921/c358314-32086183.html。

⑤ 王龙龙：《香港陈启宗、陈乐宗兄弟向哈佛捐 3.5 亿美元》，http://news.youth.cn/jy/201409/ t20140909_5722288.htm。

⑥ 周艳蓉：《鹏瑞启航公益基金会向清华大学捐赠 3.3 亿 献礼清华 108 年诞辰》，http://www. sznews.com/news/content/2019-04/22/content_21648955.htm。

⑦ 史越：《北航接受校友夫妇捐赠 1 亿元，用于建设校友之家》，https://www.sohu.com/a/ 310943452_434501，最后访问日期：2020 年 9 月 29 日。

⑧ 宗和：《何佩鑫陈晓明校友伉俪向母校复旦捐赠 1 亿元襄助家庭经济困难学生》，https:// news.fudan.edu.cn/2019/1203/c1247a103285/page.htm。

⑨ 杜燕：《中国科学院大学牵手医院集团 获捐 3 亿设医学发展基金》，https://www.sohu.com/a/ 330456767_123830，最后访问日期：2020 年 9 月 29 日。

⑩ 陆婉婷、王翾祎：《绿地集团向华东师范大学捐赠 1 亿元，助力"双一流"建设》，https:// baijiahao.baidu.com/s? id=1653986579686343908&wfr=spider&for=pc，最后访问日期：2020 年 9 月 29 日。

卓尔向华中科技大学捐赠 1 亿元，[①] 深圳前海微众银行向深圳大学捐赠 1 亿元，[②] 五粮液集团向四川大学捐赠 1 亿元。[③] 2020 年冬春之交，突如其来的新冠肺炎疫情，让大学的价值再次显现出来。恒大集团向中国医学科学院捐赠 1 亿元，[④] 同时承诺向哈佛大学提供了 5 年 8 亿元的经费支持。[⑤] 4 月 2 日，万科企业股资产管理中心与清华大学教育基金会签署了捐赠协议，将企业股中心的全部资产 2 亿股万科股票一次性捐赠给清华大学，这些股票当天市值约 53 亿元。[⑥]

2020 年 6 月上旬，哈尔滨工业大学建校一百周年之际，教育基金会共收到社会各界人士总捐赠额近 7 亿元（实际到账情况不详），其中包括哈尔滨新光光电科技股份有限公司董事长康为民校友捐赠的公司股份 582 万股。[⑦] 2020 年 6 月中旬，中国科学技术大学校友、迈瑞医疗董事长李西廷以个人名义向中国科大捐赠 1.068 亿元，成立"李西廷基金"，重点用于学校人才引进和培养等相关工作。[⑧] 不同寻常的是，早在捐赠仪式前 10 天，1.068 亿元捐赠款就已经全额到达中国科大教育基金会账户。

尽管如此，从整体上看，2019 年以来巨额捐赠的金额与笔数都存在不同程度的下降。究其原因，主要是处在第一梯队的大学校庆刚刚结束，相应地就会处在校庆后的捐赠淡季。除此之外，这种下降趋势也是其他因素共同作用的结果，如经济形势、国际关系、外汇政策等，很难说清楚到底是哪种因素造成了这一结果，但客观来说，这种变化并不是高校及其基金会在筹资方

---

① 郭雨辰：《点赞：卓尔向华中科技大学捐赠 1 亿元，支持学校科研、教育发展》，https://baijiahao.baidu.com/s?id = 1650639134817864477&wfr = spider&for = pc，最后访问日期：2020 年 9 月 29 日。

② 《筑梦荔园 | 微众银行捐赠一亿元，助力深圳大学金融科技学院》，https://edf.szu.edu.cn/info/1035/1316.htm，最后访问日期：2020 年 9 月 29 日。

③ 应厚非：《宜宾五粮液集团捐赠 1 亿元助力四川大学高端人才队伍建设》，http://www.fjgkedu.com/Info/detail/id/149943.html，最后访问日期：2020 年 9 月 29 日。

④ 《恒大集团向中国医学科学院捐赠 1 亿元 加快抗疫药物研发》，https://baijiahao.baidu.com/s?id = 1658162058080511464&wfr = spider&for = pc，最后访问日期：2020 年 9 月 29 日。

⑤ 《中国恒大：牵线钟南山团队与哈佛大学合作抗"疫"5 年将提供 8 亿元经费》，https://www.sohu.com/a/374580498_120144892，最后访问日期：2020 年 9 月 29 日。

⑥ 《王石回应 53 亿股票捐清华：和全人类命运共同体连在一起》，https://www.sohu.com/a/399679879_260616，最后访问日期：2020 年 9 月 29 日。

⑦ 考研工厂：《哈尔滨工业大学建校 100 周年，总捐赠额近 7 亿人民币》，https://3g.163.com/3g/article_cambrian/FEJISAOQ0536ID1D.html，最后访问日期：2020 年 9 月 29 日。

⑧ 齐金钊：《迈瑞医疗董事长李西廷向中科大捐赠 1.068 亿元》，http://www.cs.com.cn/ssgs/gsxw/202006/t20200614_6067272.html。

面多做或少做了什么，更多的还是受到外部因素的综合影响。随着疫情对我国经济的冲击，这种下降态势或许会持续较长时间，为数不多的高等教育捐赠也会向着头部大学及其基金会集中，大学教育基金会"强者恒强"的态势越发显现，其他高校基金会的筹资难度会日益加大。拓展富有竞争力的筹资项目，维系自身校友资源，成为大学资源拓展的当务之急。

（二）大学管理层对基金会工作愈发重视

自2018年以来，各高校主要领导，特别是综合排名靠前、筹款能力突出的高校主要领导，对基金会与筹资工作的重视程度明显提升。他们通过理事会、座谈会等场合，站在学校事业发展的战略高度，对基金会工作提出了更高的要求，对这一筹资平台寄予了厚望。这其中既有一些方向性、原则性要求，也有一些更为具体的指导意见。总的来说，学校主要领导的要求与期望，影响高校基金会功能作用的发挥和基金会在学校的地位。

自2018年以来，北京师范大学教育基金会筹款成绩斐然，这得益于其党委书记程建平一直以来对基金会工作的高度重视。他曾在基金会理事会上指出，筹资工作是全校的大事，未来要进一步激发基金会活力，推进体制机制改革，完善院系激励政策，打造一支一流的筹资团队。此外，他还在《光明日报》撰文，以"大学筹资，不只是缓解经费压力"为题专门论述高校筹资与基金会工作，其中特别提到要重视高校基金会的特殊价值和机构特性，以体制机制改革创新激发其活力。为发挥其核心功能，高校可给予基金会宽松的发展空间，适当的激励机制，推动其扎根高校发展需要，从而成为整合校内资源、对接社会资源的平台，全面参与学校事业发展。

复旦大学教育基金会理事会第三届第十三次会议期间，复旦大学党委书记焦扬指出，基金会要聚焦资金筹措能力，在壮大规模上下功夫；要聚焦加强内部管理，在提升治理水平上下功夫；要聚焦强化战略布局，在服务学校"双一流"建设上下功夫，为学校"双一流"建设提供有力支撑。校长许宁生特别提到，基金会要围绕学校发展需求，加强二级院系，尤其是发动医院和医学院力量，促进学校重点工作取得进展。上海交通大学原党委书记、教育基金会理事长姜斯宪在理事会的讲话中认为，高校基金会在募资及保值增值工作领域大有可为，潜力无限。基金会工作需要发挥交大人积极进取的本色，依法合规，全心全意，抓住机遇，找准方向，争取更多校友及社会力量对学校教育事业的理解和支持，为学校"双一流"建设做出更大贡献。

2019年4月，清华大学启动了名为"更好的清华"的筹款行动，这是国内高校第一个以大学发展战略为目标的系统性筹款行动。同时，2019 年也是清华大学教育基金会成立 25 周年。在清华大学教育基金会成立 25 周年座谈会上，清华大学党委书记陈旭指出，清华大学教育基金会要形成清华特色，持续发挥模范引领作用，为国家的发展、人类的发展做出清华的贡献，同时在学校建设世界一流大学的进程中发挥越来越重要的作用。清华大学校长邱勇认为，团结社会各界筹集发展资源的工作，是世界一流大学的重要工作组成；资源筹募不仅为学校发展提供了各类支持，也在全社会进一步树立了清华良好的形象。面向学校建校 110 周年，他要求基金会首先要不断完善制度建设，进一步提升专业化、职业化水平；同时加强文化建设，从清华乃至中国的丰富文化土壤中汲取养分，让资源筹募工作更有人文气息；上下同心协力，为高质量完成"更好的清华"筹款行动打下坚实基础。

东南大学党委书记、教育基金会理事长左惟认为，基金会对于一所现代世界一流大学而言是不可或缺的，在一定程度上，基金会的实力和管理水平能反映一所学校的水平，基金会在学校事业发展中正扮演着越来越重要的作用。他希望理事会成员都能不断加强学习，增强知识储备，充实、完善专业知识结构，更好地支撑履职尽责；主动担负起理事的责任和义务，更加积极地参与到为学校发展筹措资金、改善办学环境条件等工作中来，为建成世界一流大学做出努力和贡献。厦门大学党委书记张彦更多地从教育公益的视角看待高校基金会，他认为教育是社会的事业，捐资教育是爱心、公益心的重要体现，也是进行价值转化、保存和扩大的独特方式。基金会要借鉴国际一流高校先进经验，学习兄弟学校优秀做法，发挥厦大自身特色，为社会各界助力厦门大学百年校庆和新百年建设提供宽广平台。华东师范大学党委书记梅兵则结合高等教育的财政实际，认为在"过紧日子"的要求下，学校发展特别是在学科建设、人才引进和基础设施改造升级等方面将更多依赖社会资源，筹资工作和联络工作的任务都很重，迫切需要建设一流的基金会来搭建"桥梁"，汇聚更多力量，为学校发展建言献策，提供有利机会和可靠的支持。

据统计，2019 年全国高等教育经费总投入为 13464 亿元，比上年增长 11.99%，高等教育领域的经费投入已经连续多年大幅增长。然而，在经济下行与新冠肺炎疫情的持续影响下，未来几年高等教育财政投入很难再持续增长，"过紧日子"将成为一种常态。俗话说："巧妇难为无米之炊。"当"双一流"建设遭遇财务紧张局面时，高校主要领导势必会越发重视基金会这一资源筹募平台，这说明高校管理层在资源募集理念上正在实现某种转变。与过去理事会的程序性、形式性内容不同，学校主要领导利用理事会的机会，对基金会提出了诸多明确的期许，说明这种转变正在悄然而至。同时也应看到，这些重视与观念转变尚未完全转化为高校基金会的制度创新与实质性探索，但从趋势上看，高校基金会在校内的创新时机已经成熟，未来几年在筹资项目上的探索也会水到渠成，或许会释放出更多的组织优势。

（三）中央及地方财政配比政策进入第二阶段

正如《中国大学教育基金会发展报告（2018）》中所提到的，对我国中央高校成立教育基金会产生关键性推动作用的，就是中央财政捐赠收入配比政策。2009 年，为引导和鼓励社会各界向中央高校捐赠，拓宽中央高校筹资渠道，财政部、教育部制定并下发了《中央级普通高校捐赠收入财政配比资金管理暂行办法》（财教〔2009〕275 号），决定由中央财政设立配比资金，对中央高校接受的捐赠收入实行奖励补助。中央高校捐赠配比政策实行十年来，显著提高了中央高校争取社会资源、多渠道筹集办学资金的主动性和积极性，政策本身所吸引的增量捐赠资金，也在一定程度上缓解了高校的办学资金压力，推动了高等教育事业的发展。与此同时，审计署、财政部各地专员办在相关的审计、专项核查过程中，也发现了一些不合规之处，如有的高校将委托技术开发、合作共建以及股权和长期投资等，以捐赠的名义申请配比奖励资金。此外，还存在捐赠资金未按照捐赠人意愿使用等问题，个别高校甚至还利用非捐赠资金申报捐赠配比财政专项资金。

为规范和加强项目资金管理，同时也为了更好地发挥配比政策的杠杆作用，2018 年 11 月，财政部、教育部制定了《中央高校捐赠配比专项资金管理办法》，将过去"年度总量控制，高校分年申请，逐校核定"的方式，调整为"实行总量控制，按照因素法测算分校额度，充分考虑不同类型学校实际情况，选取客观因素，以分档超额累退配比为主"，同时在体现"多受捐多配比"正向激励原则的同时，对困难地区、发展薄弱以及捐赠基础相对较弱的中央高校予以适当倾斜。《中央高校捐赠配比专项资金管理办法》沿用了对单笔 10 万元（含）以上的合格捐赠收入资金实行配比的政策，但同时明确对西部和东北地区中央高校以及民族、师范等捐赠基础相对薄弱的中央高校申报的单笔 1 万元（含）以上的合格捐赠收入也可实行配比。

除了中央财政捐赠配比政策之外，我国部分省市也借鉴中央财政的支持方式，出台了类似的配比奖励政策，如 2017 年以前出台地方财政配比政策的有浙江省、山东省、北京市、湖北省、深圳市、厦门市等。自 2018 年以后，上海市、河南省、黑龙江省、广西省、海南省、山西省等相继出台本省、市的捐赠配比政策。值得一提的是，台州市参照中央及浙江省配比政策，制定了《市属高校捐赠收入财政配比资金管理暂行办法》，设立配比资金，对市属高校接受的捐赠收入实行奖励性补助，这也是我国首个出台捐赠收入财政配比政策的地级市。此外，浙江省和深圳市 2019 年还根据情况变化，对之前出台的捐赠配比政策进行了修订。修订前的浙江省配比政策规定，对 2014 年的高校捐赠收入按照 1∶1 比例进行配比；修订后相关条款修改为，省财政视捐赠收入规模变化及财力状况等因素，确定财政配比比例。深圳市新修订的配比政策再次明确了 5 亿元的配比资金总规模，维持了 1∶1 的配比比例，但对配比资金安排方式进行了修改完善，参照《中央高校捐赠配比专项资金管理办法》将配比资金纳入高校预算管理，不再将配比资金拨付到高校基金会，同时还对主管部门的职责进行了完善，强化了深圳市高校的主体责任。

这些地方性捐赠配比政策的出台与修订，在一定程度上提高了地方高校多元化筹资的积极性，并且正在形成捐赠配比政策的层次性特征，为地方高校基金会的可持续发展提供了良好的政策环境。不过，从整体来看，地方财政配比政策还存在一些提升空间。一方面，由于地方财政实力有限，我国中西部大多数地区尚未出台捐赠配比政策，但越是财力紧张越是需要通过配比的激励机制，培育省属、市属高校的多元化筹资意识，从而形成良性循环；另一方面，即便目前出台了配比政策的省市，具体的配比办法仍未落实，高校获得的捐赠配比资金无法兑现，这在一定程度上影响了高校的募捐积极性。

事实上，早在 2017 年两会期间，就有两位政协委员关注过此类问题。苏州大学校长熊思东委员的提案是"关于建立地方高校社会捐赠的中央和地方财政配比制度体系的建议"，他认为建立地方高校社会捐赠配比激励办法，有利于引导和鼓励地方高校积极争取社会捐赠，有利于构建高等教育多元化筹资机制。宁夏大学副校长马宗保委员的提案是"关于将'一省一校'14 所高校纳入中央级普通高校捐赠收入财政配比政策范围的建议"，他认为应将 14 所"一省一校"纳入中央财政捐赠配比范围。针对上述提案，2018 年初财政部在答复中说，按照现行财政体制和"分级办学、分级管理"的高校管理体制，地方高校的教育投入主要由地方政府负责，因此地方高校的社会捐赠配比制度体系建设应由地方政府根据当地发展实际推动落实。不过，中央财政也将积极研究完善相关政策，鼓励地方政府出台引导地方高校建立包括吸引社会捐赠在内的多元筹资机制的政策措施。此外，2018 年宁夏政协委员王春秀在其向自治区政协提交的"关于制定更加优惠政策鼓励社会各界向高校捐赠"的提案中提出，对西部贫困地区，由中央财政设立配比资金，对地方高校接受的捐赠收入实行奖励补助。2020 年全国两会期间，全国人大代表荀兴龙建议修订《中央级普通高校捐赠收入财政配比资金管理暂行办法》，扩大政策受益面。

随着地方财政压力的日渐增加，地方政府将越发重视省属、市属高校的多元化筹资工作。2020 年 5 月，北京市人民政府办公厅下发了《北京市进一步调整优化结构提高教育经费使用效益的实施方案》，其中明确提出要引导社会力量加大教育投入，继续完善市属高校接受社会捐赠收入财政配比政策，充分发挥各级教育基金会作用，吸引社会捐赠。2020 年 6 月，湖北省专门安排省属本科高校"双一流"建设资金 11 亿元，大力支持高校"双一流"建设，其中捐赠收入财政配比奖补资金 2.5 亿元，对认定合格的捐赠收入总额，按比例给予高校奖补（奖补比例最高达到 120%），引导和鼓励社会各界向湖北省高校捐赠，进一步拓宽高校资金来源渠道。

总的来说，从行业发展角度来看，捐赠配比资金对中央或地方高校基金会发展来说有着举足轻重的作用。可以说，没有捐赠配比政策的激励与引导，无论从筹款规模、治理水平，抑或是在社会上的显性程度来说，我国高校基金会都达不到今天的水平。然而，随着绝大多数中央高校都已经发起设立了基金会，筹资与基金管理体系也都基本建立，中央财政捐赠配比政策第一阶段的使命业已完成，配比的作用将从规模引导向质量引导过渡，政策本身的指引作用将更加多元，在推动高校基金会高质量发展过程中的作用将更加直接。后疫情时代，随着筹资难度的日益增大，捐赠配比资金对各级高校及其基金会的吸引力，仍将维持在较高水平。

（四）高校基金会行业发展呈现差异化特征

2019 年是我国高校教育基金会事业发展的第 25 个年头，尽管高等教育慈善捐赠的传统由来已久，但有关高校筹资的成体系、成规模的实践与探索，还是伴随着高校基金会的成立而逐步开展的。25 年来，高校基金会在服务所在高校的同时，自身也取得了令人瞩目的成绩，600 余家高校基金会正在结合各自高校特点，围绕学校人才培养、教学科研以及社会服务三大中心工作发挥出越来越重要的作用，高校中的小众领域正在焕发出勃勃生机。

25 年来，在行业整体取得长足进步的同时，特别是近几年来高校基金会行业的差异化特征日益明显，因校制宜、特色发展的态势越发鲜明。按照对高校战略发展的支撑程度，基金会自身的专业化程度以及筹资规模等要素，高校基金会大体可分为三个层次。①处在顶端的少数高校基金。这些基金会开始在学校事业发展过程中走向前台，有时还能扮演主角，属于创新发展型高校基金会，对应的是精细化管理模式，更加注重项目开发能力和捐赠服务水平的提升；有的高校基金会还负责打理学校的文创产品，职能进一步拓展。②处在中部位置的高校基金会。这些基金会大体按照"校庆+常规捐赠项目"的工作模式运作，属于常规发展型，依然是大学发展的配角。③大多数高校基金会的存在感依然不强，筹资团队规模较小，专业化水平较低。基金会总体上处在起步阶段，属于初创型组织，对应的仍是传统的行政化管理模式，在学校处在边缘位置。按照这种分类方式，我国高校基金会整体上呈现出明显的金字塔型结构特征。

在行业发展过程中，少数处在金字塔尖端的高校基金会一直以来发挥着重要的示范与引领作用。不过，高校基金会的高质量发展注定是通过差异化路径实现的，因此在大多数情况下，这些高校基金会的探索与实践很难完全复制到其他高校。尽管如此，作为行业的代表，这些头部高校基金会的做法仍然会在一定程度上引领整个行业的发展方向。如前所述，目前美国大学的筹款实践是通过全方位筹款行动的形式开展的，这种形式能够将大学资源拓展、品牌形象维护及校友联络等工作有机融合起来，已经成为大学战略发展的重要内容之一。2019年4月，清华大学教育基金会结合110周年校庆筹款工作，推出内地高校首个筹款专项行动——"更好的清华"，引发了校友们的踊跃参与和社会各界的广泛关注。不同于美国的全方位筹款行动，"更好的清华"筹款行动与校庆筹款结合起来，体现了我国大学的特点，具体筹资项目以大师、英才、求索、斯园为主题，分别关注人才引进、学生培养、学术研究与校园建设四个方面。

除了筹款形式的创新之外，处在头部的几家高校基金会也在同步进行筹资模式的探索，如浙江大学一直以来致力于通过校院两级发展联络队伍，推动院系筹资工作的开展。筹资模式的不断优化，增强了院系筹资的重视度和自觉性，更容易发挥院系的特色和优势，不断提升综合筹资能力，为学校"双一流"建设做出更大的贡献。2020年5月，浙江大学教育基金会还与浙江大学医学院联合面向校内外公开招聘筹资主管，主要负责医学板块的资源拓展工作，这也是对院系筹资人员管理的有益探索。

总之，在全行业差异化发展过程中，高校基金会已经形成了一超（清华大学）、双雄（北京大学、浙江大学）以及多强（北京师范大学、上海交通大学、复旦大学、中山大学、南京大学等）的总体发展格局。特别是其中的部分高校基金会在聚合资源方面开始发挥出枢纽作用，筹资和内部治理的专业化程度与所在高校战略发展的匹配程度不断提高，校内外资源的协调能力不断加强，最终体现为筹款规模逐年增长，对大学预算的贡献度不断提升。不过，这也造成部分高校对教育捐赠资源的吸附能力越来越强，马太效应越发明显。从横向对比来看，美国大学中筹资金额排名第 1 位的哈佛大学年度筹款在 14 亿美元左右，即便如此，这一金额也只是占到美国大学筹款总规模的 2.8% 左右；而我国头部高校基金会的筹资占比则远远高于这一比例。从校际筹资能力对比来看，以 2018 年筹资金额为例，40 家世界一流大学建设高校基金会的平均筹资水平为 1.7 亿元，但实际上有 33 家高校基金会没有达到这一平均水平，由此可见捐赠资金的聚集情况。

应该说，高校捐赠本身就不应"撒胡椒面"，而应集中有限的教育捐赠资源，汇聚到更能实现捐赠资金价值的地方，同时也应注重基金会发展的整体均衡。此外，筹资规模并不完全等同于学校管理层及基金会治理团队的科学化管理水平，大学自身区位、专业、品牌、院系发动程度，特别是书记、校长对高校基金会的理解与重视程度，都与筹资效果有着千丝万缕的联系，筹资金额具有多因一果的特征。有的世界一流大学建设高校由于各种原因，筹资与基金会工作一直未有起色。与之形成对比的是，暨南大学等部分一流学科建设高校、南方科技大学等部分创新型大学、香港中文大学（深圳）等部分中外合作办学高校，以及中国科学院大学等高校，反而做得有声有色，筹款收获颇丰，特色鲜明，亮点频现。可以预见的是，充分挖掘本校筹款资源，探索实现差异化、特色化、品牌化发展，将成为高校基金会未来发展的关键。

四　砥砺前行
——直面后疫情时代的新挑战

高校基金会的下一个五年，对行业整体的未来发展至关重要，然而受到多种因素的影响，发展环境中的不确定性日益增加，高校基金会将迎来诸多方面的挑战。

（一）高校筹资如何应对经济下行的不利影响

一般来说，高校对多元化筹资的重视程度，与经济发展和财政支持能力存在一定的负相关。在经济快速增长、财政资源供给充沛的情况下，高校管理层通过财政拨款和各种事业收入，能够获得相对充沛的资金保障，从而满足学校发展的各方面需求。不过，在经济下行周期内，财政收入增长乏力，政府保障运转基本开支的压力日益增加，高等教育的财政支持就会受到影响，此时高校基金会的独特价值更容易体现出来。基金会净资产规模较大、捐赠基金较多的高校，这部分能够支配的机动经费就会发挥重要的替代作用，学校抵御财务风险的能力也会相对较强。不过，与那些财力雄厚的美国高校相比，我国高校基金会起步较晚，资金实力有限，目前能够直接发挥支撑作用的高校基金会屈指可数。

如前所述，即便在新冠肺炎疫情暴发之前，在多种因素的影响下，流向我国高校的大额捐赠数量以及总体规模都已经呈现出下降的态势。假设没有新冠肺炎疫情的影响，我国高校基金会还有机会先行应对经济下行产生的不利因素，构建与之相匹配的筹资与基金会管理模式，行业发展的基础设施也会相对完善。经过几年的历练，那时高校基金会在突发危机应对方面或许会更加从容。然而，历史不容假设，面对经济下行与疫情的双重挑战，高校基金会只能应对新变局，在未来几年新旧挑战叠加过程中奋力开创新局面。

具体来说，经济下行对高校基金会带来的挑战又可细分为三个方面：一是处在供给侧的潜在捐赠者自身的变化，由于拥有财富的变化以及证券市场的波动，其捐赠意愿、捐赠能力会受到较大影响，不仅如此，之前签订过捐赠协议、履行过部分承诺的捐赠者，协议的后续推进也成为未知数；二是高校基金会的投资事务同样会受到经济波动的影响，投资收益会大幅收窄；三是随着国际政治经济环境的变化，有些高校基金会的海外筹款业务也会受到影响。上述三个方面的变化，对我国高校基金会的影响程度也是不同的，相对来说，上海、广州、深圳、江浙等经济发达地区高校所受到的冲击较小，经济下行对中西部高校基金会的影响会更为显著。未来几年，高校基金会如何与所在高校一道携手渡过难关，是基金会管理层面临的最显性、最严峻的挑战，也最能考验高校基金会的运行与管理水平。

2020年5月23日，习近平总书记在看望参加政协会议的经济界委员时强调，要坚持用全面、辩证、长远的眼光分析当前经济形势，努力在危机中育新机、于变局中开新局。[①] 这一表述为我国高校应对疫情的不利影响指明了方向，也为用好存量资源、拓展增量资源提供了根本遵循，是高校统筹"过紧日子"与可持续发展的出发点和落脚点。面对更为复杂的筹款形势，高校基

① 《习近平在看望参加政协会议的经济界委员时强调　坚持用全面辩证长远眼光分析经济形势》，央广网，https://baijiahao.baidu.com/s?id=1667489902442543257&wfr=spider&for=pc，最后访问日期：2020年9月30日。

金会应更加注重自身业务能力的提升，结合自身资源拓展历史，找准关键环节，最大程度地减少各方面因素对高校基金会工作的不利影响。

首先，在不确定性增加的情况下，相对于增量捐赠资源来说，过往捐赠者等存量资源更加珍贵。高校基金会管理团队在拓展筹资领域、寻求增量捐赠的同时，应将目光更多地放在存量捐赠者身上，充分利用这些捐赠资源，最大程度地稳定捐赠者数量以及捐赠金额，这也会在特殊时期提高资金的使用预期，更加科学地设计包括校园基础设施改善、重点学科建设、优秀师生奖励在内的各个项目，提高捐赠资金的连续性以及项目的稳定性。

其次，构建更为精确高效的捐赠信息数据系统，通过数据资源更好地驱动后疫情时代的大学筹资实践。运转良好的捐赠管理系统，能够跨越筹资、用资与投资模块，有效整合捐赠者与捐赠基金数据，在妥善维护存量捐赠人信息的同时，为高校深度挖掘增量捐赠资源，最大程度地挖掘数据的潜在价值提供有力的大数据支撑。

最后，应立足长远，从现在起培育在校生的公益意识与回馈习惯。应根据新时代当代大学生，特别是本科生可塑性强、主动性强的特点，按照其成长规律分阶段、有层次地开展公益精神培育工作。高校基金会应加强与本科生管理部门的沟通，设计更多的本科生公益项目，资助更多的本科生公益活动，引导这些未来的校友及捐赠者形成公益意识。

（二）高校基金会行业基础设施建设依然滞后

如前所述，近年来我国高校基金会在发展过程中呈现鲜明的差异化特征，捐赠资源加速向头部高校聚集。然而，"滴水不成海，独木难成林"，只有把自身发展融入行业发展，高校筹资与基金会建设才能行稳致远。同时，高校基金会，特别是大学排名接近、筹款能力相仿、部分捐赠者重合的高校基金会，在筹款方面可能会存在一定的竞争关系，特别是在经济下行的大背景下，捐赠资源的交叉在所难免。在这种情况下，行业发展与行业基础设施建设就显得尤为重要，否则不必要的筹款竞争损害的不仅是某个具体高校基金会的声誉，更有可能对整个行业发展带来不可逆转的负面影响。

正如《中国大学教育基金会发展报告（2018）》中所提到的，在筹资方面具有悠久历史的美国大学，在行业建设方面也有许多有益经验值得我国高校基金会借鉴。笔者在走访与调研过程中发现，美国大学筹资的行业建设是分层进行的，既有整体性的行业组织，如美国教育资源拓展协会等机构，也有自发组织的大学专业筹资人俱乐部，如美国东北部地区的八所常春藤联盟

（Ivy League）高校的发展事务部负责人会经常进行会晤，交流心得体会同时探讨遇到的一些共性问题。最近几年在筹资方面取得不俗成就的公立大学，也会发起类似活动，如华盛顿大学、弗吉尼亚大学、密歇根大学，以及加州大学系统几所分校的筹资负责人，会针对公立大学筹资过程中遇到的棘手问题进行深入交流。即便是美国教育资源拓展协会，很多活动也是分层、分区、分类、分事，线上、线下交互进行的。在几方面的共同努力下，美国大学筹款事务的行业建设较为成熟，为整个高等教育筹款事业的稳步推进提供了有效支撑。

行业基础设施建设的重要意义不仅在于提高筹资规范性，更在于能够固化筹资模式的探索与实践，同时将可复制、可推广的筹资创新推广到各级各类高校，既是对各所高校筹资工作的推动，又能够极大地助力高校多元化筹资进程，特别是在当前我国高校"过紧日子"的背景下，行业基础设施建设的意义更为显著。

作为高校基金会领域的枢纽组织，中国高等教育学会教育基金工作研究分会近年来结合我国高校基金会特点，开展了一些国内外交流活动，对总结高校基金会工作规律，发展高等教育事业做出了贡献。疫情期间，教育基金工作研究分会针对高校基金会管理过程中出现的一些新情况、新问题，结合疫情防控特点，因时因势调整工作着力点和应对举措，聚焦于高校基金会发展过程中面临的一系列关键问题，推出系列网络课程，受到广大会员的认可。

然而，在高校基金会蓬勃发展，未来将在高校"过紧日子"背景下担当重任的新形势下，高校基金会行业发展体系还应进一步完善，基础设施建设也应同步跟进。特别是应强化高校基金会从业人员的能力建设，针对不同层次、不同规模的高校基金会，面对财务与投资、募捐管理、内部治理、公共关系等不同岗位的实务工作者，提供差异化的培训项目，以此为高校基金会赋能，推动高校基金会更好地服务于多元化筹资进程，助力高等教育内涵式发展。

此外，在制约高校基金会行业可持续发展的诸多因素中，最突出的表现在全行业缺少一个差异化评价体系，以至各高校基金会或盲目对标处在头部位置的顶尖高校，或对自身定位、功能作用发挥、与所在大学关系等关键性问题含混不清，高校基金会特色发展的差异化路径无法形成。同时，现有监管体系尚未充分考虑高校基金会的组织特性，相关制度要求与政策措施针对性不强，对筹资、内部治理及捐赠管理的评价体系过于单一，高校基金会发展的操作指引或行业性标准亟待施行。

目前我国 600 余家高校基金会分布在不同类型的高校当中，即便是 100 余所中央高校，由于大学声誉、筹资基础、团队规模、学科布局、学校区位等方面的差异，其所属基金会的功能定位、作用发挥机制、筹资投资模式也各有不同。行业指标体系的构建以及高校基金会综合发展能力的提升，涉及筹资、投资、内部治理、项目管理、捐赠人关系维护、公益精神培育、配比资金使用等诸多方面，采用协议捐赠金额、到账金额这样一个或几个指标不足以分析和评价一个高校基金会的综合发展情况。高校基金会行业发展指数的构建，有助于更为全面地测量高校基金会的综合发展状况，有助于包括捐赠方在内的社会各界更全面地认识高校基金会。高校基金会行业标准与行业指数的建立，也在一定程度上推动所在高校根据实际情况，借助高校基金会平台更好地进行差异化筹资，从而服务于学校发展战略，实现内涵式、高质量可持续发展。

总之，行业意识、行业观念与行业规矩，对高校基金会的可持续健康发展来说至关重要。无论是高校基金会行业的能力建设，还是差异化行业标准与行业指数的构建，以及我国高校基金会与世界一流大学筹资团队的交流与互鉴、从业人员自身学习、课题研究，甚至是更为长远的高校筹款人员资格认证等工作，都是后续高校基金会行业建设的重点所在。

（三）高校基金会顶层设计尚不明朗

从长远来看，在我国高校"过紧日子"背景下，高校基金会功能作用的有效发挥，资源拓展这一使命的实质性推进，离不开顶层设计与战略统筹。有关部门应尽早做出规划，在明确红线与底线的同时，赋予高校基金会更多的创新与探索空间，增强管制的柔性，从而激发这一特殊组织形式的制度活力，释放具有差异化特征的组织潜能。

高校基金会是由所在大学发起的一类特殊的社会组织，与其他社会组织、基金会相比有许多不同之处。这种由交叉性带来的特殊性并没有给高校基金会带来太多的管理灵活性，而是受到了更多的制度约束。具体来说，一是常规的社会组织评估很难准确评价高校基金会，评估过程中并没有考虑到高校基金会所处情境的特殊性；二是高校对基金会的管理尚没有形成"特区"，处在管理灵活度与激励机制不如校属企业，发展空间与编制名额不如机关部处的尴尬境地。

高校基金会与校属企业一样，都是我国高校管理体系中较为特殊的两类组织形式。从法律形式上看，两者都具有独立法人资格，但品牌依附性、资金来源、人员、场地等各方面都与所依托高校有着各种各样、千丝万缕的联系。同时，高校基金会与校属企业的根本不同之处在于，高校基金会是依托大学依法设立，从事教育公益事业的以非公募基金会为主的基金会。高校基金会的这种特殊性，决定了与之相关的管理办法、管理手段、法人内部治理结构、运行机制等也应随之具有差异性，相应政策也应更具有针对性，以此提高教育基金会治理效能，推动这一组织健康发展。

相对于高校基金会来说，校属企业的改革方案已经启动。2018 年 5 月 11日，中央全面深化改革委员会审议通过了《高等学校所属企业体制改革的指导意见》，要求对高校所属企业进行全面清理和规范，厘清产权和责任关系，分类实施改革工作，促进高校集中精力办学、实现内涵式发展。而目前针对高校基金会的差异化制度性安排，仅有教育部、财政部、民政部于 2014 年出台的《关于加强中央部门所属高校教育基金会财务管理的若干意见》（教财〔2014〕3 号），高校基金会的顶层设计尚需时日。

2018 年迄今，从政策层面来看，高校基金会并未迎来重大的政策利好，直接与高校基金会相关的政策措施并不多，但部分政策性文件对高校基金会已有提及。2018 年 8 月，国务院办公厅印发《关于进一步调整优化结构提高教育经费使用效益的意见》。《关于进一步调整优化结构提高教育经费使用效益的意见》对教育基金会的作用发挥与日常管理提出了原则性要求，且首次将基金会队伍建设纳入高校财务管理整体范畴通盘考虑。《关于进一步调整优化结构提高教育经费使用效益的意见》指出，要完善社会捐赠收入财政配比政策，按规定落实公益性捐赠税收优惠政策，发挥各级教育基金会作用，吸引社会捐赠。同时，《关于进一步调整优化结构提高教育经费使用效益的意见》提出应全面增强管理能力，加强学校财会、审计和资产管理人员配备，推动落实并探索创新高等学校总会计师委派制度，加强学生资助、经费监管、基金会等队伍建设。尽管《关于进一步调整优化结构提高教育经费使用效益的意见》本身并不只针对高校基金会，相关配套政策也尚未出台，但值得一提的是，经检索发现，这是中央有关文件和国务院文件中唯一提及高校基金会的政策性文件。其后，教育部办公厅等四部门下发通知，对推动落实《关于进一步调整优化结构提高教育经费使用效益的意见》做出部署。

地方层面，深圳市教育局于 2018 年 11 月 12 日通过门户网站发布《深圳市教育局关于公开征求〈深圳市高校教育基金会业务管理办法（征求意见稿）〉意见的通告》，向社会各界广泛征求意见。作为改革先行先试示范区的深圳，在高校基金会的创新管理方面，已经做出了有益的探索与尝试。在征求意见阶段，有高校教育基金研究学者提出了一些建议，如进一步完善理事会治理机制，合理划分政府、高校以及理事会对基金会的管理职责；充分发挥深圳创新优势，在守好管理底线基础上，对高校教育基金会充分包容，提高管理方式的灵活度；通过财政配比以及成立高校基金会协会等措施进行间接管理等。相关建议得到了深圳教育局的采纳。《深圳市教育局关于公开征求〈深圳市高校教育基金会业务管理办法（征求意见稿）〉意见的通告管理办法》中还提到，将鼓励和支持建立高校教育基金会协会，探索行业自律，提升行业自我管理水平。

尽管如此，就整个行业而言，高校基金会有针对性的行业规范、指引还处于缺位状态。随着"双一流"建设的推进以及高校"过紧日子"时代的来临，各级各类高校基金会正在承担着越发重要的资源拓展任务，在发展过程中遇到的困惑与共性问题越来越多。这种行业规范的缺位，制约了高校基金会功能作用的有效发挥，其中包括公开募捐资格、内部人员薪酬体制与激励机制等。不同的高校类别、不同的发展阶段、不同的捐赠规模与体量，遇到的问题也会有所不同。从整体来看，高校基金会的创新边界尚未厘清，在新的形势下制度活力无法充分释放，顶层设计亟待同步推进。

通过高校基金会的顶层设计，有关部门应充分认识到基金会在高校资源拓展过程中的重要性和战略地位，从整个国家高等教育资源筹募方式创新的角度积极布局，引导高校基金会全面发展，特别是要针对发展过程中遇到的一系列问题，加快制定相关鼓励性政策，同时规避由此引发的潜在风险。但是从行业发展角度来说，这种顶层设计不应是纯粹监管导向的管理办法，而应是寓监管于创新、寓监管于服务的总体安排。制度设计也应是支持性的，而不应是纯粹约束性的；是鼓励创新的，而不应再附加上新的条条框框。

五　强基固本

——高校基金会的行业建设与学术研究

展望未来三到五年，尽管面临着不少挑战，国际国内形势也存在着诸多不确定性，但对高校基金会来说，迎难而上仍将是其未来发展的主旋律。新冠肺炎疫情的全球大流行导致世界经济前景黯淡，疫情背景下，"双一流"建设与高等教育的内涵式发展也受到多方关注。应该看到，与我国经济发展一样，我国高等教育事业也具有巨大的张力，有着相当的韧性，通过顶层设计与相应的一系列制度安排，高等教育的活力将会被逐步释放出来。在这一过程中，新的高校资源拓展模式的探索至关重要，高校基金会会在其中扮演着更为显性的作用。

然而，高校基金会重要作用的发挥，也需要一些前提条件。《中国大学教育基金会发展报告（2018）》中的总报告《中国大学教育基金会：过去、现在与未来》提到，高校教育基金会正在担负着重要的供给侧作用，为所在高校供给各类资源，但与财政拨款、事业收入等主流的财务供给方式相比，这种财务供给作用还具有从属性、次要性、辅助性的特点，即便是那些处于金字塔顶端的大学，高校基金会的作用发挥机制也不牢固，供给机制仍不稳定。然而，随着内外部环境的变化，高校供给体系的结构将发生重大变化，供给的主次关系可能会发生微妙的变化，尽管财务供给不可能像美国顶尖研究型大学那样占据主导地位，但我国高校基金会的供给作用将会大大加强。高校管理层应顺势而为，着力加强供给侧结构性改革，逐步提高教育基金会的供给比例，弥补、替代财政资金的供给缺口，稳定高校财务来源结构。

因此，高校现在不应该探讨是否需要发挥基金会供给侧作用的问题，而是需要深入研讨怎样供给、如何能够获得这些供给的问题。高校基金会的未来发展，特别是对高校的可持续供给，离不开以下几个方面的探索与努力。

（一）加强行业建设

如果说高校多元化筹资是我国高校的短板，那么行业建设与学术研究欠缺则是高校基金会行业发展的短板，严重制约着我国高校基金会全行业的发展。关于高校基金会行业建设问题，前面已经有过相关论述，这里不再重复，仅对以下四点做出特别说明。

1. 政策倡议

对处于起步阶段的行业发展来说，能够将现状、存在问题与政策诉求通过某种渠道向有关部门反映，使政策制定者及时知晓相关情况，对于提高行业相关政策的针对性与适用性而言至关重要。然而，我国高校基金会目前行业意识不强，基金会发展呈现出零散化、碎片化态势，行业发展现状与诉求无法有效汇聚与传递。未来高校基金会职能的有效履行，有赖于行业政策倡导平台的构建与沟通机制的形成，如通过举办各种专题论坛或研讨会，邀请主管部门负责同志参与，与高校基金会管理团队多交流、多沟通，这样在后续政策制定环节才能充分吸收实务工作者的意见和建议，更好地发挥政策的推动作用。

未来高校基金会的健康发展，一方面应以单个高校的筹资探索与实践为基础，形成可复制、可推广的经验与做法；另一方面也应提升行业显示度与行业地位，最大程度地凝聚行业发展共识，营造良好的发展环境，同时规避不必要的管理风险，形成良性互动。与此同时，建议由教育部牵头，财政、民政等部门共同参与，形成教育基金管理部际定期磋商机制，统筹财政配比及其他高校基金会各项相关政策，通过顶层设计为高校基金会提供管理与服务，实现教育基金事业统筹协调发展，助力高校多元化筹资进程，为建设世界一流大学提供有力支持。

2. 能力建设

随着我国高校多元化筹资与资源拓展越来越重要，各级各类高校的管理层对基金会工作的要求会越来越高，筹资与后续管理服务的任务会越来越重，同时筹资管理工作的难度也日益加大。为此，开展高校基金会各个层次、各个岗位的课程培训势在必行。培训和研讨能够提升高校基金会管理干部决策力，强化执行力，激发创造力，加强综合管理能力和科学决策素养，进而打造一支专业化的高校筹资队伍。这不仅有利于提升高校基金会管理团队的整体素质，提高其驾驭新形势下筹资工作的能力，同时也有利于提升高校基金会行业发展的整体质量和水平，以更好地服务于学校教学科研与人才培养大局。此外，头部高校基金会管理者还可适时赴英国、新加坡等国家，针对公立大学筹资策略、捐赠项目设计等问题进行考察，提高我国高校基金会的国际化程度。

在培训开展过程中，高校要根据当前基金会从业人员知识结构的实际情况，积极探索新的筹资与基金管理培训模式，科学合理制订培训计划，以提升高校基金会治理能力与工作水平为重点，以保持和提高基金会队伍胜任能力为主要目标，优化培训结构，分层次、多角度开展培训，拓展培训内涵、增强培训效果，特别要结合高校筹资过程中出现的热点难点问题，有针对性地开展培训工作，提高培训工作的时效性。在这一过程中，中国高等教育学会教育基金工作研究分会应在网络课程基础上，进一步发挥优势，打造若干个不同定位、不同层次的特色培训基地，打造融合互补的高校基金会行业培训体系，共同促进行业人才建设迈上一个新台阶。

3. 案例汇编

高校基金会的探索与创新，不仅需要前瞻性思考，也离不开对既往经验教训的回顾与总结。高校基金会扎根中国大地近30年来，高校基金会工作者在实践中积极探索，形成了大量鲜活的筹款与基金管理案例。这些案例既有成功经验，也有值得总结与反思之处，集中反映了高校多元化筹资与基金会管理工作中遇到的问题和矛盾，以及由此产生的对策与创新。每一个案例背后，都体现了高校基金会工作者的辛勤耕耘，这些探索都是行业发展的宝贵财富。

因此，从行业发展角度来说，高校基金会应及时总结这些实践探索的宝贵经验，组织力量对这些案例进行收集整理，将典型案例汇编成册，形成高校基金会发展的全景式记录，以及高校基金会工作者爱岗情怀的系统性回顾。同时，这些案例也可为解决现实问题提供参考和借鉴，经过积累与储存，将会成为高校基金会可持续发展的史料资源宝库。这将有助于加深对高校筹资的规律性认识，有助于总结推广经验，更好地解决矛盾和问题，提升高校基金会整体治理水平。

4. 课题研究

高校基金会的攻坚克难和理念模式创新，需要强大的智慧凝聚和理论支持，需要大批契合实际的研究成果。高校筹资与基金会管理的相关课题研究需要创新思维，亟待开阔视野，提高与实际的结合度。不仅如此，高校基金会还应以课题研究为依托，充分整合各方资源，打造高校多元化筹资的发展智库，并结合高等教育资助方式的变化，以及教育领域综合改革的战略部署，针对高校基金会改革发展和行业管理中出现的热点难点问题，组织课题攻关，以此促进高校基金会的改革创新，推动全行业发展取得新突破，增强新动能。

具体来看，相关课题研究要提高针对性，提高服务高校基金会的能力与水平，特别是要关注行业管理规范标准建设、行业发展瓶颈和需求、管理机制模式变化趋势、筹资过程中的风险防范、疫情对捐赠者影响等方面内容，集中开展课题研究。此外，相关课题研究还要配合各高校规划编制，做好前期调研、方案制定等工作，推动基金会工作与所在高校整体战略发展相互融合。总之，高校基金会治理相关课题研究的有效开展，能够促进大学筹资理论体系的进一步完善，也能为推进高校基金会实务工作创新提供依据。

（二）夯实学术研究基础

1. 研究成果

通过中国知网的信息检索发现，2000～2019 年，以大学募捐、高校筹资、高校基金会、大学教育基金会、大学筹款、大学捐赠、高校捐赠等为主题的文章共有 4053 篇（见图 20），其中 CSSCI 收录期刊中的相关文章仅有 370 篇。从中可以看出，尽管相关研究成果近年来呈现逐年递增的态势，但从整体上看，与蓬勃发展的高校基金会事业相比，此类研究成果，特别是高质量研究成果依然偏少，能够聚焦高校基金会发展过程中瓶颈性问题，指导高校多元化筹资实践的成果更是少之又少。

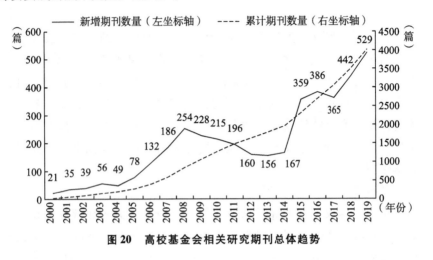

图20　高校基金会相关研究期刊总体趋势

2. 研究机构

《中国大学教育基金会发展报告（2018）》提到，成建制的学术研究机构是公益慈善相关行业发展的重要推动力量。依托高等院校组建的高层次、高起点、高水平的学术研究机构，既是大学教育基金会行业健康发展不可或缺的基础设施，又是引领这一行业创新前行的重要保障。2016～2017年，中国人民大学教育基金研究中心、华北电力大学教育基金研究中心相继成立，填补了高校基金会与大学筹资专门研究机构的空白。自2018年以来，两个研究中心依托各自高校，除了日常的学术研究工作之外，在教育基金工作研究分会以及各个高校基金会的大力支持下，相继搭建了多个行业交流平台，陆续举办了一些论坛、研讨会及沙龙，受到了行业同人的好评，为教育基金事业的健康发展做出了应有的贡献。

在两个研究中心的多个活动中，"双一流高校基金会创新发展论坛"已成为品牌项目，活动参与者以"双一流"高校基金会秘书长为主，迄今已经举办了四届。2017年4月，首届论坛以"世界一流大学建设与教育基金发展的中国路径"为主题在中国人民大学举行，时任财政部科教司司长赵路、教育部财务司副司长赵建军、中国人民大学党委书记靳诺，以及财政部、民政部等部委负责人出席本次研讨会。2018年3月，第二届"大学基金会创新发展论坛"在北京举行，多位部属高校基金会主要负责人、财政部相关同志出席论坛。当天，我国高校基金会领域第一部年度发展报告正式发布。2019年4

月，"多元化筹资与世界一流大学建设"研讨会暨第三届"高校基金会创新发展论坛"在复旦大学举办，国家发改委、民政部等部委相关负责同志，以及多家"一流大学建设高校"基金会负责人参加了本次论坛。

此外，针对我国高校层次多样，存在较大差异性的问题，两个研究中心还参与策划举办了一系列针对性较强的行业与区域研讨会。2018年1月，首届"广西高校筹资与高校基金会创新发展"研讨会在广西师范大学举行，广西十余家高校的基金会负责人参加了此次研讨会，会上通过了成立广西高校筹资发展共同体的决议；2018年3月，由顺德职业技术学院主办，两个研究中心提供学术支持的"高职院校教育基金融合发展研讨会"在顺德举办，财政部科教司、教育部财务司相关处室负责同志，以及来自全国十余所高职院校的代表参加了此次会议，与会人员针对高职基金会的独特作用、在产教融合当中的价值等问题开展了深入研讨，这也是我国首次以高职基金会为主题的研讨会。

针对中西部高校基金会发展不均衡问题，中国人民大学公共治理研究院携手电子科技大学教育发展基金会于2019年11月15日共同主办了首届"中西部地区'双一流'高校教育基金工作研讨会"。本次会议搭建了中西部地区高校基金会的交流平台，与会人员分别围绕大学基金会理财投资模式、校友与基金会工作协同、大额捐赠者沟通策略、大学基金会的规范化建设、中西部高校基金会可持续发展的模式、捐赠与校企合作的边界、地方高校筹资困境等主题进行了深入研讨。2019年12月，由北京师范大学教育基金会与中国人民大学公共治理研究院共同举办的高校基金会发展圆桌会在北京师范大学珠海校区顺利举办，部分筹款金额相近、净资产规模相仿的高校基金会负责人参加了本次会议。

不仅是关注不同类型、不同地区高校基金会的发展问题，两个研究中心还从不同侧面倡导行业交流与互动。2019年10月，由北京理工大学教育基金会主办、两个研究中心协办的以"校园公益与小额筹款"为主题的研讨会在北京理工大学召开，中国教育发展基金会、中国光华科技基金会以及京津地区20余家高校的基金会负责人出席了会议。本次会议为国内高校基金会及相关领域的学者搭建了讨论和交流的平台，对于推动小额筹款工作高效开展、加速校园公益文化体系建设、加强高校教育基金会的交流与合作具有重要的意义。

除此之外，自2018年以来，两个研究中心还与有关机构合作，致力于推动高校基金会的能力建设。2018年4月，在两个研究中心的推动下，由国际公益学院（CGPI）和亚太教育资源拓展协会联合举办的"大学基金会的政策应变与可持续发展高级研修班"顺利开班，来自国内近30家高校基金会及相关机构的负责人参加学习。研修班话题覆盖校友工作的源动力、法律政策解读、战略规划、发展大额捐赠、设计募资运动、资产保值增值、项目设计管理、捐赠关系维护、捐赠文化建立、捐赠者数据管理等，多角度、多维度分析了高校基金会的发展现状、可持续发展前景与路径，受到与会者的一致好评。

为提高赋能项目的针对性，2019年10月，两个研究中心参与策划并由国际公益学院主办的"双一流高校教育基金会秘书长高阶研修项目"在北京正式开课，来自"双一流"高校教育基金会的30余名高级管理者参与了此次课程学习。本次项目以高校基金会内部治理、资源动员、风险防范为主线，为高校基金会管理团队设计短期培训，同时邀请了相关部委政策制定者、内地及我国香港地区知名院校基金会资深秘书长、资金筹募机构负责人等参与课程讲授，分别从宏观、中观和微观视角出发，理论与实践相结合，力求从多维度开拓高校基金会领导者的管理视野，助力基金会可持续发展。

近年来，尽管两个研究中心在行业建设与学术平台构建方面做了一些工作，但相对于蓬勃发展的高校基金会行业来说，所做的远远不够。接下来，两个研究中心将聚焦困扰高校基金会发展的核心问题，强化与教育基金工作研究分会等机构的合作，致力于提供差异化的供给产品，携手推进高校基金会行业健康发展。事实上，不仅是研究机构，部分高校基金会也在推动区域行业建设，培育公益文化方面进行了有益的尝试。暨南大学教育基金会连续举办了两届粤港澳大湾区公益慈善论坛，针对新公益慈善运作模式、高校基金会角色定位和功能发挥等问题进行了深入探讨。

（三）"高校筹资联盟"微信公众号

2020年是"高校筹资联盟"微信公众号创办5周年。5年来，公众号以打造开放性、共享性的高校基金会行业交流与信息发布平台为目标，致力于为从业者提供各种资讯服务，推送中外高校教育捐赠动态、筹款方法与技术手段等内容，受到了公众的认可。自2019年以来，部分高校基金会为提高信息传递的针对性，在人员招募过程中还通过公众号平台发布招聘信息，收到了较好的效果。与《中国大学教育基金会发展报告（2018）》出版时的近千关注者相比，2018年至今，公众号关注者在数量上翻了一番，已经超过了2500人，公众号对高校基金会行业从业人员的覆盖程度进一步提升。

这 2500 余名关注者大部分集中于北京、上海、广州等一线城市，以及江苏、浙江等地。北京、上海、广东、江苏、浙江的人数占比分别为 29.61%、10.60%、10.03%、8.33%、8.28%，这与我国高校的分布情况相一致，与我国高校基金会的筹款能力相互吻合。目前微信公众号的常读用户有 513 人，占比为 22%，并呈现出逐月提高的态势。

除了常规筹款与基金会治理内容的推送，"高校筹资联盟"微信公众号也在探索更好地服务行业发展的新方式。2019 年，为拓展高校基金会获取新知的渠道，完善知识与信息供给体系，在中国人民大学教育基金会的大力支持下，高校筹资联盟推出了"求是新知"系列沙龙，从高校基金会治理全域中选取某个侧面，或是从治理全流程中摘取某个环节作为主题，邀请相关领域专家学者和实务界工作人员座谈交流，碰撞思想，增进共识，以推动行业整体发展。首期沙龙以"大学基金会对外宣传与捐赠新闻写作"为主题，邀请来自清华大学、中国人民大学的两位嘉宾向大家分享了高校基金会外宣工作相关知识，来自北京、成都及我国香港地区高校的 30 余位大学基金会同人参加了此次活动。疫情期间，"求是新知"沙龙还携手教育基金工作研究分会，将线下沙龙与分会的网络课程结合起来，聚焦高校基金会发展过程中面临的一系列关键问题，赋能高校基金会治理能力建设。

今后，"高校筹资联盟"微信公众号将坚守初衷，一如既往地为高校基金会行业发展提供各类信息与资讯，与行业共同进步、共同发展；同时也将因时因势调整工作着力点和应对举措，探索新的推送渠道，创新推送方式。此外，"高校筹资联盟"微信公众号将更加突出操作性，完善行业基础设施建设，助力高校基金会更好地进行多元化筹资，实现高等教育内涵式发展。

六 守正创新

——高校基金会的未来发展

在新冠肺炎疫情防控过程中，高校基金会成为一支令人瞩目的新兴力量。全国 600 多个高校基金会结合自身所在高校特点，不同程度地参与到疫情防控工作当中，在抗疫物资筹措、师生关爱、科研攻关等诸多方面发挥了重要作用，为打赢疫情防控阻击战贡献了力量，受到社会各界的普遍关注与高度认可。当今和今后一个时期，受到全球疫情和经济贸易形势不确定性的综合影响，我国财政整体上面临着较大的减收增支压力。具体到高等教育领域，在今后一段时间，长期以来过度倚重财政拨款的我国各级各类高校，将不可避免地受到冲击，办学经费的正常运行将面临前所未有的压力和挑战。

在"过紧日子"背景下，多元化筹资对于高校来说更加重要，高校基金会也越发彰显出自身的独特价值。高校基金会应以近30年来的实践为基础，探索在新形势下作用发挥的新机制，以此次疫情应对为契机，更为积极主动地谋篇布局，健全资源筹募与管理体系，多维度、多渠道筹措办学资源，全方位筹好、管好、用好捐赠资金，通过募集捐赠资金提升大学声誉与社会形象，进而形成良性循环，带动更多社会资源注入高等教育领域，推动我国高等教育事业高质量发展。

具体来看，高校基金会应从以下几个方面不断进行新的探索。

（一）厘清高校基金会的新优势

2018年5月，"高校筹资联盟"微信公众号以"大学为什么要成立基金会"为题目推送过一期内容，文章尽管主要是以美国公立大学为分析对象，但也引出了我国高校基金会存在的初衷问题。事实上，《中国大学教育基金会发展报告（2018）》对此问题也有述及。疫情期间，对大部分高校来说，一方面基金会在校内的地位更加显性，存在感更强；另一方面基金会担负的筹资任务将更加繁重，在基金保值增值方面的压力也将越来越大。

高校基金会面对的挑战远不止这些，在世界经济形势不确定性增加的背景下，筹款工作形势日益严峻。同时，随着公立大学多元化筹资意识的形成，高等教育领域筹款也将进入红海时代。如何更好地维系大学原有捐赠者，巩固捐赠存量，同时从国际、国内两个渠道拓展捐赠增量资源，吸引新的捐赠者，是摆在高校管理团队与基金会筹款团队面前的一道难题。

面对更加艰巨的筹资任务，高校基金会在既有工作模式基础上，需要进行筹资模式的创新与探索，以适应新的发展环境，这也是后疫情时代高校基金会应对挑战的必然举措。这种探索与创新应是建立在过往筹款实践基础之上的，同时对高校基金会行业发展脉络的充分了解，特别是对自身发展轨迹的回顾，应成为各个高校基金会后续创新发展的起点。因此，在明确未来的筹款战略之前，高校基金会应首先对几年来所在学校的筹款工作进行系统性回顾和分析，研判筹款工作中的成败得失，为打造升级版的筹款战略提供操作指引。SWOT分析法是在这一环节可被采用的有效方法之一。它是一种态势分析方法，能够将与研究对象密切相关的主要内部优势、劣势和外部的机会、威胁列举出来，并利用系统性思维方式，把各种因素相互匹配起来加以分析，从中得出一系列相应的结论，为后续决策提供依据。在筹资与高校基金会治理过程中，通过 SWOT 分析法，高校基金会可以对大学筹资所处的场景进行全面、系统、准确的研究，使高校管理团队能够较为清晰地了解大学筹款的优势、劣势、机遇和挑战，并以此为依据制定相应的大学筹款战略或基金会治理策略。

在提高大学筹资能力，拓宽筹资渠道过程中，高校基金会不应生搬硬套或简单模仿其他大学的做法，即便是效果很好的美国私立大学的多元化筹资模式，也并不一定能完全移植到中国大地，其他头部高校的筹款体系也同样不能直接应用。在筹资战略中运用 SWOT 分析方法，高校基金会能够在学习借鉴世界一流大学筹资经验的同时，把眼光放在自身的实际发展上，并结合大学建设发展的阶段性特点，形成定制化的大学筹资战略。总之，通过 SWOT 分析法制定的筹款策略更贴近本校实际，更符合自身特质，也更容易与大学发展战略相契合，从而更好地挖掘大学筹资的自身价值，推动高校从内涵与外延两方面卓越发展。

提高筹款战略的针对性，还应形成整体性思维，将校友联络、校企合作等模块与捐赠项目设计、院系资源拓展体系构建结合起来，进一步优化自身筹款模式，在此基础上对人力、物力、校友等筹款资源进行合理安排，同时结合自身特点制定与筹款相关的指标体系，包括捐赠来源、筹款成本、捐赠参与率、小额捐赠占比等，通过这些工作流程的专业化，推动筹款管理、管理团队的高效运转。

（二）探索基金会与所在高校关系的新模式

如前所述，高校基金会是大学中的独特存在，兼具社会基金会与高校组织的双重属性。不同于美国公立大学与其基金会订立谅解备忘录（MOU）的管理模式，我国高校与其基金会的管理模式存在较多的不确定性。比如，在高校基金会理事会换届过程中，理事会人选，特别是校外理事人选，以怎样的形式向学校主要领导汇报，是否列入学校党政联席会或校长办公会正式议题；每年基金会向学校拨付的经费是否设置一个比例限制，以便统筹捐赠资金使用与资金池增值工作等都没有明确要求。不同学校的管理传统、主要负责人的不同管理风格都会影响这些制度安排。

与美国公立大学不同，我国高校不会与其所属基金会订立类似的一份备忘录，规定太过细化也不利于基金会功能的灵活性，但高校基金会与所在高校的关系还是应予以充分考虑，对相关问题进行适当明确，如高校基金会的支出限度、高校基金会团队特别是投资团队的激励机制、对外合作过程中的大学风险如何隔离等。

借鉴公司治理中母公司与子公司、总公司与分公司的管理实践，可能会有助于我们理解高校基金会与其所在高校的特殊关系。根据公司在控制与被控制关系中所处地位的不同，可以将公司类型划分为母公司和子公司。实际控制其他公司的公司是母公司，受其他公司实际控制的公司是子公司，它们都具有法人资格。分公司指的是与总公司相对应的法律概念，是指在业务、资金、人事等方面受总公司管理，不具有法人资格的分支机构。分公司在法律上、经济上没有独立性，属于总公司的附属机构。按照这一思路，从法律属性上说，高校基金会具有独立的法人资格，能够承担一定的责任，因此与其所依托高校的关系类似于母公司与子公司的关系。然而就管理模式来说，二者更倾向于总公司与分公司的关系，毕竟高校基金会在人事、财务、办公地点等诸多方面与高校有着千丝万缕的联系，离不开高校的资源；高校基金会的治理瑕疵，也会对大学品牌带来负面影响。

想要完全厘清高校与其基金会的关系，并不是一件容易的事情。我们可以借用上述公司治理实践，进一步梳理二者关系。如前所述，高校与其基金会在性质上类似母公司和子公司，在实际运作过程中更像是总公司与分公司，但由于基金会工作属性特殊、职能特殊，相比于总公司对分公司的管理来说，学校对基金会的管理更加直接，程度也更加严格，同时，基金会管理模式也不完全等同于一般机关部处与直附属单位的管理模式，更像是将与基金会工作相关的筹款、投资、捐赠者关系维护等职能整合在一起的事业部，只不过高校基金会具有独立的法人资格。

不仅如此，有的高校将校友工作与基金会工作嵌入同一个机构当中，这也使高校基金会治理结构更加具有复合性和多元化，事业部的职能更加庞杂。校友事务与基金会管理一体化模式大多是以"三位一体"形式体现出来的，即校友管理机构、基金会秘书处及校内行政部处的"三位一体"。有的高校还把理事会、校董会职能也放在其中。校内行政机构称谓如合作发展处、发展联络部、对外联络部或其他。

一般来说，事业部都有自己的产品和特定的市场，能够完成某种产品从生产到销售的全部职能。事业部不是独立的法人企业，但具有较大的经营权限，实行独立核算、自负盈亏，是一个利润中心。按照这一逻辑，高校基金会类似于针对特定的产品（捐赠项目）及目标客户（捐赠者）成立特定的事业部，运作过程中以利润（筹资额及投资收益）为中心，实行独立核算，内部按照职能制结构进行组织设计，比分公司形式更具市场竞争力。不同于事业部形式的是，高校基金会具有独立法人资格，而事业部只是总部的一个分支机构，对利润没有支配权，不能对外进行融资和投资。

应该说，高等教育机构的使命与发展战略与商业机构有着本质上的区别，大学筹款与公司经营也有着较大差异，因此将高校基金会与子公司、分公司或事业部等商业组织形式进行类比，本身可能就不妥当，但通过上述类比，或许能够帮助我们更好地了解高校基金会的特殊组织形态，从而有助于凝练出适合高校基金会发展特点的治理方式，特别是有利于在激励机制方面进行适度创新。高校与其基金会是隶属关系，抑或是伙伴关系，值得梳理清楚并明确界定。更为具体的，在事业部治理模式下，高校基金会的治理体系应该如何构建，工作职责如何细化，与其他校内机构的关系如何处理，大学与其基金会的责任具体包括哪些内容，这些问题长期以来困扰着高校及其基金会管理者，值得后续进行专题研究，特别是在事业部制管理模式下高校基金会激励机制如何实现，已经成为制约高校基金会治理效能的关键因素。

（三）思考强化人员激励的新方式

大学筹资与资源拓展事务的有效推进，离不开一支稳定的专业团队。据保守估计，目前美国有 20 万～30 万人在专业从事高校筹资或相关工作，这为整个行业的持续发展奠定了基础。从具体学校来看，研究型顶尖大学的发展事务团队人员众多，发展事务部加上院系的筹款人员，动辄 500～600 人规模，即便是小型的社区学院，负责筹资相关工作的人员也有数十人。

从学校内部来看，美国大学中从事发展与筹资事务员工（不包括投资板块工作人员）的平均薪酬要比从事其他校内行政工作的员工略高，程度因校而异，这在一定程度上能够抑制专业筹款人员向校内其他部门的流动，保证筹资体系员工的闭环发展。此外，美国大学的年度增资机制，也能够减少人员的流动。以能够查询到薪资水平的密歇根大学为例，即便处在同一职位，员工每年的工资收入也会实现小幅增长。

美国大学筹资人员的校际流动较为频繁，前提是这些高级管理者会优先选择其他大学的筹资体系，职业生涯稳定阶段以后转换行业的概率大大降低。这种行业惯例对整个行业的人才储备大有裨益，当然这种跳槽或校际流动是基于美国大学业已形成的筹款伦理之上的，如捐赠人隐私保护等。

在这一方面，美国大学的经验就是建立不同于校内其他行政单位的、差异化的薪酬管理体制，需要说明的是，在绩效衡量过程中，尽管他们会参考筹资情况，但他们并没有将业绩完全等同于筹资金额，一是简单的挂钩会引发潜在的伦理问题，二是其他支持团队的工作同样重要，筹资是团队努力的结果。开发、拜访新的潜在捐赠者，撰写特色筹款方案都是绩效的重要组成部分，筹款人的评价与考核机制符合大学的情境，也与筹款自身的规律相互契合。

在商业领域，随着市场经济的发展，企业之间的竞争日益激烈，为增强企业自身的竞争力，最大程度地留住优秀员工，企业会对员工采取一系列有效的激励措施。即便在高校，为了吸引学科发展的优秀人才，学校也会通过住房、配偶就业、科研启动经费等各种方式面向全国甚至全球招募人才。事实上的确如此，商业机构、非营利组织甚至城市、政府之间的竞争，归根结底是人才的竞争，以合理、恰当的激励机制吸引人才并最终留住人才，能够提高组织整体效能，为组织创新发展提供有力支撑。

我国高校基金会的良性发展，离不开专业人才的持续储备，各个高校基金会要想有效履行职责，充分发挥自身作用，一定要建立一支具有核心竞争力的优秀团队。然而，就目前来说，我国大多数高校基金会在人力资源管理方面处在两难的尴尬境地。从整体来看，除了个别头部高校以及尚未激活基金会活力的尾部高校，大多数处在中间位置的高校基金会都面临着从业人员薪酬水平偏低、激励手段缺乏、岗位吸引力不足等问题，导致高校基金会工作人员归属感不强，流失率偏高。在人员招募过程中，高校基金会既不能获得充足的校内事业编制吸引应聘者，也不能通过构建契合其运作特点的薪酬体系。这种制度安排维持现状尚不存在太大问题，要想实现创新发展，更好地服务所在高校，就会出现人员流动性强，离职率高，对基金会归属感不强等问题。如果单方面提高人才派遣及劳务派遣人员的薪酬待遇，则还要照顾到基金会事业编制人员以及学校其他部门同类员工的情况。如何吸引人才、留住人才，在实现员工有效激励的同时平衡好各方利益关系，这是高校基金会可持续发展过程中需要解决的重要前置问题之一。

究其原因，这种情况的出现一方面是由于社会组织行业薪酬水平整体偏低，且与高校基金会相关的社会组织规范性文件在一定程度上制约了高校基金会的激励空间。2016年，民政部、财政部、国家税务总局印发了《关于慈善组织开展慈善活动年度支出和管理费用的规定》（民发〔2016〕189号），明确慈善组织中不具有公开募捐资格的基金会，年度管理费用根据上年末净资产划分为四档，年度管理费用不得高于当年总支出的12%~20%。2020年5月，财政部、税务总局、民政部在《关于公益性捐赠税前扣除有关事项的公告》中再次明确，不具有公开募捐资格的社会组织，前两年每年支出的管理费用占当年总支出的比例均不得高于 12%。需要说明的是，行政管理人员的工资、奖金、住房公积金、住房补贴、社会保障费都属于慈善组织管理费用范畴。同时，除了西安交通大学教育基金会、中国科学技术大学教育基金会等个别基金会以外，600 余家高校基金会中的绝大多数属于非公募性质。

更为具体的，财政部、税务总局于 2018 年出台的《关于非营利组织免税资格认定管理有关问题的通知》（财税〔2018〕13 号）规定，工作人员平均工资薪金水平不得超过税务登记所在地的地市级（含地市级）以上地区的同行业同类组织平均工资水平的两倍，工作人员福利按照国家有关规定执行。上述两方面的政策规定，分别从内部支出占比与外部横向对比两个维度，对工作人员工资薪金进行了上限要求。

另一方面，高校基金会在人员激励机制方面所面临的挑战，更多地源于高校基金会组织形式的特殊性。当前，随着高校人事制度改革的持续推进，教职工分类管理成为趋势，高校基金会的用人模式也日益多元化，其中既有事业编制工作人员，也有与派遣服务公司签订劳动合同的派遣制员工，还有与基金会签订劳动合同的录用人员；从名称来说，有的叫作非事业编制工作人员、聘用制人员，也有的叫作劳动合同制员工。从社会组织角度来说，什么称谓、何种形式并不重要，但高校基金会的用人制度是嵌入高校人事管理之中的，差异化用人形式导致的福利待遇差异以及因此而导致的横向对比在所难免。首先，除地处东部沿海发达地区的部分高校以外，大部分高校基金会的编制内员工薪酬待遇高于其他非事业编制人员。其次，编制内员工还有职务、职级以及职称的晋升空间，不仅如此，子女上学、车证办理、就餐等福利也多有不同。最后，如果通过制度安排加大编外员工的激励程度，那可能会出现编制外员工福利待遇高于编制内员工的情况，造成另外一种形式的待遇差异，且这部分编制内员工往往处在基金会管理层；如果调高这部分编制内员工的薪酬，校内其他部门并不充分了解基金会的特殊属性，或许会有微词。

在上述多种因素的影响下，高校基金会现行的用人机制导致薪酬不具有竞争力，员工职业发展前途不明朗，这在一定程度上影响了员工归属感，是造成人员离职率高、流动性大的原因之一。不仅是一般的工作人员，高校基金会管理团队的激励机制如何实现，秘书长、副秘书长的考核与晋升如何体现行业特点，如何与现行干部管理制度有效衔接，能否单辟特殊的职业发展通道，实现高校基金会各个层级工作人员的有效激励，并且有效平衡与此相关的若干问题，是后续值得深入探讨的问题，也是未来高校基金会功能作用有效发挥的关键所在。

事实上，早在 2016 年，针对社会组织长期以来"激励机制不足、分配模式较为单一、薪酬待遇较低、薪酬体系建设较为滞后及政策法规保障缺失"的问题，民政部就发布了《关于加强和改进社会组织薪酬管理的指导意见》，对社会组织的薪酬管理予以规范。《关于加强和改进社会组织薪酬管理的指导意见》结合社会组织自身特点，提出绩效工资应与个人业绩紧密挂钩，科学评价不同岗位从业人员的贡献，合理拉开收入分配差距，切实做到收入能增能减和奖惩分明；同时还提出工资分配要向关键岗位和核心人才倾斜，对社会组织发展有突出贡献的从业人员，要加大激励力度。《关于加强和改进社会组织薪酬管理的指导意见》还专门提出社会组织应逐步建立薪酬水平正常增长机制。然而，这一指导意见并没有考虑高校基金会依托所在大学的特殊情境，操作性不强。

高校基金会薪酬管理制度的修订与完善，受到多种因素的影响。不可否认，高校基金会筹资能力的强弱，更多地体现为大学自身的品牌价值与人才培养质量，还与大学管理层特别是主要领导的重视程度、人脉资源息息相关。高校基金会更多的是在承担对接、落实以及后续管理职责。然而，随着高校基金会在学校资源拓展过程中发挥的作用越来越显著，基金会队伍的专业化建设应早日提上日程。从发展阶段来说，大多数部属高校基金会迄今已经成立超过十年，事业发展业已进入稳定期，捐赠者维护与捐赠基金管理也进入了新的阶段，这时更需要一支稳定的、专业化的基金会管理团队打理相关事宜。流动性强的工作团队不利于向捐赠者展现良好的基金会及所在大学的正面形象，也不利于与校内各个单位之间的沟通与协调。

习近平总书记多次强调，要充分调动广大干部积极性，不断提升工作精气神。[①] 在高校"过紧日子"背景下，高校基金会的责任将越发繁重，在资源拓展过程中的压力也将同步加大，基金会募资、用资与投资的专业化程度不断提高，对人员的要求也越来越高，如何有效调动包括事业编制人员在内的每个团队成员的积极性，构建适合所在高校及其基金会特点的激励机制，营造良好的工作氛围，成为摆在各级高校管理者及基金会秘书长面前的一道难题。

有效激励员工的前提是基金会掌握着必要的资源，如前所述，高校基金

---

① 《习近平参加黑龙江人大代表团审议》，央广网，http://qtznh.cnr.cn/sytp/20160308/t20160308_521558733.shtml，最后访问日期：2020 年 9 月 30 日。

会应借鉴商业领域事业部制管理模式，通过管理费、投资收益等资金来源建立高校基金会的利润中心，形成必要的激励资金池；而且在分配过程中，基金会既要有针对性地衡量不同岗位的工作绩效，又要避免简单将筹款金额与个人奖励挂钩，科学合理地制定绩效分配规则。同时也应看到，不同类型、处在不同阶段的高校基金会，在激励机制构建过程中面临着不同的问题，应避免千篇一律，而应将高校基金会差异化发展与激励机制构建有机结合，形成各自的激励机制与绩效方案。

此外，不仅是物质方面的激励措施，在将高校基金会的薪酬提升到有竞争力层次的同时，还应善用非物质激励措施，针对不同类型员工设计不同的激励点，提升激励效果，如探索提高内部晋升比例、争取部分编制名额、加大对员工培训与继续教育的资助力度等。最后，从行业发展角度来说，应针对如何招募、如何用好、如何留住优秀的基金会管理人才问题进行专题研讨，鼓励不同类型的高校基金会先行先试，形成可复制、可推广的典型经验，引导行业整体可持续健康发展。

（四）探索提升筹资效能的新路径

近年来，高校基金会凭借日益专业化的项目管理手段，赢得了包括捐赠者在内的社会各界的广泛认可，特别是在应对新冠肺炎疫情过程中，高校基金会尤为注重捐赠款物来源及去向的公开透明，及时通过网站及微信公众号，以爱心捐赠情况通报、转账捐赠明细、爱心捐赠资金支出公告、接受捐赠资金收支情况公示等形式定期向社会各界发布，接受社会监督。通过公开透明运作，高校基金会向社会展现出的强大公信力，为后续筹资募款打下了良好基础。

与此同时，正如前文所提到的，高校管理团队对基金会的认知已经有所深化，对大学筹资的理解也更加全面。更为重要的是，高校基金会的治理团队已经具有国际视野，将肩负起更重要的使命。在诸多有利条件的基础上，面对新的发展挑战，高校基金会还应从以下几个方面探索能够提升筹资效能的新路径。

1. 调整筹资方向，优化募捐方式

从筹资方向来说，高校基金会应在关注原有捐赠群体的基础上，更加关注社会资助类基金会，从存量公益资源当中获得更多的筹资机会。事实上，即便在疫情暴发之前，在美国高等教育筹资总额中，约有 34.3% 来源于社会公益基金会，总额超过 170 亿美元。后疫情时代，在增量捐赠资源增长乏力的情况下，高校基金会应认真分析此类公益基金会资助策略、资助方式与资助重点，积极调整筹款策略，优化募捐项目，主动向此类基金会资助重点靠拢，投入更多精力面向资助型基金会开展募捐工作，拓展筹款渠道与资助来源。不过需要注意的是，在面对社会资助基金会筹资过程中，要注意高校间的协同，避免筹资过程中的无序竞争。

从募捐方式来说，通过校友募捐将成为今后一个时期高校筹资的新方式。从世界一流大学筹资实践来看，校友既是重要的捐赠群体，又是大学募捐力量的有益补充，在募捐过程中发挥着多重作用。校友募捐形式多样，内容广泛，比如通过班级、地域或行业校友会、精英俱乐部发起校友募捐行动，出席募捐活动；成为基金会理事、筹款委员会委员，通过设立配比基金鼓励其他人向母校捐赠，或者只是转发母校募捐信息，都属于校友募捐行为。发挥好校友募捐作用，能够极大地拓展筹资覆盖面，提高募捐精准度，扩大筹资规模，同时，校友募捐本身就体现了校友对母校更深层次的认可与支持，对大学社会影响力的提升也大有帮助。

一般来说，校友参与募捐活动，是建立在向母校捐赠基础之上的（包括志愿服务行为，这是一种捐赠时间的特殊捐赠形式）。因此，校友募捐指的是校友在自身回馈母校的基础上，通过参加募捐活动，参与募捐团队等志愿服务活动，帮助大学筹集资金的行为。校友募捐群体处在校友、捐赠者与募捐者三类人群的交集，是一类特殊的校友群体。引导校友参与募捐，对大学筹资来说能起到事半功倍的作用。

在经济下行和新冠肺炎疫情的双重影响下，我国高校的"过紧日子"已经到来。能否在新形势下及时调整筹款策略与募捐方向，考验着大学的治理水平。高校基金会应顺势而为、因势而动，面向社会资助类基金会筹资，同时充分发动校友募捐，主动调整吸引筹资的主攻方向，深入挖掘校友资源，联络校友感情，培育校友捐赠习惯，拓展更多资源支持学校事业发展。

2. 采取差异化募捐方式，提高筹款精细化水平

相对于一般的基金会而言，高校基金会捐赠收入来源更加多元化，包括校友、非校友个人、基金会、公司及其他组织等渠道。即便是同一来源的捐赠，捐赠动机、背景、年龄及捐赠能力也大不相同，沟通方式、定制化程度会存在较大差异。日益多元化的捐赠来源给募捐带来了新的挑战，也给提高筹款项目与捐赠人匹配程度提出了更高要求。传统的无差别筹款方式已经很难适应捐赠主体多元化、捐赠行为碎片化、捐赠需求个性化的局面。后疫情时代，国际国内的社会经济形势、捐赠者意愿将发生一系列变化，高校多元化筹资将进入大浪淘沙、不进则退的新阶段。高校基金会应适时调整筹资策略，不断提高筹资的科学化、专业化水平，探索将潜在捐赠群体差异化的管理方式，提高筹款管理的精细化程度。

提高高校差异化募捐水平，高校基金会可以适度借鉴商业领域的部分实践，市场细分战略就值得深入研究，可以为高校的捐赠者细分提供参考。市场细分（Market Segmentation）是指营销者通过市场调研，依据消费者的需要和欲望、购买行为和购买习惯等方面的差异，把某一产品的市场整体划分为若干消费者群的市场分类过程。[1] 每一个细分市场都是具有类似需求的消费者构成的群体。市场细分的本质就是利用消费者的需求差异性，将整个市场分割为若干个不同的细分市场，以便调动有限的资源开展有针对性的营销。这一策略是买方市场条件下厂商竞争不断加剧的结果，也催生了顾客导向的差异化营销战略的出现。此外，随着后工业化时代的到来，差异化营销进入了目标客户终身化阶段。无论是差异化营销还是顾客终身化战略，其前提是对消费需求进行有效的细分。细分市场的客观条件是市场上商品供过于求，通用型营销策略已经无法获得消费者的认可。[2]

按照慈善需求与供给的观点，高校筹资是作为捐赠项目需求侧出现的，而捐赠者是以供给侧身份提供各种形式资源的，可以想见，随着筹款竞争的日益激烈，今后在高校筹资领域，高校基金会面临的将是捐赠项目需求大于实际捐赠供给的局面。如果不能做到将有限的捐赠者（供给侧）细分，同时将自身的捐赠项目细分，则很难提高自身（需求侧）的筹款竞争力。这方面可在一定程度上借鉴海外一流大学的筹资经验。

自 20 世纪 80 年代以来，美国公立大学越发重视募捐工作，这也加剧了大学间的筹款竞争。与此同时，影响力投资、慈善信托等新型募捐手段方兴未艾，生活方式、消费方式的变革也都在潜移默化地影响大学募捐。面对这些挑战，美国大学在既有募捐策略基础上，不断探索新的方式来适应新的情况，进一步提升筹款的科学化、专业化水平，其中基于捐赠人细分的分类募捐是美国大学筹资过程中采用的募捐策略之一。大学分类募捐策略包括捐赠者细分以及相应的团队与项目细分等若干内容，能够合理配置筹款资源，提高项目的个性化程度，提升捐赠管理的整体水平。同时，建立并完善信息管

---

① Smith R. Wendell, "Product Differentiation and Market Segmentation as Alternative Marketing Strategies," *Journal of Marketing* 21, no. 1 (July 1956): 3 - 8.

② 罗纪宁:《市场细分研究综述：回顾与展望》,《山东大学学报》（哲学社会科学版）2003 年第 6 期。

理系统，是分类募捐策略有效实施并取得良好效果的关键。

当前，我国高校在"过紧日子"背景下，正在积极探索吸引社会捐赠的新方式、新方法，以适应不断变化的外部环境。面对日益严峻的筹款形势，大学应进一步优化捐赠者细分方式，把庞大且越发多样化的捐赠者群体科学细分，在实施差异化精准筹款策略的同时，更加注重捐赠人的捐赠体验，以此提高捐赠后续管理与服务的质量。不仅如此，在大学捐赠金字塔中，捐赠者位置越高，捐赠金额越大，如果高校基金会不能提高筹款方案的针对性，也影响后续捐赠者服务的差异化程度。捐赠者细分策略使有差别的个性化筹款模式成为可能，这为后续的捐赠人管理打下了基础。

3. 探索基金会融合管理模式，实现筹、用、投一体化

黑石集团创始人苏世民在《我的经验与教训》一书中认为，每个企业都是一个封闭的集成系统，内部各个组成部分性能独特却又相互关联。优秀的管理者既洞悉每个部分如何独立运行，也熟知各部分之间如何相互协作。[①] 高校基金会管理也是如此，将筹资、用资与投资相关的模式割裂开来管理，不利于模块之间的协同，也不利于高校基金会治理绩效的提升。一方面，我国高校应依托高校基金会平台加大筹资力度，设法补齐多元化筹资这块短板，汇聚更多资源为学校发展提供财力保障；另一方面，高校也应加强模块之间的合作与协同，将捐赠基金管理事务有机地整合起来，形成筹、用、投三位一体的治理模式，更好地发挥基金会支撑大学战略发展的作用。这种一体化模式是大学资源管理体系的重要组成部分，是大学可持续发展的重要保证。

从大学内部来看，一体化治理模式能够引导不同模块超越细节去关注大学战略发展全局，回归大学资源拓展的初衷，形成整体资源拓展观念，避免"只见树木不见森林"。从应对外部挑战来看，后疫情时代，可供筹募的捐赠资源将更加有限，高校间筹款竞争或许呈现加剧态势，捐赠基金管理模块之间的沟通与协调显得越发重要。在这种情况下，捐赠基金一体化治理模式能够推动高校基金会优化自身资源配置，通过捐赠资金输入、管理及输出端的系统性集成，提高模块间的关联性与协同性，从而提升整个资源拓展体系及大学自身的竞争力。

理事会应在这一过程中发挥更大作用。理事会应从大学长远战略发展角度出发，在捐赠基金各个模块专业发展与明确分工的同时，对资源筹募、保值增值及项目管理等一系列问题做出统筹性安排与战略性布局，推动捐赠资

---

① 苏世民：《我的经验与教训》，中信出版社，2020。

金管理过程的整体优化。不同于海外大学筹资、用资与投资分属不同部门的情况，从制度设计上说，我国高校的筹资、用资及投资业务，本身就是集中于高校基金会之内的，在我国高等教育情境下，高校基金会首先是高校的基金会，这是不同版块融合的出发点与落脚点。在这一前提下，我国高校在资源拓展实践中，在开展专业化募捐的同时，还应不断提高捐赠项目管理水平，用好每一分钱，管好每一个项目。此外，高校还应通过积极稳健的投资策略，实现捐赠资金保值增值，持续扩大捐赠基金规模，形成集筹资、用资与投资为一体的一揽子治理模式。

高校基金会在模块融合过程中，还应注重将这种探索与院系筹资体系构建相结合，充分发挥院系的筹资积极性。从世界一流大学筹资实践来看，这些大学捐赠基金治理模式的变化与发展，大体上都是围绕对院系参与模式的探索进行的。今后一个时期，院系捐赠基金的培育与管理，将会成为高校基金会模式创新的重要方面。院系应结合各自高校特点，推动高校基金会治理模式呈现鲜明的层次化特征。针对筹款与资源筹募过程中院系力量参与不足的问题，我国高校应借鉴美国大学捐赠基金一体化治理总分模式经验，鼓励院系设立筹资机构，配备相应人员，引导院系筹好用好学科发展、学生培养与人才建设专项基金，探索形成院系基金池，打造若干院系发展品牌基金，充分释放基层单位资源拓展活力。目前，清华大学苏世民学院、上海交通大学密歇根学院、复旦大学管理学院、浙江大学博物馆等院系或单位，都已经建立了自己的发展事务团队。院系两级捐赠基金管理模式能够丰富捐赠项目层次感，拓展捐赠基金管理团队，其在高校资源拓展中的重要作用正在日益显现。与此同时，高校基金会应加强统筹协调，为院系捐赠基金管理提供指导与服务。

分报告

特 别 篇

高校基金会参与学校重大突发事件
应对的实践探索

杨增国[*]

　　党的十八届三中全会提出："全面深化改革的总目标是完善和发展中国特色社会主义制度，推进国家治理体系和治理能力现代化。"应对重大突发事件的能力是国家治理能力的重要体现，发挥社会组织在治理和服务中的积极作用是提高国家治理体系和治理能力现代化的重要一环。因此，在应对重大突发事件时，社会组织通过发挥积极性、能动性参与事件进展、推动事件解决，正是国家治理体系和治理能力提高的具体体现，也是题中之义。

　　自2003年"非典"以来，重大突发公共事件引起了社会各界的广泛关注，在应对实践中，政府与媒体、企业、公益组织等形成合力攻坚克难，成为共识，并逐渐形成各主体的责任自觉与行为自觉。新冠肺炎疫情的影响面广、破坏性大，政府与企业、社会组织等通力合作，多元主体积极参与，形成协同机制，为有效阻击疫情提供了有效经验。抗击新冠肺炎疫情正是对国家治理体系和治理能力的一次大考。

　　社会组织是社会治理中的重要中坚骨干力量，在加强和优化公共服务供给、满足人民日益增长的美好生活需要方面发挥着重要作用，是形成有效的

＊　杨增国，复旦大学教育基金会秘书长。

社会治理不可或缺的主体之一。①《荀子·君道》中写道："明分职，序事业，材技官能，莫不治理。"社会组织作为重要的社会主体，在参与公共事件、化解社会矛盾、激发社会活动等方面发挥着积极作用。社会组织更加贴近民众，对疫情的动态发展更为敏感，在新冠肺炎疫情整体性治理中发挥重要的辅助作用。在疫情发生的第一时间，许多社会组织（如各种基金会）就积极行动，开始募集款物，在全球范围内筹措医疗用品捐赠给国内的医疗机构，并活跃在疫情防控的各关键环节。②

基金会是社会组织的重要成员，也是慈善公益事业的重要力量，在应对重大突发事件时具有反应迅速、行动力强、广泛筹措资源等特点。国内少有关于基金会应对重大突发事件的研究，而多将其作为社会组织的一部分进行探讨。张铁军在分析社会组织在应对疫情中的作用时，提到公益组织、基金会积极行动，在线上线下、国内国外募集资金采购医疗物资汇集武汉，当武汉红十字会出现"堰塞湖"时，也是通过引入专业社会组织来提高物资分发率。③ 中国高校基金会作为基金会的重要组成部分，虽其职能主要集中在支持高等教育事业发展，但在此次应对新冠肺炎疫情中冲破了高校界限，依托其特有的资源与自身优势，在汇聚资源、精准支援、公开透明、公益引导等方面发挥了独特的作用，体现了特色，展现了力量，帮助高校在疫情阻击战中聚民心、强信心、暖人心，是高校治理能力提高的重要体现，为打赢疫情阻击战贡献了特殊的力量。借此机会，高校基金会自身拓宽了发展思路，丰富了管理经验，提升了职能规划，是高校基金会参与高校重大突发事件的有益尝试。但是，学界鲜有高校基金会应对突发事件的研究，因此厘清高校基金会在应对突发事件中的自身优势及作用，对未来高校基金会事业发展意义重大，也是对高校基金会自身的一次再认知、再升华。

一 高校基金会应对学校重大突发事件的优势

高校基金会具有一般公益基金会的普遍特点，同时也因其筹募对象相对

---

① 朱晓红：《进一步保障社会组织在国家治理中的作用发挥》，《国家治理》2019 年第 10 期，第 42～44 页。

② 唐皇凤、吴瑞：《新冠肺炎疫情的整体性治理：现实考验与优化路径》，《湖北大学学报》（哲学社会科学版）2020 年第 5 期。

③ 张铁军：《发挥好社会组织在突发事件应对中的作用》，《学习时报》2020 年第 7 版，http://paper. cntheory. com/html/2020 – 03/18/nw. D110000xxsb_20200318_2 – A7. htm。

固定，社会联系广泛，资金使用方向明晰，往往能凭借自身优势在学校重大突发事件中发挥关键支撑作用。

1. 组织优势：兼具灵活性与鼓动性

高校基金会组织结构简单，在抗击疫情过程中，主题明确，行动迅速，可以根据不同阶段的需求及时调整行动计划与策略，具有较强的灵活性。

2. 动员优势：筹募对象集中参与度高

不同于一般公益基金会，高校基金会有相对固定的筹募对象，主要包括校友、校董、基金会理事等，特别是得天独厚的海内外校友群体是高校基金会的资源优势，既是筹募的固定人群和源泉，也是素质和忠诚度都很高的慈善公益志愿者队伍的人才库；而全球校友组织也为资源的动员和整合提供了强大的组织网络。新冠肺炎疫情暴发后，上海复旦大学教育发展基金会第一时间成立"复旦大学抗击新型冠状病毒肺炎医疗基金"，一方面点对点向校董筹募，另一方面通过校友会的捐赠平台向全球校友众筹；北京大学充分调动海外校友力量，休斯敦校友会捐赠的医疗物资仅用 2 天时间就顺利抵达北京大学医学部，是国内外校友与各方通力合作的成果；同济大学德国校友会一边发动当地校友捐款，一边寻找可靠、高质量的物资和专业、高效的物流渠道，北德分会的校友及时提供了医用口罩的可靠采购货源，身在杜塞尔多夫的北威州分会几位校友迅速行动，成功购买了 50000 个医用外科口罩；上海交通大学 2000 届本科校友曾碧波创立的贝海国际速递对美国、加拿大等地寄往湖北省的防疫医疗物资（仅限口罩、防护服、护目镜、手套）电商件包裹，提供全程免费国际运输与配送服务。通过研究不难发现，应对突发公共事件时，高校基金会募捐的首要对象是与高校有长期合作、关系稳定的捐赠人，集中表现为校友、校董等。筹募对象的高度闭合性，使基金能够快速聚集，物资高效到位，这也是高校基金会募款的优势所在。殷洁用意大利经济学家帕累托的相关理论指导基金会运作，认为把客户分为三六九等，目的不是歧视客户，而是采取一种正确的战略措施保留住高价值客户，把握并充分利用客户这个战略性资源。[①] 由此可见，高校基金会对捐赠人研究的重要性，稳定而关系密切的捐赠人队伍是高校基金会应对突发事件时的首要响应者和支持者。正如浙江大学捐赠人陆向明女士在为其专项基金捐赠时所说："捐给浙江大学教育基金会我放心！"陆女士自 2002 年开始在浙江大学及浙江大学城市学院

---

① 殷洁：《中国高校基金会组织结构的优化策略研究》，载徐家良主编《中国第三部门研究》（第 18 卷），社会科学文献出版社，2019，第 65~78 页。

设立研究基金和奖助学金，多年来与浙江大学建立了良好的捐赠关系。这种捐赠人对高校基金会的信赖感，是基金会工作中宝贵的财富。

3. 平台优势：基金会与校友会通力合作

校友资源之于大学发展，特别是"双一流"建设至关重要。何志伟认为校友资源对于大学的影响主要表现在智力、财富和文化贡献。[①] 校友捐赠母校以充盈办学经费，改善办学条件，吸引优秀师生，提升教师水平及生源质量，是反哺母校的重要体现。有研究表明，高校校友会的存在对于校友捐赠起了巨大作用。[②] 因此，通过校友会发动广大校友成为捐赠主体是高校基金会筹募不可或缺的手段与途径。哈佛大学的校友捐赠经过百余年的发展已经较为成熟，有研究将哈佛大学的校友筹资活动分为年度募捐活动、校友团聚活动和专项募捐活动三类[③]。而专项募捐活动则是高校基金会抗疫期间募款的主要形式。布罗斯指出："专项募款是一种密集而大型的劝募活动，是大学为特定目的于一特定时期以募集一定数量金额为目标的募款活动。"[④] 综合各高校的抗疫工作可以发现，基金会多与校友会联合成立专项基金，且校友成为专项募款的主要对象。"复旦大学抗击新型冠状病毒肺炎医疗基金"成立后，一方面通过基金会平台面向社会众筹，另一方面通过校友会平台进行校友小额众筹。截至 2020 年 4 月 15 日，复旦大学教育发展基金会共有 1576 人次参与小额捐赠，累计金额为 130 万元人民币。1 月 28 日，中山大学校友会和教育发展基金会共同发起设立"中山大学医疗支援专项基金"。截至 2020 年 2 月 25 日中午，专项基金共接受 7896 笔捐赠，捐赠金额逾 3600 万人民币。同济大学校友会、同济大学教育发展基金会联合发起设立"同济大学抗击新型冠状病毒肺炎专项基金"，截至 2 月 21 日，共有 6426 人次参与捐赠，捐赠总额为 222.99 万元人民币。校友群体集中发力是本次高校募集各种新冠疫情专项基金的特点之一，校友参与有广度有深度，而且主动作为，形成境内外联动的有效形式。当国内疫情高发时，境外校友组织积极筹措抗疫物资，并利用当地校友资源，为物资顺利通关、到达国内提供帮助；当境外疫情越发严重之

---

① 何志伟：《校友资源与世界一流大学建设之关系研究》，博士学位论文，浙江师范大学，2018。
② 钟玮、黄文辉、郭樑：《高校校友捐赠影响因素实证研究——基于对清华大学校友的调研》，《高教探索》2013 年第 4 期，第 43～46 页。
③ 王永慕、徐渝萍：《哈佛大学校友捐赠制度及其启示》，《山东高等教育》2018 年第 4 期，第 33～37 页。
④ 刘军、黄梅：《美国高等教育募款机制对我国高等教育投入多元化的启示》，《比较教育研究》1999 年第 4 期。

时，境外校友组织成为境外校友自助与互助的"转乘站"。4月中旬，复旦大学在德国交流学生给校长信箱来信，表达了购买防疫物资的困难，希望得到学校的帮助，此时德国校友会已经获得了复旦大学教育发展基金会为其募捐的物资，德国校友会得知后主动与该同学联系，并为其提供帮助。随着境内外疫情形势的变化，基金会与校友会的关系从校友会协助基金会捐赠工作转变为基金会支持校友会开展抗疫工作，校友会从捐助者变成受助者，但无论哪个阶段，基金会与校友会紧密合作都将会是探索二者关系的新的突破口。

4. 合作优势：慈善朋友圈展合力

高校基金会是依托大学的基金会，是高校拓展社会资源的重要途径，与企业、社会组织联系密切，如何不断扩大公益朋友圈，是高校基金会发展生存的一个重要课题。有研究认为，中国高校基金会的筹资渠道主要是校友、相关企业和个人捐赠。[①] 与此相比，美国高校基金会筹资渠道更为广泛，除了校友、个人、企业之外，还有其他社会组织、宗教团体等。但是，在此次抗击疫情过程中，中国高校基金会与企业、社会组织为同一目标携手合作取得了新的突破。这些合作一方面扩大了基金会的影响力，另一方面也开阔了基金会的视野。复旦大学与上海市妇联紧密合作，通过妇联的统筹协调，得到上海市三八红旗手联谊会、上海市女企业家协会的积极响应，社会各界力量齐动员，迅速募得多批资源，有力支持了复旦附属医院赴鄂医疗队。疫情期间，清华大学教育基金会密切关注各地，尤其是贫困地区防疫物资紧缺的情况。在了解到甘南不容乐观的疫情防控情况后，清华大学教育基金会与老朋友台湾财团法人张荣发基金会携手行动，排除万难，捐赠物资同心抗疫，此举是对国家脱贫攻坚号召的积极响应，也是两岸同胞命运与共、血脉情深的自然流露。从某种意义上讲，高校基金会筹资渠道的广度取决于基金会高校朋友圈的广度，过去一段时间，高校基金会筹资主要集中于校友、企业或个人，各高校在筹资渠道的拓展上都或多或少遇到瓶颈，经过此次疫情，高校基金会的朋友圈不断扩大：一是与慈善圈内各基金会协同合作；二是与其他社会组织或民间组织创新合作；三是高校基金会朋友圈进一步与高校、政府朋友圈融合。此后，高校基金会的拓展工作也必将进入纵深发展的新阶段，或将更多以高校基金会联合某组织、某公募基金会的形式共同支持教育事业发展或共同致力于社会问题的解决，高校基金会参与社会事务的彰显度也将大幅提升。

---

① 钱敏：《高校教育基金会筹资渠道研究及对我国的启示》，硕士学位论文，安徽大学，2011。

5. 中介优势：供给侧与需求侧精准对接

物资精准支援是基金会本次工作的难点，也是亮点。新冠肺炎疫情的爆发影响了国内生产，而抗疫一线对医疗物资的需求量不断攀升，抗疫初期物资短缺的问题比较突出，各高校校友充分发挥积极性与主动性，为一线筹募资源。复旦大学教育发展基金会与校友会紧密合作，一方面充分动员校友力量，广泛筹措物资，通过校友企业物流或物流领域的校友力量，形成全链条的服务与对接，确保物资第一时间到达抗疫一线；另一方面，基金会在通关、物流和物资对接等方面为校友捐赠提供支撑，形成合力。武汉大学欧洲校友群策群力，筹募医疗物资驰援武汉。在法国卫生部任职的武汉大学校友朱元发第一时间联系法国卫生部供货商，并实时跟进，争取武大校友会的订单排在第一顺位。在各报关清关公司、物流公司以及中国航司、海关和慈善总会等机构的全力协助下，武大欧洲各校友会的志愿者团队第一时间打通了从欧洲直到湖北各医院的全程通道。有研究将高校基金会比作高校与社会之间的桥梁，认为高校基金会沟通了大学与社会之间资源的流动。[①] 此次疫情中，高校基金会的桥梁作用不仅体现在高校和社会之间，还体现在处于抗疫一线的医院、医护人员与捐赠人之间，精准对接的要求使桥梁作用进一步深化，不仅要嫁接联系，还要明确时时更新与明晰需求与捐赠量化关系，从而使资金与物资高效利用。此后，高校基金会也应该进一步研究如何更好地发挥基金会的桥梁优势与作用，更广泛地连接各方，精准服务，落地有声。

二 高校基金会在抗击疫情中发挥的重要作用

在有关抗疫组织的研究中，很多研究都注意到了多元主体的作用。[②][③]《中华人民共和国慈善法》（以下简称《慈善法》）第三十条规定："发生重大自然灾害、事故灾难和公共卫生事件等突发事件，需要迅速开展救助时，有关人民政府应当建立协调机制，提供需求信息，及时有序引导开展募捐和救助活动。"面对疫情，慈善组织首先通过开展募捐进行救助活动。金锦萍认

[①] 李锋亮、王云斌：《教育基金会的发展与世界一流大学建设》，《复旦教育论坛》2016 年第 3 期，第 19 ~ 25 页。

[②] 张军、刘雨：《新冠肺炎疫情防控中的"志愿者 + 社区社会组织"模式服务效力及其反思》，《天津行政学院学报》2020 年第 3 期，第 79 ~ 86 页。

[③] 胡业勋、王彦博：《突发公共卫生事件社会共治路径构建——以公私权力冲突为视角》，《北京行政学院学报》2020 年第 3 期，第 37 ~ 45 页。

为，在此次疫情中慈善组织的表现可圈可点，主要通过资源动员、资源对接和项目实施等形式参与其中，但也存在医疗物资货源难找等问题。① 高校基金会凭借高校和校友的优势，在一定程度上避免了一般慈善组织在组织抗疫活动中遇到的困难，可以更为有效地集中资源、定点支援，在抗疫工作中发挥了特殊作用。

1. 成立专项筹措资金聚民心

高晓清、龙佩认为，筹款是高校基金会的一项重要工作。② 面对疫情，各高校行动迅速，以成立专项基金的形式筹措资金。清华大学教育基金会设立"春风基金"专项基金，北京大学企业家俱乐部紧急捐资北京大学教育基金会设立"北京大学白衣天使守护基金"，上海交通大学校友会与上海交通大学教育发展基金会共同发起"上海交通大学抗击新型冠状病毒感染肺炎援助基金"，浙江大学教育基金会和华东师范大学教育发展基金会第一时间设立"抗击新型冠状病毒肺炎专项基金"。专项基金不仅是筹资募款的平台，更是各高校凝心聚力共同抗击疫情的中场；是资金的汇聚，更是取得抗疫胜利信心的凝聚，以此各高校展现出众志成城抗击疫情的信念与力量。可以发现，各高校基金会不约而同地建立抗疫基金，好似一场全国高校基金会的"筹款运动"（Fundraising Campaign）。"筹款运动"一词最早在美国宗教募捐活动中使用，后被普遍接受。这一概念的提出也标志着美国大学筹款从早期一般募捐活动到具有现代意义的筹款运动的革命性转变。③ 筹款运动在中国高校基金会中也逐渐得到认可，多用于校庆期间标的较大的募款。结合新冠肺炎疫情，此次运用类似筹款运动的方式是合适的。复旦大学设立专项基金，校友会发起目标为 100 万元的校友小额筹款运动，不久便完成了捐赠目标。筹款运动更适合结合特定事件来推进，可以大额和小额并举，营造一定捐赠的氛围，从而达到聚资金也聚民心的效果。

2. 精准对接筹措物资强信心

疫情暴发突然，前线物资紧缺，各高校基金会星夜接力筹集物资。从小年夜开始，复旦大学先后派出 10 批医疗队共 497 名医务工作者驰援武汉，广

---

① 金锦萍：《疫情应对中慈善组织的特殊规范和行动特点》，《学海》2020 年第 2 期，第 26 ~ 31 页。

② 高晓清、龙佩：《美国"常春藤联盟"院校社会捐赠历史考察》，《教育与经济》2009 年第 3 期，第 28、70 ~ 72 页。

③ 林成华、洪成文：《大宗筹款运动与大学发展——当代美国一流大学大宗筹款运动研究》，《教育学报》2015 年第 3 期，第 87 ~ 98 页。

大校友、企业、社会组织纷纷通过基金会捐资捐物，直接支援赴鄂医疗队。截至 2 月底，复旦大学教育基金会已经对接各社会组织、慈善组织以及社会各界爱心人士和爱心企业，接收支援各附属医院的防疫物资达 29.7 万件，接收支援复旦大学防疫工作的物资达 5.3 万件。东京都政府和清华大学是友好合作伙伴，在得知中国医用物资短缺的情况后，自民党干事长二阶俊博和东京都知事小池百合子商议，决定通过清华大学向中国捐赠 10000 套医用个人防护用具。2 月 15～18 日，10000 套医用个人防护用具，共计 200 箱，在全日空航空公司社长片野坂真哉和中国区总代表三宅英夫先生的支持下，无偿运输陆续运抵北京，通过清华大学教育基金会支援国内物资紧缺的医院。高校基金会利用自身优势，为一线医护工作者募集物资，使他们没有后顾之忧，为后勤保障工作提供了有力支撑，稳定了民心，增强了信心。

3. 奖励医护信息公开传爱心

在各高校成立的专项基金中，有相当比例用于奖励医护工作者，用途明确清晰，基金会以此汇聚全社会的爱心，并将它传递给一线医护工作者。上海交通大学教育发展基金会启动"致敬最美逆行者慰问金"项目，以颁发慰问金等形式对五百余位医学院系统援鄂和一百余位援市公卫临床中心的医护及科研工作者，表示由衷敬意和慰问。同济校友基金和同济校友产业联盟倡议，联合同济大学校友会共同发起设立了"同济英雄基金——同济大学附属医院援鄂医疗队员奖励基金"，依托同济大学教育发展基金会管理，用于奖励为抗击疫情无畏奉献的"最美逆行者"——同济大学附属医院援鄂医疗队的成员们。截至 2 月 21 日，同济英雄基金总共收到捐款 373.87 万元人民币。华中科技大学校友吕有铭捐赠 334 万元港币设立"校友慰问金"，用于奖励给学校各附属医院抗击新型冠状病毒感染肺炎一线的医务人员。每一颗爱心都不应被辜负，在此次抗疫过程中，高校基金会通过精巧的项目设置、细致扎实的工作，让每一份善意都发挥了最大的能量。

4. 传播公益宣传典型暖人心

灾疫无情，人间有爱。疫情期间，各高校基金会就捐赠过程中发生的感人事迹进行了系列报道，在紧张的抗疫工作中融进了一丝温情。清华大学教育基金会策划了"不平凡的 2020"系列报道，介绍感人的抗疫故事，有校友捐赠的拳拳之情，有艺术家捐赠彰显的人文关怀，也有国际友人及机构捐赠所体现的"人类命运共同体"精神。复旦大学教育发展基金会则利用微信公众号对捐赠过程中的事迹进行整体报道，如复旦战"疫"、复旦校董企业在行动、复旦校友在行动、"她"力量在行动等。高校基金会的系列报道传播了公益精神，提升了正能量，温暖了人心。以往有不少研究认为高校基金会自我营销与宣传意识淡薄，宣传对象主要是少数知名杰出校友，忽视了广大校友群体，筹资后劲不足。[1][2] 在此次抗疫捐赠过程中，高校基金会通过微信公众号等新媒体平台，通过制作视频、人物专访、捐赠信息披露等形式，对捐赠项目、项目进展、筹资需求等进行宣传，不仅提高了高校基金会的知名度、美誉度，更为公益精神的传播、白衣执甲奉献精神的传颂做出了贡献，鼓舞了士气，提升了正能量。

5. 加强建设收获好评固初心

高校基金会很早就加入了抗击新冠肺炎疫情的行动，且发挥了积极作用。其不仅在拓展资源、捐资捐物方面给予一线直接支援，更重要的是以此为契机，设立专项基金支持科研攻关。复旦大学校董、美国国家工程学院院士谢明教授在得知复旦大学教育基金会设立抗疫专项基金后，第一时间捐赠1000万元支持学校科研攻关，奖励科研人员。清华大学教育基金会于3月4日设立了"春风基金"专项基金，用于支持清华大学综合多学科力量，组织跨学科团队，加快推进新冠肺炎临床救治和药物、疫苗研发等方向的科研攻关，3月5日该基金便获得黄廷方慈善基金5000万元捐赠。浙江大学教育基金会联合学校科学技术研究院启动防治新型冠状病毒肺炎应急科研专项项目，支持具有相关研究背景和条件的科研单位及人员，围绕2019 - nCoV感染途径的流行病学大数据、干预阻断方案、患者心理干预、关键致病机制、新颖快速诊断检测技术、临床防控和治疗以及药物研发等重大科学问题，开展联合攻关。基金会立足当前、着眼未来，既为高校抗疫工作筹募资源，又为进一步的科研攻关打下基础；既支持了高校现阶段的主要工作，又传播了公益精神，正是"不忘初心"的体现与实践。

6. 主动服务国家战略担使命

度过疫情最严峻的时刻后，基金会朋友圈合力共谋教育事业发展，特别是公共卫生事业发展的步伐没有停止，反而更加坚定有力。4月2日，万科企业股资产管理中心代表万科人全体，将企业股中心的全部资产2亿股万科股票一次性捐赠给清华大学教育基金会，用于持续支持清华大学万科公共卫生与健康学院的建设和发展。5月26日，复旦大学唐仲英公共卫生高等研究院

---

① 杨磊：《浅谈高校基金会筹资工作中的问题及其对策》，《经济研究导刊》2020年第8期，第167~169页。

② 李门楼、丁苗苗、周迪：《我国高校基金会筹资现状、问题及对策研究》，《教育现代化》2018年第5期，第319~321页。

发布会举行，唐仲英基金会捐赠 1 亿元留本基金支持研究院建设。服务国家战略是教育的应有之义，也是高校重要的责任与职能。随着高校捐赠事业的多元发展及捐赠主体诉求的转变，高校捐赠工作的内涵正在被重新建构，逐渐向捐赠协作共谋发展方向转变，这对基金会事业提出更高要求。在将"实施健康中国"提升到国家整体战略层面、织牢织密公共卫生防护网的过程中，高校基金会已经协助学校交出了自己的答卷。

当疫情防控工作进入常态化阶段后，我们再来总结高校基金会在此次抗疫工作中的表现，可以发现普遍具有以下特点。第一，反应迅疾，强有力地支持学校总体"战疫"。疫情暴发后，各高校基金会配合学校总体部署，主动作为，反应迅疾，坚决贯彻习近平总书记关于疫情防控工作的重要讲话精神和中央领导小组要求，将疫情防控工作作为最大的政治任务和最重要的工作，确保师生身体健康，确保校园安全。第二，众志成城，展现了打赢人民战争的坚定信念。在这次抗疫资金和物资的筹募过程中，高校基金会首先通过网络启动校友小额捐赠。这一支付便利且易于传播分享的捐赠渠道一经开通，迅速得到全校师生和海内外校友的积极响应，非常好地适应了重大疫情期间社会公众对慈善公益的热情。第三，各方联动，将社会各界的关心关爱汇聚到"战疫"第一线。此次抗疫中各高校基金会与校友会深度合作，携手并进，效果显著。此外，基金会还纷纷联手企业、社会组织等一起行动，汇聚力量共同抗疫。第四，加强宣传，培植公益精神。基金会通过微信公众号、微博、网站、校友群等及时公布基金使用情况，宣传抗疫前线感人事迹，讲述捐赠背后的故事，感人肺腑，获得各界的高度赞扬。

三 进一步提高重大突发事件应对能力的几点思考

如何充分发挥高校基金会的特色和优势，使之在慈善社会组织中发挥引领作用，成为构建基层社会治理新格局和国家治理体系的中坚力量，走出有中国特色高校基金会发展模式，结合这次抗疫实践，本文提出以下需要进一步加强和探索的方向。

其一，加强党建，做强中间，进一步发挥党员和党组织先锋模范作用。此次疫情暴发之际，正值寒假之时，但疫情就是命令，防控就是责任。复旦大学教育发展基金会的领导干部和党员同志在关键时刻靠前服务、主动担当、毫无怨言，值班、跑通关、对接海外物资都抢在前，手机 24 小时待命，切实起到了先锋模范作用，极大地鼓舞和带动了团队的士气，锻炼了队伍的能力。

中共中央办公厅颁发的《关于加强社会组织党的建设工作的意见（试行）》，是新时期加强党对社会组织的领导，促进社会组织健康发展的指导性文件。基金会应将继续以《关于加强社会组织党的建设工作的意见（试行）》为指引，加强党建，做强中间，在基金会团队和志愿者队伍中继续弘扬党的先进性指引和党员的模范带头作用，保持中国特色高校基金会的制度优势和政治优势。

其二，创新机制，加强建设，进一步打造高校基金会品牌形象。高校基金会需要创新机制，加强顶层设计，提高筹募效率，树立品牌形象；围绕高等教育的战略需求、聚焦师生校友关注的方向，精心设计各类切实可行的项目，使基金会成为凝聚广大校友和各界爱心人士的重要平台。在加强顶层设计的同时，高校基金会要重视项目执行和宣传，加强监督，完善基金会的内部管理，加强制度建设，提升规范化水平；要不断提升基金会的透明度和美誉度，提升公众对基金会的信任度。

其三，围绕中心，精准发力，进一步发挥基金会在高校育人工作中的助推作用。立德树人是教育的根本任务，高校基金会应该充分发挥自身优势，围绕高校的中心工作，精准发力，不断拓展"三全育人"新内涵，助推高校育人工作取得新发展。疫情期间，复旦大学团委在全校开展了"疫情防控，共度难关"专项社会实践，1200多名学生踊跃参加志愿活动。他们结合专业特色，为上海市紧急开发口罩预约配送系统，协助开发消毒机器人，用大数据破除"网络谣言"，其中300多名学生加入为抗疫一线医护人员的子女提供网上课业辅导的行列。这些自发的行动成为一股强大的正能量温暖人心，基金会如何引导和弘扬在校学生的公益精神？上海复旦大学教育发展基金会专门设立了志愿者专项奖励基金，表彰在慈善公益活动中做出贡献的在校学生，支持志愿行动，培育慈善文化，弘扬公益精神。高校基金会在组织和推广慈善公益实践中，不断将慈善文化和公益精神融入校园文化，使之成为大学育人的宝贵资源，使公益育人成为育人体系的重要组成部分，使大学生拥有博大的胸怀、高尚的人格、正确的三观，助力中国梦的实现。

其四，凝心聚力，提高站位，进一步发挥公益精神在造福人民与社会中的引领作用。有研究表明，随着我国经济社会各项事业的快速发展，公益基础不断壮大，国家对公益事业的支持力度逐步增强，税收减免、捐赠配比政策日益完善，包括教育基金会在内的公益慈善事业迎来了发展的黄金时期。[1]

---

[1] 程天权、杨维东：《建设世界一流大学要激发教育基金活力》，《中国高等教育》2018年第20期，第12~15页。

高校基金会有责任和义务引导师生、校友成为奉献慈善公益事业的主导力量。此次疫情属于国家重大突发公共卫生事件，各高校基金会迅速成立用于支援一线、科研攻关的专项基金，项目的设立体现了国家意识、人文关怀、社会责任与公益精神，专项基金最广泛地集结了社会力量，为高校乃至全国的抗疫工作贡献了高校基金会的力量。此后，高校基金会应不断提高站位，项目设计有高度、有情怀，以高校基金会为平台，以高质量的项目为抓手，凝聚广大师生、校友及社会各界之爱心，通过细致地项目执行，将所汇聚的爱心化为公益精神服务人民、奉献社会。

新时代，高校基金会参与高校主要工作与公共事务责无旁贷，要不断增强使命感、责任感，加强党建、敢于担当、有所作为，培育志愿力量，保持与提升中国特色高校基金会的制度优势；新时代，高校基金会更需要主动作为，不断提升规范化管理水平和专业化内涵，全面提升筹款能力和项目管理能力；新时代，高校基金会需要当仁不让、率先垂范，努力成为慈善公益文化的倡导者、引领者。在慈善公益实践中，高校基金会要不断将公益文化有机融入大学文化，使之成为大学育人的宝贵资源；同时，通过校园内的慈善公益实践和公益文化培育将慈善公益的先进文化和力量不断延展到社会，引领慈善公益事业，为我国社会组织的创新、基层社会治理新格局和国家治理体系现代化做出自己的贡献。

内部治理篇

中国研究型大学多元化筹资模式研究

沈黎勇[*]

绪　论

（一）研究背景

1. 国家战略需求

随着高等教育的规模扩张和社会普及，总体教育经费投入增幅相对滞后，办学经费紧张成为制约我国高等教育进一步发展的重要因素，更是诸多研究型大学进军世界一流大学前列、在基础学科实现理论突破和技术人才前沿领域抢占高地一展宏图的现实瓶颈。同时，在全球化进程和我国对外开放政策下，国内大学还面临着国外教育市场在生源、师资等人才资源愈加激烈的竞争。在此背景下，研究型大学的发展无疑是关乎国家创新体系构建和国际科技、人才等核心竞争力的关键部分。正因如此，2010 年颁布的《国家中长期教育改革和发展规划纲要（2010—2020 年）》明确提出要健全政府主导、社会参与的办学体制，要完善大学治理，扩大社会合作，既要加快理顺政

---

*　沈黎勇，浙江大学教育基金会秘书长。

府与大学的权责关系，解决大学管理过度"行政化"问题，也要加强大学与外部环境的紧密联系，通过利益相关者参与治理，提高大学公共性和治理能力。教育部、财政部、国家发改委在《统筹推进世界一流大学和一流学科建设实施办法（暂行）》中亦明确指出，要积极争取社会各方资源，形成多元支持的长效机制。党的十九大报告也明确要进一步鼓励引导社会力量捐资办学。

2. 研究型大学建设目标

从国外研究型大学的发展历程来看，学费、政府补助、企业合作、社会捐赠及其投资收益等多种资金来源共同支撑其日常运作。无论是公立大学还是私立大学，均具备强大的社会资金吸纳能力，且均设立教育基金会作为专门机构，统筹运作管理，为大学的教学科研和人才培养等提供多渠道、稳定和丰厚的基金支持。国外研究型大学的社会捐赠资金在大学预算中的占比逐渐增高，普林斯顿大学 2017～2018 财年的这一比例超过了 60%，哈佛大学则超过了 40%。总体而言，国外研究型大学的基金会筹资收入占大学预算的比例基本上在 25%～56%[①]。而我国研究型大学筹资收入占办学经费的比例普遍较低，其最重要的资金来源仍为政府支持，教育基金暂为有益补充。实现研究型大学建设目标，需具备一流的教育科研队伍和学科带头人、世界领先的专业设置和研究能力、与全球同步的前沿学科信息资源交流平台、丰富的图书资料以及先进的教学科研设备等，这些都离不开强有力的资金支持，而政府支持资金已远远不能满足发展需要，因此实现多元化筹资是中国研究型大学建设不可或缺的支柱和重要推动力。

3. 高校基金会筹资使命

作为联结社会资本的桥梁和具体运作的筹资管理机构，高校基金会良好的基金筹集、运作和管理水平，是深化高等教育体制改革、推动"双一流"建设、促进大学治理能力现代化的重要体现。随着高等教育逐步推行以举办者投入为主、受教育者合理分担培养成本、学校设立基金接受社会捐赠等筹措经费的机制，高校不断拓宽筹资渠道，积极吸引社会捐赠，将增量资源分配到适应高校发展的重点领域和关键环节，推动大学更高质量发展，为人才培养、科研创新、基础设施更新等提供有力支撑。高校基金会对大学治理能力现代化建设的影响也日益深刻，筹措资金的使用逐步从过去单一的助学、

---

① 韩畅畅：《中美高校教育基金会比较研究》，《黑龙江生态工程职业学院学报》2018 年第 6 期，第 87～89 页。

奖学金发展为人才引育、学术发展等各方面更多元、更深度地参与大学现代化治理。近年来，我国大学尤其是研究型大学的教育基金会规模迅速增加，但总体规模仍然较小。就净资产规模而言，2018 年美国排名前 8 位的研究型大学基金会净资产合计为 1935 亿美元，而我国排名前 8 位的研究型大学基金会净资产仅为 222 亿元人民币。因此，加快推动高校基金会开展多元化筹资，对政府和学校之外的与社会合作共建模式进行有益探索，一方面能够推动大学育人目标、基础理论和技术攻坚方向更加契合社会发展和产业需求，为实际应用提供强有力的支撑基础和推动引擎；另一方面有助于形成"尊重知识、尊重人才"的社会文化氛围和价值引领，加快社会慈善意识的培育。

（二）研究现状

1. 高校教育经费来源研究

自 20 世纪 90 年代试行高等教育学费制改革以来，关于中国高等教育筹资的研究成为相关学者关注的焦点。胡瑞文和陈国良总结我国高等教育正逐渐形成多渠道经费来源和成本分摊的基本格局，运用市场机制筹集教育经费，引入社会投资、进行社会融资等方式聚集教育资金，"盘活教育存量"实现教育成本多方分担，是解决日渐显露的高等教育经费短缺问题的未来趋势。[①] 闫军印也在《中国高等教育筹资困局与对策研究》一文中提出了我国高校在教育资金方面存在的财政拨款不足、学杂费增长空间有限、银行贷款的债务危机、其余融资渠道狭窄等现实困境；而开发校友资源以扩大社会捐赠、面向社会组织团体及个人进行教育融资的途径是解决困境可以积极尝试的对策。[②] 最新版《高等学校财务制度》中将高校的收入管理划分为财政补助、教育科研事业收入、经营收入及捐赠、投资、利息等其他收入。[③] 目前高等教育机构的经费来源主要为国家财政拨款、学生缴纳学杂费和社会资助，相关研究均认为前两个来源增长空间有限，而合理借鉴国外一流大学社会筹资模式，立足我国历史文化和现实国情，创新拓宽社会化筹资道路是市场经济发展的必然趋势，有利于盘活教育资源和资金市场，促进产学研更加紧密连接，开创良性互动、循环增益的发展格局。

---

① 胡瑞文、陈国良：《中国高教筹资多元化：成就、挑战、展望》，《教育发展研究》2001 年第 7 期。
② 闫军印：《中国高等教育筹资困局与对策研究》，《吉林工商学院学报》2009 年第 3 期，第 16～19 页。
③ 财政部条法司：《高等学校财务制度》，《中国会计年鉴》2013 年第 1 期，第 537～541 页。

（1）政府拨款

政府拨款包括"综合定额""专项拨款"的直接形式和补助贷款、勤工俭学等资助学生偿付学费的间接形式。这一方面的研究主要为提升政府拨款的使用效率问题，引入相关的绩效评估和竞争机制。如李建发从宏观政策层面考虑，提出政府拨款等宏观调控，使得教育供给和社会需求脱节、经费分配缺乏竞争和效益。[1] 钱三平认为，为衡量研究型大学在政府拨款绩效成果，需要对研究型大学与政府、社会三者关系进行分析，考虑有形和无形的绩效产出，继而建立了大学的活动概念模型和政府拨款的公式，以在政府资助下的成绩作为之后年度拨款的参考依据，提高大学政府拨款的使用效率。[2]

虽然研究型大学在竞争财政投入上具有更大的优势，但由于高等教育和研究型院校在政府拨款中的历史政策偏倚，以及为促进各层次类型学校的协调发展，文献观点为研究型大学在财政拨款方面进一步争取资金的空间有限。[3] 研究型大学在争取多渠道的财政拨款之余，仍需通过成本补偿，如教育者分摊、社会组织捐助等，拓宽办学经费筹措渠道。[4]

（2）学费收入

关于高等教育成本分摊问题的探讨，教育的直接受益人认为，个人缴纳一定的学费具有合理性。一些学者认为，高等教育尤其是研究型大学学费标准偏低，与提供的教育质量和家庭负担水平不匹配。[5][6] 然而另一些观点从现实分析认为，教育成本难以核算，分担比例难以确定，家庭承担能力差异、国家经费投入不足以及社会捐赠较少，增加了学费面临的理论和实践困难，因而在学费收入方面增加的空间较小，高校需要建立教育成本核算体系和科学合理的收费标准，在对受教育者进行统一收费的同时，进一步完善健全的学生资助体系。[7]

① 李建发：《从宏观政策层面看我国高等教育经费的筹措与配置》，《高等教育研究》2004年第5期，第42～46页。

② 钱三平：《研究型大学绩效评价与政府资助政策研究》，硕士学位论文，武汉理工大学，2005。

③ 孙士宏：《中国研究型大学经费筹措研究》，硕士学位论文，厦门大学，2006。

④ 李建发：《从宏观政策层面看我国高等教育经费的筹措与配置》，《高等教育研究》2004年第5期，第42～46页。

⑤ 曹淑江：《我国高等教育成本与学费问题研究》，《中国高教研究》2014年第5期，第48～53页。

⑥ 曾道荣、张谛：《高等教育成本分担与学费政策问题》，《财经科学》2007年第11期，第76～82页。

⑦ 张亚茹：《学费到底该不该涨——基于成本分担理论对我国高等教育学费问题进行研究》，《经济研究导刊》2019年第1期，第192～194页。

（3）科研收入

研究型大学的科研收入主要指通过承接科研项目、研究协作、转让技术成果、专利收入、提供技术指导等获得各级政府批准立项的纵向经费或受企事业单位委托合作的横向经费。潘健和宗晓华结合动态分析法，发现我国研究型大学科研产出效率高于投入速度，但规模要素对其贡献较小。[①] 科研产出的迅速发展体现了研究型大学的科技优势，然而如何进一步将科学技术成果转化为促进发展的资本，提高自身的"造血"能力，是研究高校多元化筹资路径的重点之一。相关研究主要讨论高校科技成果转化的重要性、主体间的协调[②]、转化过程和模式[③④]、存在问题及对策[⑤⑥]。如周增骏、陈劲和梅亮提出通过"智力资本—知识管理—价值创造"的过程模型，通过知识管理进行知识产品组织内编录深加工、组织间转移应用，实现知识价值增值，以及通过外部资本运作实现价值跃迁，推动产学研协同创新。[⑦]

（4）校办产业

校办产业主要包括后勤等的校内经营、向社会提供社会服务的机构（如大学附属医院）、不动产场地等租用、大学投资新建高新技术产业等。王晓总结高校校办产业的典型模式有国外大学校方以部分资金或科技成果估价入股投资，国内大学设立"产业办公室或管理处"进行校办企业的监管与服务、参股的"集团公司"、依托技术和科研人员吸引社会投资的"大学科技园"以及学校作为股东合办经营的"股份制"模式。[⑧] 其他研究内容主要包括校办企业的管理结构法律法规[⑨]、发展对策[⑩]、校办企业对高校发展的贡献[⑪]等。

---

① 潘健、宗晓华：《中国研究型大学科研生产率的动态分析——基于 DEA-Malmquist 指数的分解》，《现代教育管理》2016 年第 3 期，第 37 ~ 42 页。

② 魏斌、汪应洛：《高校与企业在科技成果转化中的联盟机制——合作对策分析》，《管理工程学报》2001 年第 1 期，第 67 ~ 70 页。

③ 董超：《基于过程分析的科技成果转化激励机制研究》，《现代情报》2014 年第 7 期，第 76 ~ 80 页。

④ 胡寅龙：《产学研结合技术创新协同机制研究》，西安工程大学，2012。

⑤ 任晶燕：《基于政府角度分析我国高校科技成果转化的问题及对策》，《科技管理研究》2011 年第 4 期，第 87 ~ 92 页。

⑥ 程媛：《高校科技成果转化的促进机制研究》，硕士学位论文，浙江大学，2012。

⑦ 周增骏、陈劲、梅亮：《中国研究型大学科技成果资本化机制探析》，《科学学研究》2015 年第 11 期，第 43 ~ 52 页。

⑧ 王晓：《国内外高校校办产业发展模式及其启示》，《西北农林科技大学学报》（社会科学版）2009 年第 1 期，第 70 ~ 74 页。

⑨ 李佳妮：《高校校办产业管理问题研究》，《时代金融》2016 年第 26 期，第 227 ~ 228 页。

⑩ 陈康敏：《中国高校科技产业发展瓶颈与对策研究》，硕士学位论文，赣南师范学院，2012。

⑪ 李佳妮：《陕西省校办产业对高校发展的贡献评价研究》，硕士学位论文，2017。

（5）社会捐赠

社会捐赠是国外私立研究型大学建立发展的重要资金来源，通过争取企业、基金会等组织捐赠和个人捐款的方式进行资金筹措。目前我国捐赠占高校经费比重较低，相比于其他收入来源，社会捐赠在拓展高校筹资多元化筹资具有较大的提升空间。而众多国内研究型大学逐渐建立了高校教育基金会，接受社会捐赠，探索社会化筹资，同时成立校友会等组织机构，积极搭建校友网络，密切企业合作网络和创新二级院系合作网络等平台，拓展社会筹资渠道。

部分研究教育捐赠的文献对国外高等教育的捐赠模式、校友工作和基金会运作模式进行了描述介绍[1][2][3]，以及分析对比中外高校典型案例进行经验总结[4]。基于 100 所高校社会捐赠数据，邓敏发现地理区位、办学性质和类型、教学科研水平及排名、校友捐赠能力是影响我国高校社会捐赠差异的因素。[5] 在社会化募集捐助资金的背景之下，相关研究围绕目前存在的捐赠不足问题进行了探讨：陈波从体制制度和激励政策方面给予了相关管理模式和配套法律法规的改革建议；[6] 李逸楠对国内高校争取社会捐赠的困境进行了分析，认为社会捐赠文化和相关法律法规是制约教育捐赠的外部环境因素，而高校自身也需要提升综合实力和实施主动的内部管理战略。[7]

2. 国内高校社会化筹资模式的探索

在中国科教兴国、人才强国战略和一流大学、一流学科建设背景之下，十九大报告提出的"内涵式发展"强调了我国高等教育要从数量优势向质量提升迈进的现实需求。结合中国国情，我国大学尤其是研究型高等院校（以公立大学为主），政府支持仍是大学的主要资金来源。国外世界一流大学的建立历程，离不开社会化筹资；而研究型院校的社会资金吸纳能力和自给发展水平，侧面体现了其对市场经济贡献的价值和社会声誉的影响力。有关国内大学社会化筹资模式的研究，涉及在高校发展的生态空间上沟通搭桥的高校

---

① 高磊：《美国著名研究型大学经费收支研究及启示》，《清华大学教育研究》2006 年第 3 期。

② 包敏丹：《战后美国高等教育经费来源研究》，硕士学位论文，南京师范大学，2007。

③ 赵新：《LG 大学校友工作管理体系研究》，硕士学位论文，山东大学，2008。

④ 孟丽菊、张大方：《中外高校社会捐赠：比较、分析及建议》，《教育科学》2007 年第 3 期，第 39 ~ 43 页。

⑤ 邓敏：《高校社会捐赠的影响因素研究与规律探索——基于 100 所高校的社会捐赠数据》，《山东高等教育》2019 年第 5 期，第 7 ~ 15 页。

⑥ 陈波：《高校社会捐赠不足之对策研究》，《广西社会科学》2017 年第 3 期，第 217 ~ 220 页。

⑦ 李逸楠：《高校争取社会捐赠的困境与对策》，《长春师范学院学报》（人文社会科学版）2019 年第 4 期，第 158 ~ 160 页。

教育基金会和在学校传承的时间尺度上进行发展互享的校友会等组织主体，其中高校教育基金会又直接统筹征集、管理与运作社会资金，为高校教学科研和人才培养提供物质资金基础。

（1）高校教育基金会

高等学校的教育基金会一般以高校为发起人，接受社会各界捐赠并以服务高校为目的开展公益活动，大部分为非公募型筹款机构。大学基金会发挥着为学校教育发展筹资、管理和投资的作用，因在高校筹资多元化格局的形成背景中扮演着推动角色而受到广泛研究。陈秀峰以大量访谈资料为基础，从社会学视角对教育基金会的基本概念、组织机制、劝募工作、资金分配机制、激励、监督、评估机制进行全方位分析，并提出和社会互构共变日渐多元的基金会发展方向，与政府、企业、媒体、捐赠者、受益者各方加强互动合作，累积信任基础，共享发展成果。[1]

关于高校教育基金会的文献研究主要涉及基金会内部运作的组织机制和控制框架[2][3]、筹资渠道及战略规划[4]、资金管理和运作策略[5][6][7][8]和激励问题[9]，以及结合"互联网＋""微公益"等新思维提出的对大学教育基金会创新改革思考[10][11]。

胡泽玉提出需要重视高校基金会的内部审计和外部监督控制，促进基金会运作规范化、信息透明化，保护捐资人合法权益，提高基金会的社会公信力。[12] 田艳敏从公共治理的视角，厘清大学基金会分别和大学、政府、社会三

---

① 陈秀峰：《当代中国大学教育基金会运行机制研究》，博士学位论文，华中师范大学，2007。

② 胡泽玉：《我国高校教育基金会内部控制框架研究》，硕士学位论文，宁波大学，2015。

③ 田艳敏：《中国大学基金会的治理主体分析》，硕士学位论文，首都师范大学，2014。

④ 颜烈真：《利益相关者视角下的高校教育基金会募捐机制研究》，硕士学位论文，暨南大学，2016。

⑤ 官皓：《高校教育基金会资金管理模式研究》，硕士学位论文，云南财经大学，2015。

⑥ 张红：《高校教育基金会投资运作策略》，《当代会计》2018年第8期，第61~62页。

⑦ 张曾莲：《高校教育基金会投资管理的国际比较与启示》，《教育财会研究》2012年第5期，第37~40页。

⑧ 石义秀：《我国高校基金会的优化运行策略研究》，硕士学位论文，沈阳师范大学，2016。

⑨ 陈秀峰、李莉：《大学教育基金会的激励机制及其特殊性》，《理论界》2008年第12期，第200~201页。

⑩ 林成华、洪成文、杨艺：《传承与颠覆：互联网＋时代大学教育基金会管理变革及其策略思考》，《现代教育论丛》2015年第6期，第59~65页。

⑪ 王蕾、董文琪：《微公益对我国高校教育基金会发展的启示》，《北京教育学院学报》2016年第1期，第64~68页。

⑫ 胡泽玉：《我国高校教育基金会内部控制框架研究》，硕士学位论文，宁波大学，2015。

者治理主体间关系的偏差，避免基金会缺乏独立自主和行动权受限，进而才能畅通社会慈善捐款道路，探求更大发展空间。①

颜烈真从利益相关者视角分析募捐机制，重构基金会在高校中相对独立的关系，在组织绩效管理方面借鉴慈善组织募捐方法；同时进行投资管理，构建完善的监督体制；营造校友文化，提高基金会的社会影响力。②

官皓对高校教育资金管理模式进行分析发现，教育资金捐赠总体水平较低、渠道不够多元化、资金使用不够透明、缺乏专业投资人才和规范性运作机制及监管，需要进一步完善资金管理理念和监督评价机制，促进高校教育基金会现代化发展。③ 张红对高等教育基金会投资方式单一、二级事业部制管理笼统的现状，提出了基金投资的组合多元化和细化资产管理周期等策略。④ 张曾莲通过总结国外三所知名大学教育资金投资管理的成功经验，对我国高校基金投资决策机制、运行模式等提供了建议。⑤ 石义秀在优化基金会运行中提出通过区域中高校基金会合作分散风险，以促进规模效应。⑥

对于大学教育基金会第三部门的特殊地位，激励机制成为必要而又特殊的问题。基于此，陈秀峰和李莉认为需要注意到基金会体制内外激励分离、体制内正式激励和工作付出及成绩的不平衡、经济激励和价值（如"组织认同"）激励的共同考量等特性，针对正式激励不公平、非正式激励不确定、价值激励脆弱和归属使命激励的形成等问题，在具体分析使用柔性激励机制的同时，保证外在合理性和法律制度规范性。⑦

林成华、洪成文、杨艺结合互联网的用户和平台思维，提出建立"数字化"新型"融媒体"平台，增进互动参与，更加满足"捐赠者需求"，优化"捐赠体验"，进行社会化营销，形成以"利益相关者"为中心、层层环绕合力推进高校发展的同心圆，体现科学高效的组织结构和民主平等、开放共赢

---

① 田艳敏：《中国大学基金会的治理主体分析》，硕士学位论文，首都师范大学，2014。
② 颜烈真：《利益相关者视角下的高校教育基金会募捐机制研究》，硕士学位论文，暨南大学，2016。
③ 官皓：《高校教育基金会资金管理模式研究》，硕士学位论文，云南财经大学，2015。
④ 张红：《高校教育基金会投资运作策略》，《当代会计》2018年第8期，第61～62页。
⑤ 张曾莲：《高校教育基金会投资管理的国际比较与启示》，《教育财会研究》2012年第5期，第37～40页。
⑥ 石义秀：《我国高校基金会的优化运行策略研究》，硕士学位论文，沈阳师范大学，2016。
⑦ 陈秀峰、李莉：《大学教育基金会的激励机制及其特殊性》，《理论界》2008年第12期，第200～201页。

的文化氛围。① 王蕾和董文琪注意到互联网发展引发的"微公益"热潮对高校教育基金会的启示：重视普通校友、学生家长等社会普通公众的力量，利用线上平台进行品牌宣传、信息发布、互动反馈。这一思维转向将推动大学基金会筹资理念，切实关注相关群体的利益诉求，以挖掘更多潜在捐赠人群。②

（2）高校的社会筹资基础

社会筹资基础的研究有利于高校教育基金会主动设计捐赠项目，和校友会联动构建良性高校公共关系网络，奠定社会筹资基础。从社会资本的视角，程艳彬通过定性研究，将高校筹资的社会基础分为情感基础，如个人情怀和情节、对大学良好形象认可，以及教授、校长等个人魅力产生的信任基础；与基于捐赠协议、基金会运作合法性、信息披露和监督等公信力的制度信任。③ 这提示高校社会筹资需要整合资源增进社会联系，维系信任基础，建立校友和企业网络，搭建二级院系合作网络，促进以公众为主体的社会参与网络，互惠规范保障筹资活动永续开展。

对校友捐赠影响因素的研究主要围绕个人、高校和社会三个层面展开，连萌通过半结构化访谈进行深度挖掘，发现校友受到各种因素的共同作用，根本上促成捐款行为的是感恩回馈心理方面的情感因素，在校经历、与母校的联络（如校友会、校庆等活动）和他人行为为捐赠奠定了基础，外在催化因素如个人经济状况、筹款项目、基金会知名度、捐赠通道、信息公开、回报和政策等起到促进作用。荣誉感和成就感等捐赠后的反馈产物，会继续影响后续的捐赠行为。④

从社会经济发展和全球化的视角看待高校教育经费的筹措问题会发现，我国社会市场经济发展活力可以为高校科研周期较长、前期投入较大的项目提供研发资金援助或合作，为下一轮技术创新和经济增长点储值蓄力。这是产学研联合发展、市场为研究型院校输血支持的社会经济基础。部分学者也注意到目前中国经济持续稳定增长，是社会慈善事业发展的强劲期，

① 林成华、洪成文、杨艺：《传承与颠覆：互联网＋时代大学教育基金会管理变革及其策略思考》，《现代教育论丛》2015 年第 6 期，第 59～65 页。
② 王蕾、董文琪：《微公益对我国高校教育基金会发展的启示》，《北京教育学院学报》2016 年第 1 期，第 64～68 页。
③ 程艳彬：《社会资本视角下大学教育基金会筹资机制研究》，硕士学位论文，山东大学，2013。
④ 连萌：《校友对母校教育基金会慈善捐赠的影响因素研究》，硕士学位论文，北京邮电大学，2019。

也是高校教育基金会发展的良好机遇。赵文莉提出民营企业对市场反应灵活，是不可忽视的合作对象；放眼世界，海外华侨、海外基金会也是可以拓展的门路。[①] 高校需要深刻把握潜在捐资者的捐助理念和心理诉求，彰显大学特色，满足社会期待，提高社会声誉和资金吸纳征集的能力。

（3）我国高校筹资的问题及对策

赵青霞对中国研究型大学多元化筹资问题进行系统分析，认为高等教育的财政拨款机制尚不够完善。由于先前的政策倾斜，为了教育公平，研究型大学财政经费增长空间不足，科研经费筹措中存在总量不足、忽视基础研究、支出结构不合理等问题，是对研究型大学基础和应用研究结合、增强自身科技竞争力的考验。在社会捐赠经费方面，如何突破捐赠方式单一和积极性不足，需要高校增强自身募资能力建设、优化调整组织分工和做好校友、合作企业等社会公共关系工作。对于科技成果市场化的校办产业，其产品持续开发和经营管理模式，有待具体结合高校区域和学科优势，推进产学研协同合作方式的探索。[②]

我国高校教育基金会起步较晚，发展尚不成熟，存在筹资规模较小、形式单一、筹资项目和渠道范围有限、缺乏有效规划等问题。[③] 研究者主要从社会外部和高校内部层面进行问题分析和对策建议。外部因素主要有制度层面探讨《慈善法》《基金会管理登记条例》等法律法规和税收优惠政策，文化方面的慈善文化教育普及和高校慈善教育。[④] 内部原因主要落在教育基金会的管理模式、筹资项目设规划和专业人才团队组成等方面，例如佟婧以清华大学和哈佛大学为例对比中美大学募捐组织的特点，发现以清华大学为代表的我国研究型大学募捐组织为直线制结构，具有扁平化、单一化、管理结构简单、组织独立性不足的特点，存在缺乏激励措施；虽然基金会有聘请专业资金团队进行稳健的理财证券投资，但缺乏多学科专业人员或志愿者加入募捐队伍的问题。[⑤] 宰思烨分析了西安交大教育基金会筹资现状和问题，认为高校

---

① 赵文莉：《刍论高校教育基金发展的中国路径——基于"双一流"大学建设的视角》，《思想文化教育》2020年第1期。
② 赵青霞：《中国研究型大学筹资状况与分析》，硕士学位论文，大连理工大学，2009。
③ 周海英、陈婷：《我国高等院校教育基金会存在的问题与对策》，《常州工学院学报》（社科版）2016年第5期，第25页。
④ 周海英、陈婷：《我国高等院校教育基金会存在的问题与对策》，《常州工学院学报》（社科版）2016年第5期，第25页。
⑤ 佟婧：《中美大学募捐组织结构、运行及特点分析——以清华大学和哈佛大学为例》，《中国高教研究》2015年第3期。

教育筹资发展得益于地区经济发展水平和对外开放程度，针对基金会项目品牌效应不足、筹资人员和捐赠者激励机制欠缺的问题，高校基金会应配置专业组织机构人员，积极建立维系社会资源网络，调动双向激励机制，促进内外部协调发展。①

3. 国内外研究型大学筹资模式研究

鲁小双和顾玉林基于浙江大学的实践探析教育捐赠管理模式的经验，将获取社会捐赠上升到学校战略的高度，纳入发展规划，建立专门负责筹资的基金会组织，提高教学质量和在校生满意度，重视校友资源保持发展联络。②也有研究提及缘起于浙江大学教育基金会的等额配比基金，激发了院系等各部门和社会捐赠热情。与此同时形成的校院二级筹资机制，在校级基金会统筹管理的基础上，学院确认专员分管，加上等额配比基金的作用，有利于调动起广大院系教职工筹资的积极性和责任意识。饶芳总结浙江大学竺可桢教育基金会（浙江大学教育基金会的前身）拓展筹资渠道的特点为：调动校友资源，开展校企合作，多元运作基金，依据自身校友资源分布，设立海外基金分会。③

美国研究型大学主要有公立和私立两种类型。联邦、州和地方三级政府拨款是公立研究型大学办学经费的主要来源，用于补助贷款、勤工助学及其余特定项目，而科研经费则是通过和其余大学竞争研究项目；关于研收，包括校办企业、校企合作和专利收入。私立研究型大学更多依靠社会和私人捐赠，包括投资创办、直接捐赠、基金会资助等多种方式。高晓清和杨希通通过历史比较，揭示美国研究型大学捐赠兴起受到联邦政府税收优惠等政策、校园培养的赠与文化、捐赠配比资金（来源于州政府或其余基金会）的激励和专业管理机构的支持。④饶芳对比国内外教育基金会发展和筹资方式，总结国外较为完善的专业化、市场化筹资机制会进行具体规划的巨额筹资项目的同时，重视日常小额资金，养成社会赠与习惯；募集社会资金甚至是校长任用绩效考核的指标之一，受到核心领导自上而下的重视，因而组织机构和人员也会趋于专业化。⑤

---

① 宰思烨：《重点高校教育基金会筹资问题及对策研究》，硕士学位论文，陕西师范大学，2017。
② 鲁小双、顾玉林：《大学教育捐赠管理模式探析——浙江大学的实践与思考》，《湘潮》2007年第1期，第48~49页。
③ 饶芳：《高校教育基金会的募资及管理策略探讨》，硕士学位论文，北京交通大学，2014。
④ 高晓清、杨希通：《捐赠与美国研究型大学发展：历程、现状与启示》，《当代教育论坛》2018年第4期，第1~9页。
⑤ 饶芳：《高校教育基金会的募资及管理策略探讨》，硕士学位论文，北京交通大学，2014。

（三） 研究内容

本文旨在探讨中国研究型大学多元化筹资模式。首先，本文系统梳理中国研究型大学开展筹资的背景，明确研究型大学多元化筹资的概念与理论基础。其次，本文通过对研究型大学开展筹资的组织架构、筹资渠道、运作原则等进行综合分析，厘清多元化筹资机制。最后，本文以研究型大学多元化筹资机制的各项因素为角度切入，探究多元化筹资的发展现状，分析其取得的成效与存在的短板，进而构建合理的中国研究型大学多元化筹资模型，总结提炼中国研究型大学多元化筹资的作用机理与实现路径，为高校的筹资工作提供参考。

一　相关概念和理论基础

（一） 相关概念

1. 大学

大学的功能作为高等教育的基本理论问题，经历了人才培养、科学研究、社会服务、文化传承创新、国际交流合作五大功能相继凸显的过程，[1] 逐渐由单一性向多元性演变。"现代大学"的诞生不是某个单一的历史节点，而是一种动态发展的教育趋势——从人才培养的单一功能到"启蒙以降、教学与科研并重"的双重功能，再到"走出象牙塔、全面服务于社会和经济发展需要"的三重功能。[2] 进入 21 世纪后，文化传承创新与大学三大功能并列提出。随着高等教育国际化的不断加深，高等教育国际化由早期的"自发现象"向"自觉行动"转变，[3] 成为大学的办学内容与重要使命。

经济学家萨缪尔森在 1954 年提出公共产品理论。根据社会产品是否具有排他性和竞争性，他将社会产品和服务分成三类：公共产品、私人产品和准公共产品。[4] 萨缪尔森认为纯粹的公共产品是指每个人消费这种服务或产品的

---

① 程水源：《大学功能的再研判与发展》，《国家教育行政学院学报》2020 年第 2 期，第 26～32 页。

② 亚伯拉罕·弗莱克斯纳：《现代大学论——美英德大学研究》，徐辉、陈晓菲译，浙江教育出版社，2001。

③ 张应强：《高等教育全球化对国际化的超——基于人类命运共同体意识的思考》，《探索与争鸣》2019 年第 9 期，第 5～17 页。

④ Paul A. Samuelson, "The Pure Theory Public Expenditure," *The Review of Economics and Statistics*, Volume 36, Issue 4 (1954): 387–389.

时候，不会使其他人对该种产品或服务消费造成减少。高等教育既不是完全不具备竞争性和排他性的公共产品，也不是具有完全的排他性和竞争性的私人产品，而是属于介于公共产品和私人产品之间的准公共产品，具有双重性质。一方面，高等教育提供的人才培养、科学研究和社会服务方面的一部分收益由其直接受益者享有，具有私人性；另一方面，收益的另一部分由接受收益者以外的社会公众所共有，其研究成果将惠及社会全体成员，具有公共性。此外，高等教育还具有正外部性。萨缪尔森认为外部性是"企业或个人向市场之外的其他人所强加的成本或利益"。正外部性是指一个活动主体的活动对其他主体带来有利的影响，而前者并未得到补偿或后者没有付出任何成本的现象。高等教育显然具有这一特性。

2. 研究型大学

研究型大学起源于德国的"柏林大学"。1810 年威廉·冯·洪堡创造性地提出"学术自由"和"教学与研究相统一"的原则，将科学研究列为大学又一基本职能，开启研究型大学之先河。受德国大学的影响，国外研究型大学始于 1876 年创建的约翰·霍普金斯大学，在其首任校长丹尼尔·吉尔曼的领导下，成为国外第一所现代意义的大学，也是国外第一所真正的研究型大学。[①] 但"研究型大学"这个概念最初是由卡耐基基金会在其《高等教育机构分类》[②] 中提出的，后经 4 次修改，直到 2000 年《高等教育机构分类》出版，将大学分为研究型大学和博士授予大学。综上所述，研究型大学是指那些"拥有充足的研究经费和一流科研队伍，赋予科研活动高度的优先地位，具有开展高层次全方位研究生教育的能力，以及能提供全面的本科教育的大学"[③]。

我国研究型大学建设仍处于理论研究和经验探索阶段，是诸多国内教育研究关注的重点。我国第一次提出"研究型大学"的概念是在《中国学位与研究生教育发展战略报告（2001—2010）》（第四稿）。然而目前国内对于"什么是研究型大学"以及"研究型大学的标准到底是什么"还没有形成一致的看法。杨林、刘念才在借鉴国外卡耐基教学促进基金会研究型大学分类标准的基础上，根据我国人才培养、科学研究等实际情况，将我国的研究型

---

① 贺国庆：《德国和美国大学发达史》，人民教育出版社，1998，第 44~146 页。

② Hugh Graham and Nancy Diamond：*The Rise of American Research University：Elites and Challenges in the Postwar Era*（Baltimore and London：The Johns Hopkins University Press，1997），p.53.

③ 张卓：《研究型大学的基本特征和评价体系》，《南京航空航天大学学报》（社会科学版）2002 年第 6 期，第 44~48 页。

大学分为四类：世界知名大学、国内著名大学、学科区域特色大学、一般大学。[①] 世界知名大学的学术标准是在学术排名中居于世界前 500 强；国内著名大学的标准是科研经费排在全国前 50 列，科研经费占全国普通院校科研经费的一半；学科区域特色大学的标准是所有国家重点学科基本都在相关的一级学科内，国家重点学科数不少于全国有博士点的学科数；没有满足上述研究型大学标准的一般大学也可视作研究型大学。张振刚同样依据我国实际情况，综合了卡耐基对研究型大学的分类标准，认为我国研究型大学的基本标准包括二级博士学科点数量、授予博士学位数量和大学的科研经费三个方面。他认为拥有 15 个二级博士点就可以成为研究型大学。[②] 在《中国研究型大学建设与发展》一书中，王战军教授在结合国内外研究结果的基础上，把研究型大学概括为"具备'创新性的知识传播、生产和应用'的社会职能，以'产出高水平的科研成果和培养高层次精英人才'为组织目标，'在社会发展、经济建设、科教进步、文化繁荣、国家安全中发挥重要作用'彰显高办学水准的大学"。[③]

3. 多元化筹资模式

（1）多元化筹资的内涵

"筹资"一词，英文原文为"fundingraising"，又译作"募款"或"募捐"。这一概念原本用在政治活动中，是指"组织或个人为了政治因素，发动募集资金的行动或过程"，泛指组织或个人采取适当的方式并通过各种合法的渠道而进行资金筹集的财务活动。大学基金会的筹资是基于基金会的宗旨和目标，向政府、企业、社会大众或基金会等，发动募集资金、物资或劳务的过程。大学基金会筹集的资金必须在符合其宗旨范围内使用，在应用于项目和组织发展之后，如有多余款项，不能作为利润进行分配，必须留存用于下一个项目或组织发展。大学基金会承担着教育公益使命，通过筹款活动将社会资源集中起来，再通过提供服务的方式用于学校各项教育事业的发展以及社会服务，同时也为基金会自身发展提供资金。筹资是大学基金会生存和发展的大动脉，如果没有筹集资金或资金较少，则将影响大学基金会的生存和发展。

多元化筹资集中体现在筹资渠道与筹资方式的多样性，是研究型大学最显著的趋势与特点。筹资渠道是指在社会市场经济环境中客观存在的，能够

---

① 杨林、刘念才：《中国研究型大学的分类与定位研究》，《高等教育研究》2008 年第 11 期。
② 张振刚：《中国研究型大学分类研究》，《高等工程教育研究》2002 年第 4 期。
③ 王战军：《中国研究型大学建设与发展》，高等教育出版社，2003。

使高校教育经费增加的各种资金来源路径，除国家财政部门的教育经费投入外，还有社会各个群体（包括机构和个人）对高校教育资金的投资途径。筹资方式是指可供高校筹集教育资金时所选择的具体形式，主要有扩大学生规模、吸收直接投资、向银行贷款、发行债券、出售资产等方式。研究型大学筹资渠道和筹资方式相辅相成、缺一不可，其中筹资方式是主观选择形式，而筹资渠道是在选择筹资方式后所采取的通过客观存在途径增加经费来源的实施手段。

（2）多元化筹资分类

筹资模式是对人力、物力、校友等筹款资源的具体安排，主要回答"如何筹款"问题，核心是大学与院系在筹款上的分工与合作。良好的筹款模式有助于推动大学筹款战略的有效实施，也有助于形成筹用一体化机制。契合大学实际的筹款模式能合理划分校院筹款职责，调动各方面筹款的积极性。

根据筹款过程中校院两级决策方式、资源配置与分工差异，可将研究型大学筹款模式分为中心化模式（Centralized）、去中心化模式（Decentralized）与混合模式（Hybrid）三种。① 中心化模式主要是指在筹款战略实施过程中，校长、发展副校长及发展事务部发挥主导作用，统筹年度筹款、大额筹款以及全面筹款运动，筹款人员集中于大学层面，院系及其他附属单位参与有限，典型代表为普林斯顿大学。去中心化模式指的是大学筹款职责下沉至院系，院长管理院级筹款团队，是筹款第一负责人。校长将筹款责任下放至院系，相应地也把筹款压力转移至院长，典型代表为哈佛大学。混合模式则兼具两种模式特征。三种模式的优势与不足见表1。

表1 三种筹款模式的优劣势分析

分类	优势	不足
中心化模式	①体现战略性；②有利于维护大学统一形象；③决策高效；④政策连续性强；⑤便于全局性控制与协调；⑥筹款及捐赠管理流程标准化；⑦有助于构建专业化筹款团队；⑧有助于跨院系筹款项目开展；⑨规模效应产生的筹款成本较低；⑩成功模式的推广效率高；⑪采购服务竞价能力强；⑫内部冲突可能小	①院系筹款动力不足；②管理幅度过大；③管理成本较高，特别是在多校区大学；④校友情况很难全面掌握；⑤筹款与项目的匹配度不高；⑥应变力不强；⑦创新性不高；⑧大学筹款团队臃肿；⑨对院系控制力有限；⑩院系筹款团队忠诚度不足

① 杨维东、王丹：《美国研究型大学筹款模式的分析与借鉴》，《国家教育行政学院学报》2019年第7期，第82~88页。

续表

分类	优势	不足
去中心化模式	①院系筹款积极性高；②决策灵活；③筹款渠道铺设更广；④更贴近校友捐赠人；⑤筹款项目更具说服力与可执行性；⑥捐赠服务个性化强；⑦对环境变化应变力强；⑧人员管理灵活；⑨信息获取渠道多元；⑩分解大学层面筹款压力	①大学战略作用有限；②规模效应不强，容易重复建设；③跨院系项目难以实现；④整体成本较高；⑤筹款效率不高；⑥易造成捐赠人困扰；⑦容易引发筹款竞争；⑧容易形成院系筹款壁垒；⑨信息分散
混合模式	兼具两种模式优点	兼具两种模式不足

（3）多元化筹资性质

根据筹集资金是否面向社会公开募集可以分为公募基金和非公募基金。所谓公募基金，是指面向社会大众的、人员不确定的募集资金工作；所谓非公募基金，是指通过非公开方式面向少数机构投资者或个人募集资金的工作，又可以称为向特定对象进行的募集工作。公募基金与非公募基金的区别见表2。

表2　公募基金与非公募基金的区别

区别	公募基金	非公募基金
募集方式	采取公开发行	非公开发行
募集对象	社会大众	少数特定投资者，包括机构和个人
信息披露要求	要求严格，包含投资目标、投资组合等信息	要求较低

大学基金会绝大部分是非公募性质的。我国从改革开放起就开始放松了对资源和社会空间的控制和配置，这为大学基金会的萌生创造了条件，北京大学、清华大学、浙江大学等教育基金会也正是成立于这一阶段。相较于公募基金，大学基金会的筹资对象相对固定，筹资渠道相对较窄，但随着自由流动的资源更加丰富，社会空间更加宽广，其筹资空间逐渐加大。与此同时，各类公益组织日益增多，竞争也异常激烈，这使大学基金会的筹资空间受到极大挑战。因此，大学基金会必须分析自身筹资机制，拓宽筹资空间，提升筹资成功率。

（二）理论基础

1. 社会资本理论

"社会资本"一词最早由格林·洛瑞提出，作为一个概念于1980年被法国社会学家皮埃尔·布迪厄在其发表文章里正式提出。随后，国外社会学家詹姆斯·科尔曼从社会结构的意义上对社会资本做出了较为系统全面的阐述。国外社会学家普特南在论述意大利民间团体的重要著作中，将社会资本定义为社会组织中诸如人际网络、规范和社会信任感之类的一些特征，它们能促进为了共同利益而进行的协同合作，降低交易成本，通过协调社会互动提高社会效率①。此后，"社会资本"这一概念受到诸多学科领域的广泛关注和讨论。信任、互惠规范和社会网络构成了社会资本的三个基本要素，其中信任是社会资本的核心要素，由互惠规范产生，同时又构成社会网络的基础。社会资本包括个体社会资本和群体社会资本两种形式。简言之，个体社会资本是指个人利用自身所建立的社会网络关系而获取利益或资源的能力，其获取的利益和资源越多表明他的社会资本越高。群体社会资本是指群体依靠所建立的各种关系网络获取现实或潜在利益和资源的总和。社会资本是一个具有积累性质的存量，能够带来更多的潜在利益。然而社会资本的建立也需要成本，因此，社会资本的获得需要通过持续不断的人力和物力投入来建立持久稳固的内外部关系网络，同时也需要不断地加以维护。

高校基金会的筹资过程实质上就是通过利用学校领导、教师、学生、基金会理事成员及工作人员的个体社会资本和学校的群体社会资本来获取社会资源的过程，其筹资与运行离不开校友、企业等捐赠方的支持和信任，而捐赠者对高校基金会的信任又源于其筹资活动制度化和规范化开展。因此，运用社会资本理论，从影响社会资本存量的基本要素出发剖析大学基金会的筹资机制，有助于发掘大学基金会拓展社会资源的有效途径。

2. 资源依赖理论

资源依赖理论是20世纪40年代菲利普·塞尔兹尼提出的，阐释了一个组织与组织环境间所存在的依赖关系，揭示了一个组织以获取生存所依赖的关键性资源为目的的自我变革、环境选择、环境适应与环境构建的一般规律②，为大学筹资提供了理论支撑。首先，对大学而言，其发展是建立在充分获取社会资源尤其是办学经费的基础上，积极开展筹资是大学应对外部环境变化、多元化取得社会资源的重要渠道。其次，引进优质人才并通过人才优势来建立学科优势和良好社会声誉需要资金投入，同时一旦建立起了持续竞争优势，则会吸引更多社会资源的投入。最后，大学要对资源需求做出积极反应，通过建立强大的自我造血功能减少对政府的依赖，同时通过自身的资源禀赋和优势，主动引领社会发展和教育慈善文化，通过提升大学在社会活

---

① 吴朝安：《社会组织促进劳动力就业的机制研究》，博士学位论文，华中师范大学，2013。

② Pfeffer J. and Salancik G., *The External Control of Organizations: A Resource Dependence Perspective* (New York: Harper and Row, 1978).

动中的价值，使社会环境朝着更有利于大学的方向发展。

3. 利益相关者理论

1965 年国外学者伊戈尔·安索夫最早提出"利益相关者"一词，他认为"要制定出一个理想的企业目标，必须综合平衡考虑企业的诸多利益相关者之间相互冲突的索取权"[①]。该理论最初用来分析企业、公司法人内部的管理体制问题，随着大学职能的多元化，大学与社会之间的联系与互动愈加紧密，学界开始把利益相关者的理论运用到高等教育领域。大学是一个典型的利益相关者组织。从大学自身的组织性质来看，大学是一种非营利性组织。大学组织中有大学投资者、管理者、教师、学生以及与大学有联系的其他个人和社会团体等群体，每一群体代表了各自的利益，大学的民主管理和决策需要综合考虑、衡量和兼顾各方利益相关者的利益诉求。大学在筹资过程中将利益相关者形成合力，有助于筹款目标的推进和自身的可持续发展。根据筹资过程中大学与利益相关者之间等密切程度，可将其分为四个层次[②]（见图 1）。

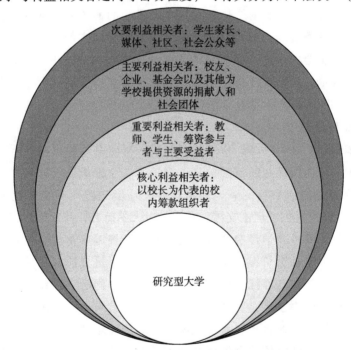

图 1　筹资过程中大学与利益相关者的密切程度

图中文字：
次要利益相关者：学生家长、媒体、社区、社会公众等
主要利益相关者：校友、企业、基金会以及其他为学校提供资源的捐献人和社会团体
重要利益相关者：教师、学生、筹资参与者与主要受益者
核心利益相关者：以校长为代表的校内筹款组织者
研究型大学

①　H. Igor Ansoff, *Corporate Strategy* (New York: McGraw-Hill Inc., 1965), pp. 45 – 46.
②　林成华：《财富与使命——美国一流大学"大宗筹款运动"理论与实践》，人民出版社，2019，第 73 ~ 76 页。

4. 公共信托理念

所谓信托，是指委托人基于对受托人的信任，将其财产权委托给受托人，由受托人按委托人的意愿以自己的名义，为受益人的目的利益或特定目的，进行管理或处置的行为。[①] 公共信托制度涉及遗产捐赠、慈善事业、个人理财和社会公益等方面，高等教育公共信托事业亦包含在内。公共信托财产范围不断扩大，包括一切不动产、动产、货币、证券等。公共信托理念等发展及其制度化对于推动个人或组织剩余资产有效造福社会公益事业具有不可估量的理论价值和现实意义。它为个人或组织财产投向高等教育提供了可能的筹款渠道，也为大学的"受托人"角色提供了理论支持和法律依据。

二 研究型大学多元化筹资机制

（一） 组织架构

1. 组织特点

资源依赖理论认为，组织结构和权利安排是组织内部战略和外部环境因素的函数，是组织和外部环境长期互动的结果。国外研究型大学在筹款实践中逐步形成了专业筹款人员与筹款机构，通过不断强化校友会功能，增加校友联系，争取校友支持；陆续成立发展部，负责筹款事务，以应对激烈的筹款竞争，提升筹款管理成效；设立承担捐赠资金保值增值职能的大学基金会、资产管理公司或大学投资办公室，为大学发展提供持续财务支持。在综合化、一体化的发展趋势中，国外研究型大学的内部协同日趋重要。为加强大学公共关系的整体谋划和营销，筹资部门的对外关系职能一部分转移至新设立的公共事务与沟通部，大学筹资的横向分工更加细化。国外研究型大学多元化筹资组织架构见图2。

董事会是国外研究型大学的一大特色。董事会主要由校领导、教授代表、校友代表以及地方政府、企业界、社区等代表组成，负责制定大学的使命、愿景、核心价值和发展战略，并授权以校长为首的大学管理团队组织实施。董事会在筹资中带头做出引领性的捐赠，并充分利用自身社会影响宣传学校使命与需求，带动更多人参与捐赠。

2. 筹资主体

在国外研究型大学的筹资活动中，筹款是校长的主要工作内容之一。校

---

① 侯宇：《美国公共信托理论的形成与发展》，《中外法学》2009年第4期，第618~630页。

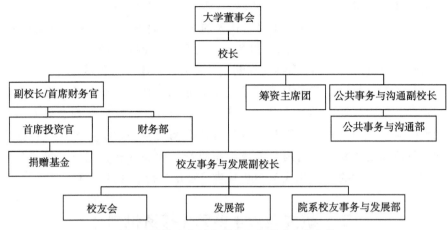

图 2　国外研究型大学多元化筹资组织架构

长作为大学愿景的提出者、发展战略规划者、筹款专业人才的吸引者、利益相关者的沟通者以及首席发言人，其筹款能力已成为大学校长选聘的重要因素，而筹款业绩也成为评价大学校长成功与否的重要标志。

首席发展官是筹款领导团队中重要成员和大宗筹款运动执行团队的领导者，在筹款中发挥重要桥梁作用。首席发展官作为战略规划者、董事会顾问、关系缔造者、团队建设者、慈善文化塑造者，对上要对校长和董事会负责，贯彻落实各项战略决策，对下领导和团结发展部致力于筹款的组织和项目的管理，同时协调财务部、公共事务和沟通部、校友会以及各二级学院的发展办公室。

首席投资官主要向校长、董事长、大学投资委员会、财务副校长汇报工作，对捐赠基金进行管理和投资。一方面，首席投资官提供专业建议影响筹资的规划与决策；另一方面，首席投资官的投资与管理绩效将会间接影响捐赠人的捐赠意愿与捐赠决策。

首席财务官的工作职责是规划、实施、管理和控制大学所有财务活动，在筹款中作为校长和董事会的财务顾问，是战略规划团队和领导团队的重要成员，既在筹资的财务规划和方案设计中发挥重要作用，又为筹资提供专业的成本核算、审计以及捐赠资金合法合规性审查等金融服务。

发展事务官已成为高度专业化的职业，涉及参与筹款方案的策划，负责捐赠项目、捐赠活动的设计与管理，以及捐赠人的识别、培养、劝募和后续管理等事务，是使命营销者、关系培养者、财务规划专家、劝募专家、项目经理。

志愿者队伍的数量、质量和责任感也是影响筹资的重要因素。志愿者是筹资过程中的捐赠者、劝募者、激励者和服务者。大学发展委员会通过多种渠道吸纳志愿者的参与，并组织规范化培训。

（二）筹资渠道

1. 个体

个体捐赠的形式有三种：一是财务捐赠，二是时间捐赠，三是二者兼而有之。个体筹款渠道不仅是国外研究型大学的首要筹款渠道，也是社会慈善的主力军。个体捐赠动机模型见图3，而个体捐赠人不捐赠或终止捐赠的影响因素模型见图4。

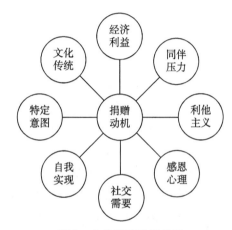

图3　个体捐赠动机模型

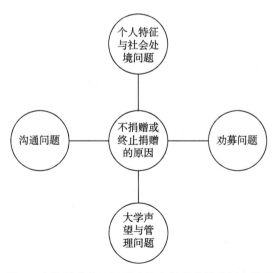

图4　个体捐赠人不捐赠或终止捐赠的影响因素模型

个体捐赠人呈现以下发展趋势：信息产业革命带来了科技企业的蓬勃发展，个人财富创造呈年轻化趋势，个体捐赠群体呈现代际更替，科技企业年轻的慈善家正在迅速崛起；随着女性经济实力、社会地位的不断提升，女性慈善家积极参与慈善事业并发挥越来越重要的作用；私人慈善投入科学研究领域已成为重要趋势，个体捐赠资金的流向从救济型领域转向致力于长远发展目标的教育和科技创新领域。以上特点可帮助筹资人准确评估捐赠人的慈善兴趣和慈善捐赠能力。

2. 基金会

基金会是指由特定的慈善资金创办的非营利性机构。基金会将其资产或投资所得捐赠给其他非营利性公益组织或公益项目，支持他们开展各种社会慈善事业。基金会可分为四类：独立型基金会一般由个人或家族创建，多以创建人名字命名，决策权掌握在个人或家族成员手中，一些大型基金会专业化程度较高，建立了基金会董事会和管理机构，董事会是其最高决策机构，如梅林达·盖茨基金会；运作型基金会的主要目的不是向其他非营利性机构提供捐赠，而是直接通过自己的资金运作实现基金会的慈善目标；企业基金会是指由企业设立的基金会，资产一般来自企业，是企业履行社会责任，为非营利性机构提供资助的重要载体；社区基金会主要将慈善资助重点放在所在社区或特定社区，通过面向社会公募获得慈善资金，并通过基金会的投资管理向特定慈善领域提供帮助。基金会的资助领域、资助形式以及对研究型大学的作用见表3。

表3　基金会资助领域、资助形式以及对研究型大学的作用

资助领域	教育、健康、人类服务、公共福利、人文艺术、环境动物、国际事务、科学技术、宗教和社会科学
资助形式	项目资助金、基本建设资助金、配比捐赠资金、试点项目资金、运作资金
作用	政府与大学的中间人角色、大学改革和发展的重要合作伙伴、前沿研究和重大社会问题解决的孵化器

作为"捐赠人"，基金会是否捐赠主要受理性决策、基金会任务环境和基金会战略等因素的影响。基金会捐赠决策流程见图5。

基金会已形成较为完备的项目管理运作机制，其资助管理主要有以下趋势：资助对象选择具有"精英主义"倾向，资助申请管理高度专业化，强调受助机构的能力建设，注重合作性资助，注重项目评估和问责。

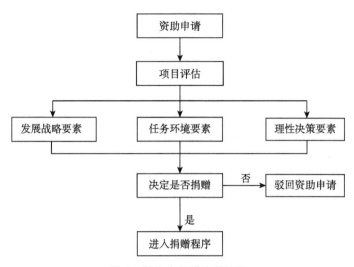

图 5　基金会捐赠决策流程

3. 企业

企业捐赠的平台主要有两种：一种是企业基金会，即通过成立企业基金会来运作企业捐赠；另一种是企业公共关系部门，即通过企业内部公共关系机构来运作企业捐赠。企业基金会的捐赠项目往往具有很强的区域性，会重点考虑所在地区的需求。企业公共关系部分一般提供现金捐赠、企业员工配比捐赠、实物捐赠和免费服务、志愿服务等形式的捐赠项目，更具商业导向性。企业捐赠的动机主要基于企业的使命和长远发展战略，表现为履行企业社会责任（道德动机模型）、提升企业持续盈利能力（生产力动机模型）和积累企业社会资本（利益相关者动机模型）等方面。其动机模型见图 6。

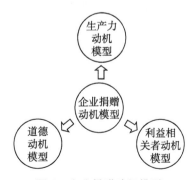

图 6　企业捐赠动机模型

企业捐赠呈现以下趋势：现金捐赠仍是主要形式，捐赠教育是首选，员工配比捐赠和志愿服务活动受到激励，逐渐注重对捐赠效果的评估，更加注重创新和跨部门合作，战略性企业高等教育捐赠受到广泛关注。

（三）运作原则

1. 筹资理念

筹资理念是开展筹资工作的意识先导，只有先进的理念才能助力高校基金会改善目前的筹资状况，而以捐赠者为导向的筹资理念能够使基金会筹资工作化被动为主动。理念的更新包括制订筹资战略和计划，充分动员发挥学校各级领导、教师和学生校内外资源，重视小额捐赠，加强校园捐赠文化建设等方面。

筹资规划是筹资的首要环节，决定了筹资的目标战略和举措。该规划是通过梳理大学发展的历史，分析大学所处的内外部环境及其所处的社会地位，明确大学的使命、愿景、价值观、发展重点以及战略举措等。筹资规划的制订也是一个大学全体利益相关者动员和参与的过程，是筹资的风向标，决定了筹资的优先领域。

筹资理由阐述是公开的独立阐述，包含使命、价值、愿景、历史、机构特点与问题、筹资目标与战略优先、实现目标的举措、项目和服务描述、执行团队、需求阐述、捐赠基金、筹资的财务预算、捐赠范围表、命名机会及答谢政策等。筹资理由阐述既需要理性的战略引领，又需要感性地唤起潜在捐赠人的认同、共勉与支持。筹资的战略优先目标是筹资理由的重要内容，通常集中在丰富学生教育经历，促进大学社区建设，提升社会服务能力。

融合筹资理念的项目设置是筹资有效运作的重要基础。鼓励全体利益相关者的年度捐赠、帮助捐赠人实现慈善理想的大额捐赠、关于捐赠人终身财富规划的计划捐赠、支持未来的捐赠基金，构成了形式多样的筹资项目。

2. 筹资方式

早期的筹资方式在通信并不发达的情况下，主要依靠面对面筹资、纸质媒体广告和书信筹资。随着通信传媒和信息网络技术的发展，筹资方式与策略发生革命性转变，逐步发展出电话、电子邮件、网络、社交媒体、特别活动等方式。筹资方式的有效性阶梯见图7。

有效性高，主要面向大额捐赠、计划捐赠等高层次捐赠者				⑧基于个人关系的面谈
				⑦基于个人关系的劝募信、邮件、电话
			⑥个性化募信、电子邮件	有效性中，主要面向连续或升级的捐赠者
		⑤个性化电话	
	④特别活动		
	③普发直邮		
②网络和社交媒体	有效性低，主要面向潜在捐赠者或首次捐赠者		
①普发性电话			

图 7　筹资方式的有效性阶梯

3. 管理规范

规范的筹资流程管理，实质是将潜在捐赠人培养为捐赠人，并不断向更高级的捐赠人发展的过程，形成完整闭环。该过程包含八个阶段：识别—鉴定—发展战略—培养—劝募—谈判—致谢—后续管理。识别阶段主要是在捐赠者大数据中找出潜在捐赠者，综合考量其慈善能力、慈善担当、关系强度。鉴定阶段主要是对筛选出来的潜在捐赠者开展深入研究，获得其相关状态数据并认定其身份。发展战略阶段主要是制订有针对性的关系发展战略。培养阶段是逐步培养大学与潜在大额捐赠者之间的关系及其捐赠倾向，直到这一关系成熟到可以劝募。劝募阶段是通过筹资团队的协作对成熟的潜在大额捐赠者进行适当的劝募直到给予捐赠。谈判阶段是在劝募成功后，启动谈判程序与捐赠人或其代表对劝募阶段达成的共识进行协商并最终形成捐赠协议。致谢阶段是对捐赠者及时致谢。后续管理阶段是落实本次捐赠的具体事项和对捐赠者关系的再培养。

三　中国研究型大学多元化筹资的模型构建

（一）中国研究型大学多元化筹资的作用机理

1. 以信任为基础

以情感为基础的信任是指社会行动的一方基于情感上的认可对另一方的行为可能产生的期待，这种信任来源于人际交往或者情感上的认同。在大学基金会筹资过程中，基于情感的信任包括个人情结产生的信任、对学校形象认可产生的信任和因筹资人员的个人魅力产生的信任。

以制度为基础的信任是指基于双方认可或法定的协议、法规、法律而产生的以制度为保障的信任。在大学基金会筹资机制中，制度层面的信任来源于大学基金会与捐赠方的捐赠协议、大学基金会的合法性以及基金会在管理和运作捐赠基金过程中的公信力。

2. 以社会网络为平台

（1）以公众为主体的社会参与网络

作为独立的非营利组织，在利用所在大学内外部社会资本搭建筹资网络，筹集社会捐赠资源的同时，大学基金会作为非公募基金会在规定范围内可以向特定的个人和组织筹资。而这种直接筹资工作通常是基于捐赠方的公益理念或利益相关需求，主要靠大学基金会的倡导和捐赠方意愿的结合。募捐信息的传播范围和知晓度是获得捐赠资金的基础。目前，筹资倡议的方式较为单一，主要包括大学基金会网站、举办年度捐赠活动、在校友返校活动或聚会活动上表达筹资意向等。公众参与网络因其组织的松散性和参与的随意性与其他主体有很大的不同，更多是筹资倡议下的一种自发行为。因此，基金会的公信力、捐赠资金的使用、管理情况的公开透明程度是维系公众网络最直接的纽带。目前，大多数基金会通过网站公开捐赠收入及使用信息，对于大额捐赠会有阶段性的反馈报告。

（2）以企业为主体的网络

随着改革开放的深入发展，我国非公有制企业蓬勃发展，积累起一定的社会财富，这是企业参与社会公益事业的物质基础。此外，随着企业社会责任理念的增强，越来越多的企业开始考虑在发展之余通过公益事业来承担社会责任，提升企业形象。同时，在教育体制改革背景下我国大学开始提倡多元主体参与、开放式办学，高校越来越注重联系社会、服务社会的能力。高校与企业、地方政府的校企、校地、校研合作陆续开展，为大学积累了一定社会资源，在一定程度上为大学拓展筹资网络提供了桥梁。

（3）以校友为主体的网络

作为校友联络平台，校友会是与大学基金会联系最密切的部门之一。目前一部分大学基金会与校友会合署办公，校友工作的好坏是大学基金会筹资工作的重要影响因素。校友组织通过点、线、面的网络将校友资源最大程度联系起来，校友网络规模越大，大学基金会能从中调动的资源也越多。校友返校聚会，校友会年会、座谈会，校友会换届等都能唤起校友对母校的感情和支持母校发展的热情，成为大学基金会筹资的重要契机。

（4）校院两级合作网络

大学基金会筹资过程中以院系为节点的网络是随着校院两级筹资机制的建立而形成的，院系与校友的联系更密切，与单位的合作更直接，也因此更容易与校友、合作企业等建立信任关系，使院系的社会网络成为大学拓展筹资的重要渠道。通过激励措施，院系的筹资积极性被有效调动，基金会利用其政策优势及专业的资金管理和运作优势，结合院系的资源优势，建立起以院系为中介的筹资网络，不仅拓展了筹资渠道，也为院系发展提供了支持。

3. 以互惠规范为保障

（1）正式的互惠规范

正式的互惠规范是指以正式的法律、法规和条约形式存在的制度性规范。这种规范的特征是稳定性较强，有利于主体间信任的产生。大学基金会筹资机制的维系和社会网络的拓展离不开正式的互惠规范。在筹资机制中，正式的互惠规范主要表现为由政策保障的税收和政策优惠，对院系的激励性规范和对捐赠方的鸣谢规范等。

（2）非正式的互惠规范

非正式的社会规范是指基于传统的历史和文化因素形成的约定俗成的关于某种行为的互惠认识，可以从意识上对某种行为产生激励作用。从文化的角度来着，即使没有明确物质反馈的捐赠行为也会使捐赠方获得收益。这种收益主要是个人心理上的满足、社会影响力的扩大、企业社会形象的提升等，无形资产也在一定程度上对社会捐赠行为产生了激励作用，为筹资积累了社会资本。

信任、规范、网络作为社会资本理论的三大要素，贯穿整个筹资过程。大学筹资机制是一个以信任为基础，以社会网络为平台，以互惠规范为纽带的资源整合过程，最大程度地促进信任、互惠规范和社会网络这三大要素的良性发展是大学基金会筹资机制健康运行的基础。

（二）中国研究型大学多元化筹资的实现路径模型

基于以上分析，我们可初步构建出中国研究型大学多元化筹资的实现路径模型，如图8所示。

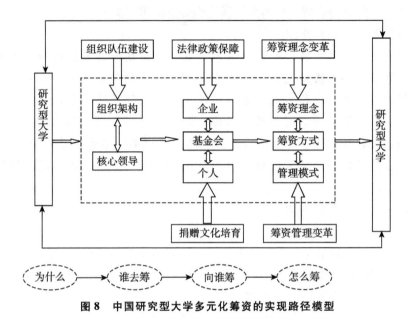

图8 中国研究型大学多元化筹资的实现路径模型

四 结论与展望

（一）结论

1. 国外筹资模式

国外高校基金会的筹资工作之所以能步入专业化、市场化运作阶段，完善的筹资机制是决定性因素，加之其慈善文化氛围浓厚、社会捐赠制度相对完善，多元化筹资的内外部环境极具优势。

（1）筹资理念先进，注重顶层设计

筹资活动主要分为日常小额筹资和大型巨额筹资，均以先进的理念为指导。根据高校的发展规划制订战略性的筹资目标和详细的筹资计划，尤其是大型巨额筹资工作，基金会首先要通过其设置的信息服务咨询中心对国内外个人、企业、基金会等潜在的筹资对象进行大量的调查研究、筛选和排序，分析筹资目标金额，达成筹资目标所需的各项任务和工作、各项工作计划进度表以及配套的激励筹资者和捐赠者的方法等，其次将所制订的目标逐层分解为多个小目标，然后再将小目标分配到各个院系，建立院校统筹的机制，整合校内资源，形成筹资合力。

（2）组织队伍完备，校长高度参与

为大学筹资是校长的主要职责之一，也被作为校长选拔任用和绩效考核的一项重要指标。国外大学校长不仅需要具备杰出的学术成就和组织管理才能，还必须拥有筹资意识和优良的社会交际能力，从而通过向社会筹资满足学校发展的各项需要。校长协同基金会负责人共同制订筹资战略、具体的筹资计划目标以及后期的宣传工作，参与基金会的专题筹资会议，实时关注筹资活动的动态，不断以大学的使命、愿景和战略感召潜在捐赠人。特别是在鼓励和动员校友捐赠方面，众多高校基金会的理事由副校长担任并负责具体工作，亲自向校友阐明学校发展规划、最新成就、资金用途以及捐赠实效等，并借助出访机会看望世界各地校友，以多种途径激励校友向母校捐赠。此外，校长还以亲笔书信、电话、媒体报道等形式以学校名义向捐赠者表达谢意。

（3）筹资管理专业，运作渠道畅通

国外高校基金会强化校院两级主体责任，在院系或附属单位设立专门办公室或项目组，校院两级互通有无、紧密协作。此外，筹资人员专业化、职业化程度较高，一般由具有经济学、会计学、公共关系学等专业背景的综合性人员组成，重要职位聘请从事金融、证券、管理工作的专家学者担任，同时聘请资深律师、会计师和其他专家为基金会制订捐赠策略指南，依托线上线下互动渠道开展捐赠咨询服务，并对捐赠形式、途径、流程以及感谢方式等各个环节予以优化，始终以捐赠人需求为导向，开展专业化筹资管理。

（4）慈善文化根植，校友捐赠蓬勃

校友捐赠在社会捐赠中的比重较高，是基金会筹资的重要渠道。校友捐赠文化亦是高校捐赠文化的重要组成部分。基金会依托校友会，主动融入在校生的捐赠意识培养，不断加强校友服务和校友联络，积极搭建校友间、校友与学校间的沟通平台，关心校友终身成长，积极打造学校—校友的发展共同体，潜移默化培养广大校友对母校的深厚情感，拓展校友捐赠渠道。与此同时，校友会组织的设立也为校友捐赠活动提供了规范化、制度化的平台保障。

2. 国内筹资模式

我国高校基金会发展历程尚短，但国家法律政策积极引导大学筹款和社会捐赠，初步建成了捐赠税收优惠和配套政策体系，民众慈善意识开始觉醒，校友关系得到重视，大学筹款机构逐步建立，管理日臻规范。总的来说，影响我国教育基金会筹资机制的主要因素可分为宏观和微观两个层面。

（1）宏观层面

基金会的筹资工作主要受到我国慈善文化、国家政策、社会经济状况的影响。首先，基金会行业的发展与社会慈善文化息息相关。我国虽然自古以来就有"乐善好施"的传统，但受传统文化的影响，将捐资助学作为个人社会责任的理念并未形成，公民以个人力量参与公共事务的传统也较少，加上我国的基金会成立时间较晚，社会的捐赠氛围和慈善公益文化相对缺乏。其次，我国现有的制度和政策中对公民参与社会捐赠的鼓励和引导较少。虽然我国自20世纪90年代以来逐渐重视社会力量在教育投入中的作用，改变了由国家财政全额拨款的局面，客观上为我国大学基金会的发展创造了条件，但在制度方面相关配套优惠政策的出台、免税程序的优化、激励性捐赠政策的实施等都有待完善。此外，一定的社会经济条件是大学基金会发展的前提。近年来，虽然我国经济社会发展突飞猛进，积累了一定的经济资本，但与发达国家相比，个人和企业能用于捐赠的资源尚且有限。

（2）微观层面

基金会的筹资工作同时受到社会资源状况、高校的社会影响力、筹资能力等因素的影响。首先，从基金会自身来看，校友会、校董会、发展委员会等合作部门以及与其筹资工作相关的基金会理事、顾问、校友、教授、志愿者等都属于其社会资源，可利用的社会筹资网络越大，可调动的资源越多，越有利于筹资；其次，所属高校的社会影响力越大，捐赠方能从捐赠行为中获得的捐赠效益就越大，其教育基金会的筹资机会也越多、筹资竞争力就越强。此外，基金会整体筹资理念保守、筹资规划不足，筹资的主观能动性以及资源整合能力是制约筹资拓展的内部因素。

3. 国内外筹资模式比较分析

相同点主要体现在：第一，以校友捐赠为募捐资金的主要来源；第二，普遍重视校友筹资工作。不同点主要体现在：第一，国外高校基金会的筹资渠道更广，中国高校基金会主要是校友和社会企业；第二，国外高校的海外筹资是资金的重要来源，而中国高校仅有部分知名高校开展了海外筹资工作；第三，国外高校基金会筹资机制完善，具有较强的系统性和主动性，筹资计划和目标清晰，筹资活动丰富，而中国高校基金会则相对欠缺。

基于中国研究型大学多元化筹资的实现路径模型，以及国内外高校基金会筹资的成功经验，我国高校基金会可以从以下五个方面推进多元化筹资工作：第一，完善组织架构，强化队伍建设，在设置专业化的组织机构和人员的基础上，不断提升专业化运作水平，同时充分发挥校长在筹资中的核心作用，建立健全校院两级筹资管理体制，完善志愿者队伍；第二，变革筹资理念，创新筹资体制，结合中国研究型大学的自身特点，紧密围绕发展战略，加强顶层设计，研判筹款市场；第三，坚持捐赠者导向，优化管理模式，丰富筹资渠道和筹资方式，推行精细化、个性化的捐赠人管理与服务，借助线上线下沟通媒介，提升捐赠体验感与参与度；第四，培育捐赠文化，弘扬慈善理念，积极引导形成校友捐赠文化、志愿者服务文化，构建捐赠文化价值观，为多元化筹资创造良好外部环境；第五，健全法律政策，提供制度保障，不断完善监督体系，确保管理规范化，同时在税收、财政配比等方面探索形成激励机制，为多元化筹资工作提供政策支撑。

（二）展望

高等教育对社会公共领域的正外部性特征和我国社会主义市场经济的日益发展完善，使研究型大学更要发挥教育科研的竞争优势，树立良好的对外形象，主动走向并拥抱与社会的合作，提高多元筹资能力和总体建设水平。而这需要研究型大学在总结目前已有的多渠道筹资经验的基础上，分析多元化筹资模式给高校教学研究带来的实际效益，为进一步规划、布局大学多元筹资战略提供导向。作为大学社会筹资主体的高校教育基金会，其进一步建设和发展面临着如何更好适应社会主义市场经济，开辟多渠道创新筹资模式的问题。具体体现在：教育基金会内部引入专业人员的配比与合作问题；如何利用互联网生态进行创意筹款项目设计、募集普通大众的捐赠的问题；基金会和高校其余组织如何实现联动，经营大学品牌形象的问题；如何巩固校友联络和社区网络等信任基础，更好地进行学生感恩慈善教育的问题；高校间教育基金会如何进行区域合作互动模式的问题；筹集资金如何更高效地运作分配和实现有效监督监管的问题；投资经营的范围及权责如何界定，以及如何利用法律法规定制度导向促进高校外部社会慈善氛围的建立和公众捐赠习惯的养成的问题。围绕研究型大学多元化筹资模式问题，学界未来可以从公共管理、社会学、经济学、广告营销学、心理学、教育学、法律等各专业视角进行多学科交叉探讨，综合献策。

论构建校内协同筹资机制

胡　俊*

经过 25 年的发展，全国高校教育基金会已经超过 600 家，高校筹资工作，特别是"双一流"高校的筹资工作正在为高校发展建设提供日益重要的资金支持。① 随着全球贸易和经济形势的变化，政府公共财政支出压力加大，"过紧日子"的刚性要求将在一段时期内长期存在②，我国高校加快发展的目标与资金的矛盾将更加突出，高校教育基金会的筹资任务将更加繁重。为提升高校筹资能力，有效应对更加繁重的筹资任务，防范复杂环境下的筹资风险，真正提升筹资工作对高校发展建设的支持水平，有必要在条件相对成熟的高校尽快构建校内协同筹资机制。

本文讨论校内协同筹资机制的必要性、构建逻辑和主要内容，尝试为高校构建协同筹资机制提供一个总体参考框架。

一　构建校内协同筹资机制的必要性

为什么我们需要构建校内协同筹资机制？对于高校基金会的从业人员而言，这是个不言自明的问题——离开学校的支持和校内部门的协作，高校基金会将寸步难行。学校的发展是高校基金会一切工作的出发点和根本目标，是高校基金会存在的基本价值支撑和依托力量。但对于学校领导层和需要参加"协同"的校内其他部门而言，至少过去 25 年的经验表明，参与协同筹资并非他们必须的和优先的工作选项。

＊　胡俊，北京大学教育基金会副秘书长。

①　据本蓝皮书课题组统计，截至 2019 年底，40 家"双一流"高校基金会资产总和约 350 亿元；截至 2020 年 6 月，全国成立高校基金会 623 家，"双一流"高校除国防科技大学外，全部成立基金会。

②　2020 年《政府工作报告》明确提出："各级政府必须真正过紧日子，中央政府要带头，中央本级支出安排负增长，其中非急需非刚性支出压减 50% 以上。"

　　研究分析者认为，近年来高校主要领导更加重视筹资工作，不断提高对筹资重要性的认识，参加筹资工作的积极性不断增强，产生了良好的筹资效果。但即使领导重视并加大参与筹资的力度，学校推进筹资机制改革的进展并不迅速，作为学校主体力量的院系等学术机构负责人投身筹资工作的案例依然不多见。我们访问了某些"双一流"大学为筹资工作贡献了大量时间精力的学院院长，了解他们参加筹资工作的动力是什么。其中一个重要的共同点是，他们都面临任期内一项紧迫而巨大的资金压力——为学院建设新大楼。在校区土地和空间竞争激烈的学校，尽快落实建设经费将为院系提供很大的"谈判"筹码，有利于他们向学校争取优先建设更大更好的教学科研办公空间的机会。在大楼建成之后，高校若无进一步硬性需求，其筹资动力随即弱化。北京大学未来教育管理研究中心主任林建华教授先后在重庆大学、浙江大学和北京大学担任校长，多年来一直研究国内外大学的历史、变革的动力和方向。他在近期的讲座中回顾大学变革历史后指出，大学虽然处在知识前沿，但是个保守的组织，自己很难推动自身的变革。上述院长的回答到校长的思考都提醒我们，在大学构建一项革新的机制实非易事，必须深刻思考其必要性和构建逻辑，并有步骤地稳妥推进。这是实务工作者和联系现实的研究者在讨论大学筹资机制时应有的思想准备。

　　因此，我们在讨论构建校内协同筹资机制时，首先有必要跳出具体筹资工作和筹资额度——虽然二者都是基金会从业者最为关心的问题——将筹资机制纳入高等教育改革发展的大局，提高站位，统筹思考。

　　第一，筹资机制改革创新是高校改革发展的实质内容。2015年10月，国务院发布《统筹推进世界一流大学和一流学科建设总体方案》，首次将"加快建立资源募集机制，在争取社会资源、扩大办学力量、拓展资金渠道方面取得实质进展"与人才培养模式改革、人事制度改革、科研体制机制改革一起，作为"双一流"建设必须突破的四大关键环节之一；同时明确提出，"高校要不断拓宽筹资渠道，积极吸引社会捐赠，扩大社会合作，健全社会支持长效机制，多渠道汇聚资源，增强自我发展能力"。

　　第二，筹资工作是实现高校立德树人根本任务的重要支撑条件，是形成更高水平人才培养体系的重要支撑内容。习近平总书记在全国教育大会讲话中指出，要努力构建德智体美劳全面培养的教育体系，形成更高水平的人才培养体系……学科体系、教学体系、教材体系、管理体系要围绕这个目标来设计……凡是不利于实现这个目标的做法都要坚决改过来。对任何一个组织来说，经费来源的拓展和经费项目的执行都是其管理体系的重要内容，高校也不例外。对于高校来说，筹资工作支持学科、教学、教材等领域的改革和发展，筹资机制改革创新应该自动成为学校管理体系改革创新的组成部分，纳入"形成更高水平的人才培养体系"这个总体目标来统筹推进。

第三，筹资机制改革创新是"双一流"建设的重要支撑力量。"双一流"行动掀起了新一轮高校竞争并推动了区域科教竞争的高潮。"双一流"竞争的实质是人才竞争，人才竞争的支撑是资金保障。2020 年 3 月，教育部要求"双一流"高校填报 2016～2019 年动态监测数据，在监测指标体系中，自筹经费与中央经费、地方经费并列为重要指标。北京大学填报数据显示，2016～2019 年，北京大学"双一流"经费中，自筹经费远超地方经费，达到"双一流"总经费的 1/3，其中自筹经费主要来自社会捐赠。

具体到筹资工作本身，国内外筹资经验和研究均表明，大学获得社会捐赠以及获得社会捐赠的多少，有赖于大学在人才培养、科研贡献、校友成就等各方面的社会综合影响力，有赖于大学自身的筹资工作思路、机制和能力，也有赖于政府的政策引导、社会的经济发展和捐赠文化。在确定的公共政策框架、社会经济文化宏观环境和相对稳定的大学声誉等既定条件下，提升大学筹资能力关键在于大学要充分动员凝聚筹资力量，统筹用好筹资资源。换言之，大学提升筹资能力的关键在于大学要建立起适用于募集捐赠的校内协同筹资机制。

（一）筹资目标规划需要协同机制

筹资目标回答"为谁筹资"的问题。公共管理研究者认为，目标是组织及其成员行为的导向坐标，是组织聚合力的内在源泉；目标也是一个系统，包含总目标、分目标、个人目标，宏观、中观、微观目标。[1] 目标的层次和目标的内容，将直接影响高校在多大范围和多高层次动员和聚合多少力量。

宏观层面的筹资目标规定筹资机构的使命和宗旨，常见于高校基金会的章程中。《北京大学教育基金会章程》对此表述为："致力于加强北京大学与国内外各界的联系和合作，促进北京大学教学、科学研究和高新技术开发事业的发展。"《清华大学教育基金会章程》对此表述为："为推动我国教育事业的发展，提高教育质量和学术水平，弘扬清华大学的文化和理念，争取国内外组织和个人的支持和捐助。"[2] 北京大学教育基金会的表述集中于筹资工

---

① 张国庆：《公共行政学》，北京大学出版社，2017，第 143～144 页。

② 分别引自北京大学教育基金会网站和清华大学教育基金会网站。

作的宏观目标，清华大学教育基金会的表述在宏观目标之外加上了主要工作内容，其他高校基金会章程的表述亦类似，要义是通过筹资和管理来汇聚社会力量，推动大学在人才培养、科学研究、校园建设等方面的发展进步。中观层面的筹资目标规定筹资规划，即一定时期内大学募集资金的主题、主要项目、金额目标和募集方式。筹资规划应当深刻反映和有机融合学校层面和院系层面的发展需求和资金需求。微观层面的筹款目标规定具体的筹款项目内容。例如，具体到某个奖学金，对项目背景、额度需求、执行办法、执行程序、效果预期等信息的细化呈现即构成微观层面的筹款目标。从管理角度来看，目标应该是明确的、一致的、充分协调的。筹资人期望筹资工作出现"百花齐放"的良好局面，各部门各层面的筹资目标设置不能各自为政，应该是明确的、互相配合的而不是互相冲突的。筹资目标的制订不仅是教育基金会的工作，也不仅是校领导或者某个院系、职能部门的工作，而是学校发展需求和资源条件充分协调后的综合产品。因此，筹资目标的出台需要有科学的校内协同机制。

（二）筹资力量建设需要协同机制

筹资力量建设回答"谁来筹资"的问题。高校筹资可以动员的力量包括以书记、校长为代表的校领导，以院长主任和著名教授为代表的院系团队，以基金会或发展办公室为代表的筹资专业机构，以（学校、院系、地方、行业、班级等）校友会为代表的校友力量，以重点捐赠人或支持者为代表的社会捐赠人和志愿者力量。每一个利益相关者关注的目标不尽相同，行为逻辑各具特点。学校领导关注学校发展的总体目标、公共用途相关的领域、学校需要优先或引导改革的领域、灵活应对突发和挑战的需求领域，职能部门关注专业领域的发展和管理效果，院系领导关注院系和学科的发展利益，教师关注专业领域和团队的发展需求，筹资机构关注筹资的业绩、治理规范化及其评价效果。随着筹资期望值的提高和筹资工作在更多层面的开展，亟须科学高效的协同机制来动员这些筹资力量的积极性，协调好各类筹资力量发挥作用的方式，同时规避复杂系统带来的潜在风险。

（三）筹资过程开展需要校内协同机制

筹资过程回答"如何筹资"的问题。一个完整的筹资周期一般包括筹资项目策划、潜在捐赠人定位、捐赠人联系深化、捐赠意向协商达成、捐赠资金到位、捐赠项目执行、项目效果反馈等主要步骤。负责各个环节的主体并

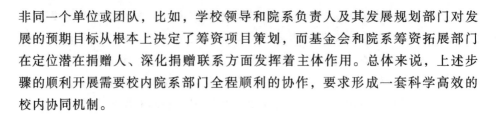

非同一个单位或团队，比如，学校领导和院系负责人及其发展规划部门对发展的预期目标从根本上决定了筹资项目策划，而基金会和院系筹资拓展部门在定位潜在捐赠人、深化捐赠联系方面发挥着主体作用。总体来说，上述步骤的顺利开展需要校内院系部门全程顺利的协作，要求形成一套科学高效的校内协同机制。

（四）筹资项目执行需要协同机制

项目执行体现筹资工作服务于学校目标的具体效果。从已有捐赠人中培养和深化拓展捐赠的成功率要远远高于拓展全新的筹资对象，但也存在已有捐赠人不再继续捐赠甚至取消已有捐赠承诺的情况。发生此类情况的原因可能是捐赠方经济条件困难导致的捐赠能力改变，也可能是项目执行过程中对项目价值和公益目标实现程度的判断降低，从而导致捐赠意愿改变。我们可以将这种非能力因素而是意愿因素导致的捐赠减少或取消的现象称为"捐赠退却"。随着高校基金会捐赠项目的积累，在社会经济发展趋于复杂的情况下，避免发生捐赠退却将成为基金会风险防范的重要任务。对于高校基金会来说，此类风险防范存在具体的困难。维持捐赠项目公益价值、实现前定公益目标，其执行主体不在基金会，而在承担项目执行的院系或部门。随着项目数量的绝对增长和项目复杂程度的不断提高，如果缺少项目执行的高效协同机制，基金会将不得不亲自下场推动公益项目的执行，将疲于应付项目跟踪、信息公开和效果展示，并将面临显著增加的捐赠退却和声誉损失风险，也会极大干扰筹资拓展的投入和效果。

（五）筹资外围环境建设需要协同机制

随着《慈善法》的公布，民政部专门成立促进慈善事业发展的职能司局，我们有理由相信社会捐赠的政策环境和社会舆论环境大趋势将持续向好。即便如此，我们在争取更有利的外围环境时，依然需要协同机制。一方面，在争取有利的政策待遇和校外资源方面，基金会先天能力不足，必须依托高校的整体力量；另一方面，社会经济发展中的新因素、国际形势的新变化、移动互联网高度发达带来的新媒体舆论环境，为社会捐赠和大学声誉带来更多的外在风险，"黑天鹅"和"灰犀牛"常有出现，直接影响到高校筹资工作。高校基金会虽是独立法人单位，但应对复杂局面的风险防范能力远远不足，必须依托高校的协同机制。

近年来，筹资工作与高校声誉的关系正在加强，这将进一步要求高校在筹资领域开展多部门协同。一些机构通过媒体公布的新闻数据来统计大学接受捐赠的情况，虽未必完全准确，但正在形成有一定影响力的排行榜。国外大学在关注筹资额度和基金规模之外，将校友捐赠参与率作为办学水平和声誉的重要指标，大学校友会也以校友捐赠的比例作为考核指标。在重点高校的巨额捐赠霸占新闻标题之外，规模较小、名气较小的高校也可以在校友捐赠回馈母校比例方面实现突破，有可能超过著名大学。高校基金会总体上不具备公开募捐资格，国内在校友捐赠率统计方面尚未有明确的数据，但随着与具有公开募集资质的基金会的合作模式逐渐成形和移动支付手段的全面普及，预计高校校友小额捐赠将很快取得进展，高校校友捐赠率也终将以适当的形式纳入高校声誉统计。

综上所述，从高校制度改革创新、服务立德树人的根本任务、支撑人才培养体系和"双一流"建设的战略需求来看，从筹资的目标构建、力量建设、过程开展、项目执行、外围环境建设的现实需求来看，都需要构建校内筹资协同机制。

二 校内筹资协作机制的构建逻辑

现代大学是一个庞大的、复杂的组织系统。建立有效的校内协同筹资机制，需要将其融入高校运行机制之中，结合高校实际情况，厘清构建逻辑。

从大类而言，组织的运行机制可以分为科层机制、市场机制和文化机制。科层机制依靠正式职务等级权威和规章制度协调组织活动，市场机制通过交换和价格协调组织活动，文化机制通过组织成员的共享价值观、传统和信念来协调组织活动。研究者分析认为，中国的研究型大学"主要依赖组织的共享价值和信念系统"，"总体来说，都是以文化机制为主要整合机制"，是"松散耦合系统"。其中，大学组织存在明显的"二元结构"[1]，即"直线等级结构，包括从校长到各个办公室负责人到院长、系主任等"与"相对平等的结构，如关注教育政策的各种教师团体"并存。前者侧重的是科层机制，后者侧重的是文化机制。[2]同时，大学组织的整合也在一定程度上运用市场机制，即通过市场竞争来调节大学组织中个人和子单位的收入从而控制组织

---

[1] 罗尔德·F. 坎贝尔等：《现代美国高等教育》，袁锐锷译，广东高等教育出版社，1989。
[2] 金顶兵、闵维方：《研究型大学组织整合机制的案例研究》，《北京大学教育评论》2003 年第 2 期。

成员和子单位的行为。①筹资工作涉及"松散耦合系统"及其"二元结构"的多个方面和层级，协同筹资机制的运行也是大学组织运行的重要部分。我们试图从文化机制、科层机制和市场机制三个方面来明确协同筹资机制的构建逻辑。

（一）作为文化机制的协同筹资机制

筹资文化机制的核心是共享的筹资理解，即建构校内全员对于筹资工作的战略性、必要性和紧迫性的共识。对于高校筹资者特别是优秀大学的筹资者而言，不仅在社会公众中甚至在大学内部，也会经常被问到"你们大学还缺钱？"高校筹资实践虽然已经进行20多年，但是对于大学是否需要筹资，大学筹资需求是否迫切，尚未形成充分的共识。有三个原因共同造成了这种共识不足的现状。一是长期以来，中国大学的经费来源主要依靠政府拨款，特别是国家大力推动"211""985""2011""双一流"等教育专项工程和"千人计划""万人计划"等人才专项工程。近年来各省市加大"双一流"经费投入的新闻屡见报端，使公众和校内非筹资相关人员认为大学已经拥有充足的财政资金，并不迫切需要筹资和捐赠。与之相比，美国众多一流高校是私立大学，从建校伊始即依托私人捐赠的资金，多数高校直接以捐赠人的名义命名，长期开展筹资工作，形成了筹资必要性、紧迫性的普遍共识。二是大学的财务信息公开并不充分，虽然公布了数字，但并没有向公众直接说明大学财务数据的具体意义，尤其是缺少财务现状与大学目标之间的比较关系。在长达几十年的增长通道中，高校报告财务数据的基调大多是强调增长和成绩。换言之，我们只看到经费增长的数据，没有看到要实现一个目标到底还缺多少钱的数据。与之相比，美国筹资业绩突出的大学在其网站公布年度财务报告，一般由校长和财务长分别阐明该年度大学的目标实现情况及其亮点、财务收支状况、财政现状对学校发展目标的支持和挑战，并公开呼吁各界对大学进行财政支持。国内高校近几年才能在官方网站上查询到上年度预决算，但对其缺乏必要的解读；从公开的财务信息来看，更容易读出学校办学经费增长的政绩，而难以读出学校经费不足、影响大学目标实现等有助于形成筹资必要性和紧迫感的信息。三是大学从学校领导到院系领导和职能部门领导，除了必须面对紧迫的筹资需求而被动参加筹资拓展外，日常对筹资的重视和参与非常不足。

---

① 金顶兵、闵维方：《论大学组织的分化与整合》，《高等教育研究》2004年第1期。

高校具有事业单位的传统文化氛围。在高校环境中，相对而言，筹资意识和筹资文化具有明显的拓展性和主动性。高校筹资文化建设需要提升办学使命感和愿景意识，尤其要求学校和院系部门的主要负责人具有前瞻思考、拓展意识和奉献精神，同时要求实现从依赖公共财政到自主筹集资金的重大意识转变。这个重大转变具体包括哪些内容呢？香港大学前副校长、教育学院程介明教授将其称为"范式的转换"，即从公共财政支持的"公帑范式"到自主筹资的"开拓范式"，并从十个方面对两类范式进行了对比（见表1）。

表1　公帑范式和开拓范式的对比

公帑范式	开拓范式
资源指导计划	梦想开创局面
少钱少干、没钱不干	理想领先、志大财多
斤斤计较小钱	讲究大目标
募捐解决贫困	募捐实现宏图
预算就是极限	资源没有极限
延续目前运作	开创新的平台
期望长期稳定	不断创造新境界
伸手向政府要	让社会分担使命

资料来源：程介明2008年在北京大学筹资工作研讨会上所作《大学开拓发展的理念与实践》的报告。

（二）作为科层机制的协同筹资机制

组织结构直接影响组织目标的实现。现代社会，科层机制是组织结构的主要形式，也是被实践证明的有效的组织形式。在大学组织结构中，教学科研团队和机关处室的行政管理团队具有明显不同的组织特点。教学科研团队具有相对独立的组织特征，并通过独立的学术探究和相对自主的教学安排，深刻地塑造了大学尊重学术自由和尊重多样性的学府文化。在高校的职能部门包括承担筹资拓展任务的教育基金会组织中，科层机制是实际运行的逻辑，具备有效的组织动员能力。在构建协同筹资机制时，高校应该充分发挥科层机制的刚性作用，确保组织目标的落实。

当前校内筹资科层机制主要集中在两对关系：一是学校与院系职能部门包括基金会之间的纵向关系；二是院系与基金会之间的横向关系。我们以斯坦福大学的筹资组织架构（见图1）为例来考察科层机制中的协同安排。

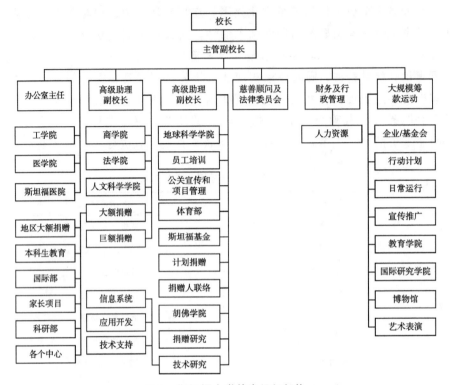

图 1　斯坦福大学筹资组织架构

资料来源：斯坦福大学发展办公室，2011。

从斯坦福大学的组织架构可以看出，其筹资工作力图实现两对科层关系的融合。学校层面两位副校长分别主管筹资工作和校友工作（同地点办公），主管副校长领导发展办公室的筹资工作，同时领导院系的筹资工作。发展办公室的工作人员既有在发展办工作的，也有在院系工作的，接受院系的领导，服务院系的筹资需求。这样的设计确保了筹资目标的协调和筹资行动的协作。

相比较而言，国内高校的基金会与院系在具体业务上的交集限于具体的筹资项目，在组织结构安排和人员配备方面基本尚未有交集，在组织结构上距离协同筹资的机制尚有不小距离。

（三）作为市场机制的协同筹资机制

在大学筹资领域，以价格和交换为基础的市场机制主要体现在两个方面，一是以组织为主体，二是以个人为主体。以组织为主体的市场机制可以进一步分为以学校为主体和以校内二级单位为主体两个层次，均已经取得非常成功的经验。如美国、新加坡、中国香港、英国、丹麦等地政府都曾专门设立配比基金，对高校募集到的社会捐赠进行配比，激励作用非常明显。[①] 自2009 年起，我国中央财政设立专门经费，对中央部门所属高校的社会捐赠给予配比，也发挥了巨大的激励作用，推动一大批高校成立了基金会，提升了捐赠和募款的双向积极性。以校内二级单位为主体的激励机制，首先是将捐赠资金的财产权利与筹款院系直接挂钩，捐赠的资金和留本基金的收益专属用于支持院系的发展，确保院系筹资积极性。以哈佛大学基金为例，2019 年底，哈佛基金市值为 409 亿美元，由过去 350 年来积累起来的 13000 多个独立的基金构成，其中文理学院为 164.7 亿美元，医学院为 43.5 亿美元，商学院为 39.85 亿美元。[②] 市场机制对校内二级单位的激励作用还体现在筹资配比激励，这既有学校专门设立的筹资配比基金，也有校友等捐赠人设立的配比基金。香港大学、浙江大学和北京大学等高校在此方面已有成功经验。

在高校筹资领域，与以组织为主体的市场机制相比，以个人为主体的市场机制发育相对滞后。除个别高校在个别领域试行探索外，高校筹资工作的绩效考核和市场激励尚未启动。2014 年 1 月，财政部、国家税务总局发布《关于非营利组织免税资格认定管理有关问题的通知》，规定"工作人员平均工资薪金水平不得超过上年度税务登记所在地人均工资水平的两倍"；2014 年9 月，教育部、财政部、民政部发布《关于加强中央部门所属高校教育基金会财务管理的若干意见》，规定"基金会工作人员在学校有薪金收入的，不得再从基金会取得收入"。主管部门对高校基金会人员的收入来源和收入额度设置了额外限制，使探索作为市场机制绩效考核的空间更加逼仄。

三 校内协同筹资机制的主要内容

我们可以试着给校内协同筹资机制下一个描述性的定义：校内协同筹资机制是指为推进高校事业发展，动员和聚合校内单位和个人的力量以筹集社会捐赠的一系列制度安排和政策措施。以文化机制、科层机制、市场机制为构建逻辑，依托筹资工作的总体流程，校内协同筹资机制应该包括五个方面的内容：文化协同、组织协同、政策协同、信息协同、行动协同。

---

① 邓娅：《建立大学筹款的激励机制——论配比基金的作用与意义》，《北京大学教育评论》2010 年第 1 期。

② *Harvard Financial Report*，fiscal year 2019.

（一）文化协同：抓住机遇构建协同筹资的共识

文化协同是灵魂。文化协同是在全校范围内形成对筹资工作重要性的全面共识，实现各方面各岗位以适当方式参与和支持筹资工作的高度自觉。文化协同要求高校在自身积淀的思想意识和行为方式基础上，逐步实现向筹资拓展导向的积极型文化的"范式的转换"。这个转变是长期的过程，虽不能一蹴而就，但也不能举步不前。当前，构建筹资共识适逢重要机遇期：在国家财政拨款收紧后，筹资工作正在从锦上添花变为雪中送炭，在某些局部和关键领域甚至从雪中送炭变为发展支柱，筹资重要性和紧迫性空前凸显，学校和院系领导开始真正把眼光投向基金会。与此同时，高校综合改革依然在进行，治理体系现代化和治理能力现代化的改革要求正在开始发力，筹资工作也正在成为高校实力和声誉的重要组成部分。

文化的优势特征在于"润物细无声"，以筹资拓展之"文"，实现高校积极主动筹资之"化"。为构建筹资文化认同，学校可尝试通过多种形式将筹资文化融入学校工作的多个方面，以文化融入牵引未来的筹资产出。学校可以尝试适时启动筹资机制研究，聚合学校发展规划部门、教育基金会和相关院系的工作力量和研究力量，合作开展瞄准本校筹资突破目标的策略调查和研究，集思广益，提供有效方案，在调研过程中推动筹资工作深入人心。以"双一流"大学填报数据列入自筹经费为例，学校可在校内机构的事业发展指标监测中明确自筹经费的指标要求，引导校内逐渐将拓展自筹经费而不是靠山吃山等拨款作为推动事业发展的共识。以战"疫"表彰为启发，学校可以在各类荣誉表彰活动中专门加入筹资发展贡献类表彰，集中展示筹资工作给学校教学科研、人才培养和基础设施建设带来的重要变化。以各类专项工作会议为例，学校可定期（如每学期）召开全校范围的筹资工作会议，逐渐将筹资工作或支持筹资工作纳入院系和职能部门的延展业务范围。在每学期召开的战略研讨会等类似的宏观战略会议上，学校可将筹资工作与高校财务工作一并报告，逐渐将筹资作为学校的第二个财务支撑。在干部培训课程设计上，学校可将筹资工作纳入新时期党员干部谋事创业的基本培训内容板块。

（二）组织协同：保障协同筹资的工作力量

组织协同是指通过领导和组织的方式，动员筹资工作力量，保障筹资工作协调配合、畅通高效。组织协同主要包括领导机制、校内部门联动机制、工作力量保障机制。

领导机制是关键。高校基金会既是独立法人，也是高校发起成立的直属单位。根据基金会章程，理事会是基金会的最高权力机构。在实际运行中，基金会的治理体现了明显的学校和理事会的双重领导特征。高校通过党的领导、理事会人员推荐、秘书处主要干部任命等方式实现对基金会的领导。协同校内领导机制通过三种重点方式来进行。一是通过党委常委会、党政联席会、校长办公会来实施对筹资工作的总体领导。在部分高校，党委常委会已经形成定期听取筹资工作汇报的惯例，把推动重大项目筹资突破作为常委会的经常议题，重点研讨重大项目的策划、募集和项目实施情况，加强了党委对筹资工作的统一领导，有利于协调校内各方力量，极大地推动筹资工作。二是通过基金会理事会来实施对筹资工作的直接领导。据公开资料统计，目前"双一流"大学的基金会理事会中，在理事长身份方面，党委书记担任理事长的情况较多，占 43.6%，副职校领导担任理事长的约占 1/3。此外，理事会成员中一般包括多位学校领导和院系代表。发挥好理事会的领导作用，是推动校内协同筹资的重要方式。三是通过学校领导参加的筹资委员会来实现对筹资工作的协调领导。建立由学校主要领导主持、分管领导具体推动、筹资能力强的院系和职能部门参与、部分校友参加的筹资议事协调机构，有利于在全校范围内聚集筹资目标，协调筹资资源。筹资委员会没有党政会议和理事会的人数和人员身份限制，可以更方便地吸收更多校内外人士参加，如果组织得当，则能发挥重要的协调和拓展作用，也可以转化为发动大规模筹款运动的领导机构。

围绕重大筹资项目，基金会和项目实施主责单位牵头成立联筹联动机制，加强校内院系职能部门的筹资协调，根据项目需要，指定参加联筹联动机制的成员单位，在全校范围内协调工作。作为筹资拓展的主责单位，长期以来，基金会实际上并未在高校核心治理职能机构名单之内。基金会应该参加学校专门治理委员会，以便更加深刻地理解学校决策动向和阶段发展目标，从策划阶段即参与学校重要发展项目，使筹资工作更好对接学校发展规划和战略安排。基金会可参与或列席参与的治理机构包括学校事业规划委员会、校园规划委员会、国内合作委员会、国际合作委员会、校办产业管理委员会等与筹资相关的领导和协调机构，可列席参加学校学科建设、科研工作、国内合作、国际合作、产业管理、科技成果转化等相关领域的重要工作会议，参加学校领导对院系和学校发展重点领域的调研工作。

校内筹资协同机制应重点建设校内二级筹资工作队伍，保障筹资工作力量。当前，高校基金会的工作人员数量较少，力量较弱。据统计，有 480 家高校基金会公布了全职员工人数，其中 1~5 人的占到了 260 家，127 家基金会的全职工人数为 0，应是由其他岗位员工负责基金会工作。[①] 如此小规模的人员力量不足以支撑有雄心的筹资拓展行动。为加强筹资力量，多所高校已经启动建设学校、院系二级筹资队伍，在院系或相关职能部门，明确 1 名单位负责人作为筹资工作负责人，同时确定具体筹资工作人员。在基金会，秘书长班子应该建立明确的院系分工联系机制，确保对院系部门筹资小组的全面覆盖。为加强学校筹资队伍和院系筹资联络小组的沟通和人员培训交流，对于院系筹资小组人员来说，开展培训工作尤其重要，筹资小组应不断加强对筹资专业经验和项目管理系列制度的学习；对于基金会来说，基金会应当把紧密联系院系作为日常工作内容，既要了解教学科研一线院系的发展规划、发展需求和进展，也要不断跟进筹资项目的执行情况。同时，高校要根据基金会的使命要求和组织特点，加快推进基金会工作模式创新，充分激发筹资活力，并适当推动基金会和院系人员的岗位流动和交叉任职。

（三）政策协同：提供协同筹资的制度保障

筹资工作对外关乎学校声誉，对内需要协调各个方面，协同一致的筹资政策既是筹资行动的指南，也是对风险的控制和对高校的保护。高校应该从学校的办学宗旨、育人理念、发展目标和筹资工作实际出发，按照相关法律法规要求，总结和提升筹资实践中形成的经验，制定相对完备的筹资政策体系。

学校层面的主要筹资政策至少应该包括四个方面。

第一，关于筹资项目的系列政策。筹资项目具体反映筹资的目标内容，随着学校发展目标的提升和复杂程度的深化，筹资项目的形式也更加多样化。近年来，奖助学金、基础设施建设等筹资项目逐渐成熟，已成为高校筹资的常规项目，同时，新的项目形式正在出现，如捐赠支持的讲席教授席位、捐赠支持新设的教学研究机构、创新型的学生发展项目、有校企或校地合作背景的公益捐赠项目等。相关政策首先要明确筹资项目立项的程序和权限。明确划分学校、院系、基金会理事会、基金会秘书处的立项权限和立项程序，使各单位各层面各司其职，各负其责，有条不紊。立项过程既要鼓励社会资

---

① 参见本书第一篇。

金支持大学发展，又要防止市场行为对大学伦理的侵蚀。其次要确定立项的内容领域，确定学校哪些类别的发展项目可以转变为筹资项目以争取社会支持，哪些项目可以用捐赠来冠名，冠名有何规范要求，等等。学校有必要从战略层面规划和确定其校区、院系和中心、所、实验室等机构中允许捐赠冠名的部分，提出谋划设立的新机构新平台的方向和名单，为募集捐赠打造合适的承接载体。近年来，影响巨大的筹资案例，如清华大学的苏世民学院项目和万科公共卫生与健康学院项目，均是体现学校层面谋划发展项目，确立重大筹资承接载体的生动例子。以上述项目为代表，高校积极服务国家战略，回应社会需求，发挥科研优势，谋划在募集捐赠资金支持的条件下成立新型实体或虚体机构平台，打造拓展巨额筹资的重要载体。

第二，关于捐赠人的系列政策。首先要加强捐赠人和捐赠财产甄别与评估，即通过一定的程序和方法来确定高校可以接受哪些人的哪些财产。《慈善法》第三十六条"捐赠人捐赠的财产应当是其有权处分的合法财产"，对捐赠财产的来源性质提出了要求。但是，高校基金会缺少必要的方法和手段来评估和甄别捐赠资金是否为"有权处分的合法财产"。在捐赠财产甄别审核之外，还需要明确如何甄别捐赠人，加强捐赠方的背景审核评估，规避司法和舆情风险。其次要制定关于捐赠人的鸣谢制度和规范，包括授予荣誉称号、颁发荣誉奖项、进行公益宣传等具体内容及其决定权限和程序。再次要制定关于联系和接待捐赠人等具体活动的政策要求。最后要明确与捐赠人开展捐赠以外的其他合作项目的政策指导。在推动学校的校地合作、校企合作、科技成果转化时，探索将筹资工作纳入统筹考虑，推动学校优势资源向筹资资源转化。

第三，关于筹资人的系列政策。如筹资人的选拔、任用和培训，筹资队伍的配置方案和支撑条件，筹资人的职业规范和能力要求，筹资人的绩效考核和激励政策等。同时，在校内资源分配上，在做好重点引导和兜底保障的前提下，推动分配政策适当体现对筹资积极性的鼓励。只有重视筹资队伍建设，才能动员起广泛的力量来推进筹资工作。

第四，关于筹资管理和基金会治理的系列政策。基金会的项目管理、财务管理、信息公开等方面有很多具体的规定和要求，在协同筹资机制内，更多院系工作人员参与其中，有必要对相关政策进一步统一和明确，以确保基金会管理的规范化。在捐赠资金支持设立的新型实体和虚体机构中，可结合学校治理的改革方向，探索"放管服"改革，在人事聘任、财务管理等方面探索政策创新。

（四）信息协同：建立统一的筹资信息系统

现代筹资工作依托强大的信息数据系统。从工作内容来看，筹资信息系统分为对外的筹资推广系统和对内的筹资办公系统。对外的筹资推广系统包括筹资网站和社交平台、传统传递渠道、在线捐赠平台；对内的筹资办公系统包括捐赠人数据库、校友数据库、项目管理系统和财务管理系统。这些数据系统处理的信息包括校友信息、潜在捐赠人信息、捐赠人信息、捐赠收入信息、项目数据信息、财务收支信息、项目效果信息以及这些数据之间的有机关联。

在筹资工作的初期阶段，由于捐赠人数量、捐赠项目数量和捐赠额度体量较小，筹资信息系统的重要性和紧迫性并不突出。随着筹资工作的积累和互联网、社交网络的兴起，数据体量急剧上升；同时由于捐赠人管理、捐赠项目管理和财务管理依托的部门不尽相同，信息缺失、信息冲突、信息陈旧、信息冗余等现象逐渐出现，极大地影响了筹资工作的效率和效果。统一的筹资信息系统已经成为提升筹资工作的重要基础设施。

筹资信息系统从表面上看是一个技术和数据系统，实质上是筹资工作业务流程的提升和再造。在校内更多部门和人员参与筹资工作的情况下，如何优化业务对接、简便工作手续，将是一个不容忽视的问题。高校应通过信息系统建设，探索更加合理的业务分工和操作流程，将合理的业务流程固定化、电子化、在线化，达到各项工作、各个部门的无缝衔接，从而实现协同筹资的效率和效果。

（五）行动协同：加强全流程协作行动

文化、政策、组织、信息等各方面的协同工作，最终通过筹资行动的协同来实现筹资目标。筹资行动协同包括日常筹资工作全流程协作、开展主题筹资运动和建设筹资工作的检查落实机制。

第一，日常筹资工作的全流程协作。学校教学科研主体任务的基础在院系。总体而言，院系是筹资需求的提供方、筹资工作的受益方，基金会是主要的筹资拓展方，通过筹资拓展服务院系的筹资目标。加强院系和基金会的协作是校内协同筹资行动的基础内容，需要明确各自工作职责，实现全流程协同行动。以一项筹资行动的完整周期为例，需求方和拓展方要在以下五个环节承担各自的职责，加强协作（见表2）。

表2　需求方和拓展方在五个环节中的职责

筹资环节	需求方（院系）的工作	拓展方（基金会）的工作
项目策划	提供筹资需求：制定发展目标，描述愿景，确定筹资项目及其优先顺序	实现筹资需求产品化：协助院系将筹资需求转化为筹款项目
捐赠开拓	发掘筹资潜力：一是筹资对象的潜力，主要包括院系的校友；二是动员筹资力量，包括院系领导、教授、校友的力量；三是用好院系的筹资平台等资源；四是与拓展方共享上述各类资源和信息	领导拓展行动：一是组建跨部门项目团队；二是发掘和分析潜在捐赠人，进行项目匹配；三是深化联系，与院系和项目筹资人员协作拓展，落实捐赠意向
签署协议	确认筹资需求，对接捐赠意向，协商确定捐赠项目的条款	从法律和机会规范的角度起草协议，对协议进行合规审查
项目执行	履行捐赠协议，确保捐赠协议项目落实，按照基金会财务管理办法使用经费	按照协议和财务管理办法，设立专项，做好财务管理、服务和监督
项目维护	提供报告：关于项目进展和成效的各类报告和素材，宣传项目效果；保持与捐赠人的密切联系	信息公开：按照要求公开披露捐赠信息，宣传项目效果；保持与捐赠人的密切联系

　　第二，主题筹款运动的协作。全校性的主题筹款运动是指学校发起的、针对学校发展改革重大使命需求的、有明确时间限制和额度目标的大规模筹资行动。国内外大学筹资经验表明，筹款运动是募集大额捐赠的最有效方式。近些年，国外大学的筹资运动为我们提供了以下经验：确立明确的筹资目标和时间期限；科学结合学校教学科研发展的使命和需求，策划具有社会吸引力的捐赠项目；校领导在筹款运动中发挥核心作用，同时选拔具有威望和领导力的分类项目领导者，形成有力的筹资策划和拓展核心团队；全校筹资协作机制高效运转，学校和院系的筹资团队配合工作，发展庞大的学生、校友和家长志愿者队伍；发动强有力的宣传报道和推广，定期通报筹资进展信息。开展全校性的主题筹款行动是协同开展筹资行动的最高阶段和最有效方式。通过一场大规模的主题筹款运动，校内协同筹资机制将得到充分检验和加强。

　　第三，加强监督检查。加强对筹资目标实现情况的监督和检查是不断强化和修正校内协同筹资机制的必要措施。捐赠项目的策划和执行，社会捐赠的承诺和到位，都包含着很多的不确定性。在捐赠到账方面，社会捐赠的自愿公益特性和我国的文化环境决定了高校在捐赠承诺发生退却时难以追究捐赠方的履约责任。但是在校内项目执行方面，学校可加大项目监督和检查力度，尽量避免因项目策划瑕疵和项目执行不力造成捐赠方的撤退。建立校内督查机制将有助于推进已经签署捐赠协议和已经部分到账的捐赠项目充分履约，为捐赠的持续到账打好基础，并在此基础上推动后续进一步的筹资拓展。

虽然经过 20 多年的发展，我国高校筹资依然是新事物，其文化、机制、模式都依然在形成过程之中。相对于学科建设、人才培养、科学研究等传统的高校工作主体内容而言，筹资工作的重要性和紧迫性尚未得到高校和社会的足够重视。随着筹资工作对推动高校发展发挥更大的作用，尤其是不同的筹资水平对高校在人才竞争、科研支持、社会声誉方面带来具体的影响并因此拉开高校发展差距，同时国家从配比拨款、免税等方面加大激励力度，高校将更加重视筹资工作，校内协同筹资的文化机制、科层机制和市场机制将在上下共同摸索、内外共同压力之下逐步完善起来。

财务与投资篇

高校基金会投资模式分析

程骄杰[*]

近年来，社会慈善事业蓬勃兴盛。高校基金会以其特殊的身份属性、高速增长的数量和资产以及慈善新闻中的明星效应，获得了社会的广泛关注。高校基金会是指由高校发起，经登记管理机关批准成立，主要服务于高校教学、科研、文化及基础设施建设等的公益慈善机构。纵观世界一流高校的发展历程，高校基金会无不为其高速发展提供了重要的支撑。随着高校资金需求的快速提升以及留本基金（Endowment Fund）等捐赠形式的出现和被动管理需要，高校基金会纷纷主动拥抱资本市场，进一步强化资产投资能力，建立高校发展资金池，持续为高校注入动力，助力高校降低财政或其他外部资源依赖，以实现基业长青。

2018年11月5日，为贯彻和落实《慈善法》第五十四条规定，民政部公布了《慈善组织保值增值投资活动管理暂行办法》。民政部指出，办法的出台，为慈善组织的保值增值行为划定了范围、提出了要求、明确了底线和红线，对于进一步规范慈善组织的投资活动，防范慈善财产运用风险，促进慈善组织持续、健康发展具有非常重要的推动作用。[①] 同年4月27日，中国人

* 程骄杰，上海交通大学教育基金会秘书长。
① 《慈善组织保值增值投资活动管理暂行办法》，政策问答，http://www.mca.gov.cn/article/gk/jd/shzzgl/201811/20181100012706.shtml。

民银行、中国银行保险监督管理委员会、中国证券监督管理委员会、国家外汇管理局联合印发《关于规范金融机构资产管理业务的指导意见》，明确严禁金融机构承诺"保本保收益"，打破"刚性兑付"。在内生动力和外部环境都发生重要变化的时候，就高校基金会的投资模式工作开展讨论，具有十分重要的现实意义和指导意义。

一 国内高校基金会投资现状分析

（一）投资整体情况

截至 2020 年 6 月，我国高校基金会共有 623 家，占国内基金会的 7.93%（共 7855 家[①]）。而以截至 2018 年底的净资产计算，高校基金会净资产合计 409 亿元，已经占到全部基金会净资产的 28%[②]，显示出高校基金会在国内慈善领域越来越强大的资源聚集能力和重要地位。

根据不完全统计，截至 2018 年 12 月 31 日，基金会净资产规模在 10 亿元以上的高校共 6 家，分别是清华大学、北京大学、浙江大学、上海交通大学、南京大学和厦门大学；净资产规模在 5 亿~10 亿元的高校共 5 家，分别是北京师范大学、复旦大学、中国人民大学、北京航空航天大学和同济大学；净资产规模在 1 亿~5 亿元的高校共 61 家；净资产规模在 5000 万~1 亿元的高校共 41 家；净资产规模在 5000 万元以下的高校共 506 家。资产规模超过 5 亿元的 11 家高校基金会，其净资产总额约占全部高校基金会净资产的 53.69%，头部汇聚效应十分明显。

表 1 国内高校净资产规模分析

单位：元，家，%

净资产规模	高校基金会数量	净资产中位数	占全部高校基金会数比例
超过 10 亿	6	203428 万	0.97
5 亿~10 亿（含）	5	66204 万	0.81
1 亿~5 亿（含）	61	15609 万	9.85

---

① 数说基金会：《基金会年末大盘点（上）》，基金会中心网，http://www1.foundationcenter.org.cn/report/content?cid=20200107141839。

② 数说基金会：《中国大学基金会保值增值现状》，基金会中心网，http://www1.foundationcenter.org.cn/report/content?cid=20191212103438。

净资产规模	高校基金会数量	净资产中位数	占全部高校基金会数比例
5000 万 ~ 1 亿（含）	41	6881 万	6.62
低于 5000 万（含）	506	372 万	81.74

资料来源：各高校基金会 2018 年年报及官网公布数据，统计截至 2018 年 12 月 31 日。

在上述高校基金会中，净资产规模低于 5000 万元的占比超过 80%。由于资产规模过小，这些高校基金会主要专注于筹募资金支持学校发展阶段，尚未达到足够的投资规模。而统计数据也支持了同样观点，根据截至 2018 年底的统计情况，投资及其他收入在 10 万元及以下人民币的高校基金会共 378 家，占比为 61.07%，即约有 3/5 的高校基金会并未真正有效开展投资活动。① 净资产规模在 5000 万元以上的高校基金会，应该开始考虑保值增值的相关问题；净资产规模在 1 亿元以上的高校基金会，必须开展投资活动，并面临投资实践中的各类风险问题，否则其慈善资产将因通货膨胀而受损；净资产规模在 5 亿元以上的高校基金会，大都处于优化改进投资决策及管理方式的持续探索中。

国内高校基金会的投资资金主要来自海内外校友、社会爱心企业和个人的热心捐赠，除了不得不面对投资行为本身的内生风险和外部风险外，还必须比社会金融机构或慈善组织背负更多的特定投资风险和道德约束，从事符合高校社会形象和公众认知的投资工作，例如一些高校基金会对于房地产项目的投资回避等。加之高校基金会受到国家、上级主管部门、行业主管部门和高校的多重约束指引，其总体投资风格相对保守和稳健。

（二）部分高校基金会投资情况分析

高校的社会影响力对其基金会的发展具有重大意义，同时高校基金会长期成熟的运作及经验累积也对其发展具有重要意义。从净资产来看，排名前列的 11 家高校基金会的净资产总额，超过全部高校基金会净资产总额的一半，头部汇聚效应显著。头部高校基金会的行业示范效应十分明显，其成功的投资经验将为其他高校基金会乃至国内诸多慈善基金会提供有效的参考和指南。

以其中净资产排名前 5 位的高校基金会为样本，对其总投资额占净资产规模比例、短期投资占净资产规模比例、长期投资占净资产规模比例、固定收益类投资占总投资额比例、权益类投资占总投资额比例和 2018 年投资收益

---

① 本课题组直接统计数据。

（不含未变现资产的浮盈亏）进行比较分析可以发现，国内高校基金会的投资策略仍然偏保守；投资结构和资产配置种类的多元化程度仍不高；受限于投资风格和资产配置，高校基金会的投资收益率不高，还有较大的发展空间。

1. 投资策略偏保守

根据 2018 年各高校基金会公开的财务数据整理形成表 2。根据表 2 分析，清华大学、北京大学和上海交通大学虽然权益类投资占比均超过 70%，但其短期投资占比亦超过 30%（北京大学超过 60%），显示出高校对于投资风险的厌恶和相对保守的投资策略。南京大学固定收益类投资占比达到 86.23%，且长期投资占比近 80%，显示出其在投资活动中对于稳健、低风险的偏好。浙江大学仅获取了短期投资和长期投资占比情况，其中短期投资占比约是长期投资占比的两倍，亦同样显示出其投资策略的保守倾向。

表 2　各高校基金会财务情况

单位：万元，%

	成立时间	净资产规模	总投资额占比	短期投资占比	长期投资占比	固定收益类占比	权益类投资占比
清华大学	1994 年	836743.07	90.75	31.82	58.93	26.26	73.74
北京大学	1995 年	571576.76	96.08	62.63	33.45	17.71	82.29
浙江大学	1994 年	277726.74	70.78	47.48	23.31	—	—
上海交通大学	2001 年	142719.22	88.61	30.22	58.38	9.16	90.84
南京大学	2005 年	126389.91	83.60	4.42	79.18	86.23	13.77

资料来源：各高校基金会 2018 年年报及官网公布数据，统计截至 2018 年 12 月 31 日。

2. 投资结构和资产配置种类的多元化程度仍不高

根据《慈善组织保值增值投资活动管理暂行办法》等法律法规的限制，国内高校基金会在直接购买股票、直接购买商品及金融衍生品类产品等八种投资方向受到严格限制。结合各高校基金会公布的财务报告进行分析，高校基金会主要集中在固定收益率类理财产品、私募股权基金、浮动收益率股票基金等。其中，清华大学教育基金会通过全资子公司育泉资产管理有限责任公司开展投资运作，投资范围包括银行、证券、私募股权、公募基金等；北京大学教育基金会通过委托方正集团、长江证券、华润深国投信托等进行投资，并购买方正东亚信托等几种理财产品；浙江大学教育基金会委托杭州工商信托有限公司进行投资，并购买了工商银行的若干理财产品；上海交通大学教育发展基金会委托红杉中国、金沙江创投、联新资本、君联资本等进行投资，购买高毅、景林、弘尚等浮动收益率股票基金；南京大学教育发展基金会委托江苏省国际信托投资有限公司进行投资，并购买了部分浮动收益率的股票基金。与国内高校相比，欧美高校的投资领域则更加宽泛和相对自由，可以投资包括公开发行股票、国际证券、自然资源、实物资产以及杠杆收购等领域。表3是哈佛管理公司2019年资产配置比例和耶鲁大学投资办公室2018年资产配置比例的对照分析。

表3 哈佛管理公司与耶鲁大学投资办公室的资产配置对照分析

单位：%

资产分类	哈佛大学	耶鲁大学
绝对回报策略	—	26.1
公开发行股票	26.0	—
国内证券	—	3.5
国际证券	—	15.3
对冲基金	32.0	—
私募股权	20.0	19.0
固定收益（债券、现金）	8.0	4.7
自然资源	4.0	7.0
房地产	8.0	10.3
其他实物资产	2.0	—
杠杆收购	—	14.1

资料来源：各高校基金会2018年年报及官网公布数据，统计截至2019年12月31日。

3. 投资收益率不高

受限于投资风格和资产配置，国内高校基金会的投资收益率不高。[①] 根据2018年各高校基金会公开的财务数据测算，除清华大学年度投资收益率突破5%以外，其他高校的投资收益率均低于5%，而同期的哈佛大学和耶鲁大学则分别达到10%和12.3%。我国顶尖高校基金会投资收益率远低于美国高校，一个重要原因就是上文所提到的投资策略偏保守，长期投资缺乏，资产配置多元化程度不高。[②]

---

① 统计数据不含未变现资产的浮盈亏，计算方式为年度实际投资收益金额除以当年度净资产总额。

② 李锋亮、王云斌、王丹：《对中美顶尖大学基金会投资的比较分析》，《教育发展研究》2017年第7期，第70~77页。

（三）开展投资工作的必要性

1985 年，大卫·F. 史文森（David F. Swensen）出任耶鲁大学首席投资官。在他任职的 35 年间，耶鲁大学基金会的市值增长了超过 20 倍，达到 303.15 亿美元，而斯文森也被誉为机构投资界的"沃伦·巴菲特"。在他的经典著作《机构投资的创新之路》中，史文森总结了投资对于高校基金会的三个重要意义：第一是保持独立性，不会过分受制于外部资源提供者的条件要求；第二是增强稳定性，可以帮助基金会获得相对稳定的收入，不会轻易因为政策调整或捐赠人意愿改变而出现收入大幅波动；第三是创造优越的教学环境，以更有效的方式支持大学发展（相对而言，从捐赠者手中获得资金更为困难）。[①]

1. 投资是高校基金会的重要职能

基金投资是高校基金会开展投资的重要渠道，是为高校争取资源的重要手段，更是其职能的重要组成部分。高校基金会应结合自身情况，充分发掘和拓展持有资金的时间价值并从金融市场获得收益，以更好地帮助高校完成教学、研究和校园建设等使命。包括耶鲁、哈佛等大学的基金会已积极申请认定成为我国的合格境外机构投资者（Qualified Foreign Institutional Investor），[②] 在全球配置资产并分享我国的发展成就，为高校发展提供了超额并持续的资金支撑。

2. 投资是高校学术独立并持续稳定发展的重要支撑

一方面，一些社会热点事件的发生，例如捐赠与高校招生名额关联、捐赠与社会荣誉关联、捐赠附带意识形态问题等，不断考验着高校基金会甚至是高校的公信力；另一方面，高校独具特色的办学理念和快速发展需要，又必须要求多渠道筹措资源，为学校发展提供支撑。高校基金会必须承担起其支撑高校办学的天然属性和使命，在政府和商业机构不敢做不愿做的区域，推动社会和教育生态的良性发展。[③] 在此情况下，高校基金会既能获得宝贵资

---

① 大卫·F. 史文森：《机构投资的创新之路》，张磊等译，中国人民大学出版社，2010，第 10 ~ 17 页。

② 中国证券监督管理委员会：《关于核准哈佛大学合格境外机构投资者资格的批复》（证监许可〔2018〕1058 号），2008 年 8 月 22 日，http://www.csrc.gov.cn/pub/zjhpublic/G00306208/200809/t20080926_34077.htm? keywords = 关于核准哈佛大学。

③ 韩嘉玲、宝丽格：《2018 年中国教育公益领域现状报告》，载杨团主编《中国慈善发展报告（2019）》，社会科学文献出版社，2019，第 206 ~ 231 页。

金，又能相对降低对捐赠人依赖的投资活动，成为高校维系独立性、增强稳定性和保持可持续性发展的重要支撑。

3. 投资是慈善财产长期保值增值的内在要求

随着国内高校基金会的蓬勃兴起，结余捐赠资金形成的资金池规模亦在不断扩大。面对积极投资以实现保值增值还是任由通货膨胀吞噬慈善资金的选择题，相信高校的管理者和慈善资金的捐赠者都会做出同样的决定。慈善资金的投资行为可能导致亏损，也可能获得盈利，但如果不进行积极干预，那么保值增值的目标是一定无法实现的。

（四）高校基金会的投资难点

无论是对于高校还是对于高校基金会而言，投资都具有十分重要的意义。但基于种种政策限制和顾虑，约有 3/5 的高校基金会仍未进行任何投资活动。究其原因，高校基金会的投资活动主要存在以下难点问题。

1. 政策监管偏严制约高校基金会决策

（1）法律和行政法规对基金会投资活动态度趋向保守

1999 年 1 月起施行的《中华人民共和国公益事业捐赠法》（以下简称《公益事业捐赠法》）第十七条第二款规定："公益性社会团体应当严格遵守国家的有关规定，按照合法、安全、有效的原则，积极实现捐赠财产的保值增值。"2016 年 9 月 1 日起施行的《慈善法》第五十四条则规定："慈善组织为实现财产保值、增值进行投资的，应当遵循合法、安全、有效的原则，投资取得的收益应当全部用于慈善目的。"2019 年 1 月 1 日起施行的《慈善组织保值增值投资活动管理暂行办法》第三条则进一步明确："慈善组织应当以面向社会开展慈善活动为宗旨，充分、高效运用慈善财产，在确保年度慈善活动支出符合法定要求和捐赠财产及时足额拨付的前提下，可以开展投资活动。"从"积极实现保值增值"到"可以开展投资活动"，表明民政部门对于基金会投资活动趋向保守的态度。在法律制度层面，基金会投资活动成为可为亦可不为的职责，非常不利于高校基金会做出投资活动的决策。

（2）多层多级监管但管理规定过于分散

作为慈善组织中的特殊形态，高校基金会除了根据国家法律法规受民政部门、税务部门、纪检监察部门等监管外，基于高校的特殊属性，还会受到教育部、财政部、大学等的监督管理，各个部门的监管要求相对分散且互不统一。例如，民政部门强调高校基金会的独立法人地位，要求充分发挥基金会理事会的作用，而教育部门则更希望高校承担起监督管理基金会的职责。

在缺乏自成体系制度规则的环境下，高校基金会的投资活动往往陷入缺乏指引甚至管理规则不一致的窘境。为了避免违规风险，高校基金会常常选择执行最严格的政策，这在一定程度上抑制了投资的意愿。

（3）政策对高校基金会保护不足

证监会在2017年7月1日起施行的《证券期货投资者适当性管理办法》第八条中，将社会保障基金、企业年金等养老基金，慈善基金等社会公益基金都归入专业投资者。因此，高校基金会不享有普通投资者在信息告知、风险警示、适当性匹配等方面的特别保护，在投资活动中将可能面临更大的风险。而对于高校基金会投资理财活动的税收优惠政策，目前仅有《慈善法》第七十九条规定"慈善组织及其取得的收入依法享受税收优惠"，尚缺乏明确的配套税收减免政策（诸如明确的投资所得税减免政策等），不利于税务部门的税收征管和高校基金会的税务筹划，亦成为抑制诸多高校基金会开展投资活动的重要原因。

（4）不同标准的政府检查增加投资决策层压力

《慈善组织保值增值投资活动管理暂行办法》第十四条规定："慈善组织在开展投资活动时，其负责人、理事和工作人员应当遵守法律法规和本组织章程的规定，严格履行忠实、谨慎、勤勉义务。慈善组织在开展投资活动时有违法违规行为，致使慈善组织财产损失的，相关人员应当承担相应责任。"《基金会管理条例》第四十三条规定："基金会理事会违反本条例和章程规定决策不当，致使基金会遭受财产损失的，参与决策的理事应当承担相应的赔偿责任。"由于不同标准的政府检查对于"决策不当"、"忠实、谨慎、勤勉义务"和"违法违规行为"的理解不尽相同，以及高校基金会的上级主管部门对投资活动"禁止出现亏损"的倾向性态度，显然令高校基金会的投资决策成员承担更多压力。理事会成员和其他管理人员仅承担决策管理职能，无薪资报酬或薪资有限，迫于问责压力，往往选择在保值增值问题上不作为。[①]

2. 行政化决策程序难以适应市场化投资环境

高校基金会除了慈善组织这种独立法人形式外，通常还以高校接受和管理社会捐赠的内设部门的形式存在，其运行、管理和决策模式均参照高校的运行体系和制度，投资决策自然也遵照高校的行政管理模式。高校作为事业单位，受到各级政府部门的多重管理，对于规范化运作有着非常具体的要求，而对投资值的成效及效率则没有具体要求，亦没有对于资金管理提出具体要求。遵循高校行政管理的逻辑，投资决策的程序行政化倾向比较严重，重大

---

① 李泳昕、曾祥霞：《中国式慈善基金会》，中信出版集团，2019，第291~299页。

决策所需周期很长且审批环节繁杂，无法根据市场变化做出迅速的应对，难以适应市场化的投资决策要求。加之各级各类监督检查给予投资决策层的巨大压力，决策偏重程序合理及合法合规，对于决策效率则没有较高的要求，导致诸多高校基金会决策程序趋于严格和保守，甚至迟迟未能启动投资。

3. 风险客观存在

（1）市场波动风险

"卖者尽责、买者自负"是一切投资活动的本质和基本规则。高校基金会虽然可以通过校友和广泛社会联系，尽可能投资到更加"安全"的资产，但安全不等于没有风险，投资恰恰是通过管理风险而获得收益的。而在金融行业普遍打破刚性兑付、不再保本保收益的现实情况下，投资亦不再绝对安全。高校基金会的投资活动面临两大市场波动风险：一是短期风险，即由于对金融市场变化了解不足、信息不对称、市场运行和风险防控机制尚不健全等原因，市场短期收益波动而出现的资产价值下跌风险；二是长期风险，即投资偏向固定收益率资产而导致的平均收益过低，对高校支撑不足的风险。

（2）系统性风险

国内金融市场的整体环境尚不成熟，因此市场监管新出台的相关政策常常导致市场震荡。高校基金会投资产品类别受限，投资范围亦相对比较狭窄，所投资金融产品的负相关性较低，因此抵御系统性风险的能力较弱。加之高校基金会通常仅能持有人民币进行投资活动，导致投资领域局限于人民币资产，对于国内金融市场的系统性风险无法避免。

（3）资产管理人的信用风险

客观上，众多资产管理公司存有一定程度的信用风险。例如，很多资产管理人和管理机构急于追求短期收益，夸大所提供产品的获益能力，而对其潜在风险大而化之、避而不谈，甚至不会主动维护高校基金会等资产委托人的正当权益。[1] 除此之外，资产管理公司的投资人员更替频繁，整个金融行业的浮躁冒进和杰出资产管理人的频繁跳槽等问题，都会削弱资产管理人在资产管理中应对重大风险和抵御市场波动的能力，阻碍资产管理人长期沉浸和追求长线收益的目标，反而带来较大的管理和信用风险。

（4）资金流动性风险

在资金是用于高校教学发展还是对外投资方面，存在着流动性风险，即

---

① 殷洁：《基于协同治理的大学基金会投资风险防范研究——以 A 大学基金会为例》，《社会科学辑刊》2017 年第 2 期。

公益支出与对外投资的平衡问题。对此，高校基金会既不能因追求收益而减少甚至压缩公益支出，也不能盲目将资金置于银行活期账户而不开展投资活动，造成资金时间价值的白白浪费。保留适当的、流动性高的理财产品，并根据高校财务支出程序及时间来安排投资节奏是十分必要的。

4. 缺乏投资专业人才

高校基金会现有的人力资源管理制度很难吸引市场上优秀投资人才加盟。校友志愿者的帮助具有明显的临时性和局部性，虽然可以提供一定程度的投资顾问服务，但以"募投管退"持续跟进而言，必须有专业人才负责投资活动的持续、稳定跟进，以确保高校资产的专业化投资需求，而校友志愿者显然很难持续帮助高校基金会负责具体推进工作。新入职的投资相关专业毕业生，由于没有经过投资实务的系统训练，尚不具备相对成熟的应对投资风险的能力，很难独立承担高校基金会的投资工作。高校体制内员工既没有接触金融投资市场的相关经验，又没有经历市场波动周期的实践历练，在厌恶甚至抵触风险、投资工作同质化（例如将慈善资金大量投资在同类产品）、无法细化分析风险的时间和程度差异、对潜在风险缺乏敏感性和关注、受表面数据和表述蒙蔽、缺乏应对市场变化、缺乏把握投资时机的能力等方面，均可能为高校基金会的投资工作带来巨大风险。

二 高校基金会投资模式分析

投资工作不仅是高校基金会的基本职能，更是高校保持独立性、增强稳定性、持续促进高校发展的重要基础。规模越大的高校基金会，越重视投资，这不仅可以降低高校对筹资的依赖，更可以进行更多的长线投资，跨越经济波动周期，获得超额收益。鉴于上述投资难点，有必要探讨适合高校基金会的投资模式，在最大可能规避风险的同时，实现高校慈善基金的保值增值，持续支持高校教育事业的发展。

（一）高校基金会的投资

高校基金会的投资，即开展慈善资金的投资活动，其本质就是分散和管理投资的风险，并通过管理风险来获得收益。正如中国人民银行原副行长吴晓灵在 2017 金融街论坛所讲："风险自担是一切金融活动的基石，金融是居民财产自主运用的活动，是价值跨期转移的契约，承担风险获取收益是金融运行的基本原则。"2018 年 4 月，中国人民银行、中国银行保险监督管理委员会、中国证券监督管理委员会、国家外汇管理局联合印发的《关于规范金融机构资产管理业务的指导意见》明确指出，严禁金融机构承诺保本保收益，坚决打破"刚性兑付"。高校基金会不要期望更不应当强求资产管理人为高校的慈善资产提供保本保收益的资产管理产品，只能要求自己努力成为一个专业、合格的投资者，一个遵守市场规则和谨慎投资人准则的基金会。仅将慈善资金投入银行存款之中的高校基金会，其利息收益体现在财务账目的其他收入栏，不视为投资。

2017 年 1 月中国证券监督管理委员会发布的《证券期货投资者适当性管理办法》第八条第二款规定，高校基金会作为社会公益基金，被视为专业投资者，不能享受普通投资者所享有的特别保护。实际上，大多数高校基金会的风险识别能力和风险承担能力尚无法达到专业投资者的水平，甚至还习惯于保本保收益的传统投资模式，不能适应新的资产管理外部环境。对于打破刚性兑付、不再保本保收益的金融市场而言，高校基金会能否走上安全、有效的投资道路，值得商榷。而适度降低慈善基金管理层的投资风险厌恶程度，相应提升市场风险的忍耐力和承受能力，将成为高校基金会成长的必由之路。通过合法合规、效率优先的投资方式，积极赢得持续支持高校发展的资源，值得每一位高校基金会从业人员深入思考。以下仅从美国高校基金会拥有数百年发展历程和丰富的投资经验的角度，比较分析以哈佛大学和耶鲁大学为代表的欧美高校基金会投资模式。

（二）欧美高校基金会的投资模式分析

作为现代大学制度的发源地，欧美高校在慈善基金投资运作方面，有其积累数百年的发展经验和独到之处，值得国内高校基金会借鉴学习。目前主流的欧美高校基金管理运作模式主要有两种：以哈佛大学、斯坦福大学等为代表的投资管理公司模式和以耶鲁大学、牛津大学等为代表的投资管理委员会模式。

1. 投资管理公司模式

哈佛管理公司（Harvard Management Company，简称 HMC）成立于 1974 年，管理着哈佛大学捐赠基金、养老资产、高校运营资本、延期给付资产结余及相关金融资产，其中捐赠基金是最大的部分。HMC 的目标是确保哈佛大学有足够的财力来维持和扩大其在教育和研究领域的领导地位。过去 40 年，HMC 的复合年化收益率为 12.3%，超越基准 1.4 个百分点。截至 2019 年 6 月 30 日，HMC 的资产规模达到 409 亿美元，其每年对哈佛大学的支持超过哈佛大学总经费的 1/3，是哈佛大学最为重要的办学资金来源之一。HMC 的捐赠基金收益由 13000 多个个体基金组成，其收益可用于支持财务援助计划、科学研究及师资队伍建设等方面。2017～2019 年，HMC 的投资收益率、资产规模和用于哈佛大学的办学支出见表 4。

表 4 HMC 的投资收益率、资产规模和用于哈佛大学的办学支出

单位：亿美元，%

	2017 年	2018 年	2019 年
投资收益率	8.1	10.0	6.5
用于哈佛大学的办学支出	18.0	18.5	19.0
资产规模	—	392	409

资料来源：根据哈佛管理公司官方网站公布的年度报告中的数据整理。

HMC 由哈佛大学全资发起成立，董事会成员由哈佛大学校长及学校校董会选举产生，董事会常务董事包括哈佛大学司库、校长、首席财务官及 HMC 的首席执行官等，现任董事会主席由哈佛大学司库担任。HMC 的领导层主要是首席执行官、首席投资官和首席运营官，公司下辖 7 个职能部门，包括业务部、信托与捐赠部、行政部、投资与管理部、风险管理部、合同部以及信息技术部，每个职能部门又下设分支部门，确保公司分工合力和顺畅运行。[1]由哈佛大学董事会确定投资领域、方向、资产大类、比例及所能承担的风险后，HMC 负责具体投资事宜。

在运行模式方面，哈佛大学内部成立了由校长亲自负责的财务管理委员会，主要职责是协调哈佛大学与 HMC 的关系，包括财务管理和风险管理等。同时 HMC 还采取内部投资团队与外部投资团队的混合投资模式，设立双总监制度，通过内部投资团队跟踪市场波动情况，根据市场变化及时评估风险；通过外部投资团队重点关注更加复杂和专业的投资工具，兼顾海外投资项目。[2]通过建立内外融通的统一交易平台，打通内外投资团队的联系，紧跟市场变化和发展趋势，哈佛大学提高了基金投资能力，有效降低了投资风险。鉴于近年来世界经济波动剧烈、下行风险加大以及外部投资团队管理费用较高等因素，HMC 逐步提高了内部投资团队的资金管理比重，以降低投资成本。

---

[1] 佟婧：《中美大学募捐组织结构、运行及特点分析——以清华大学和哈佛大学为例》，《中国高教研究》2015 年第 3 期，第 67～72 页。

[2] 张辉、余蓝：《哈佛大学捐赠基金的投资风险管理及其对我国一流大学的启示》，《北京教育：高教版》2019 年第 4 期，第 67～70 页。

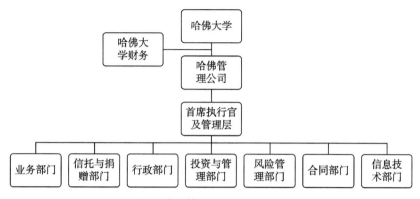

图 1　哈佛管理公司的组织架构

作为享誉世界的著名高校之一，哈佛大学的行业示范效应十分明显，众多高校基金模仿学习 HMC 的投资模式，但这一模式的优势和缺点同样明显。首先，该模式突破了高校办学体制和薪酬制度的限制，以公司的组织形式吸引招募大批华尔街一流投资管理人才，充分借助市场力量调动和分配资源。然而，市场化薪酬体系吸引人才并非高校独有，华尔街的众多 VC、PE 等资产管理公司同样渴求一流投资管理人才，甚至可以溢价吸引优秀人才，在这方面高校并不具有天然优势。从 HMC 的管理实践也可以看出，其通过聘任外部投资团队的方式来补充优秀管理人才，但优秀人才的稳定性受市场变化及哈佛大学自身投资策略变化的影响较大。其次，HMC 的投资管理相对独立，追求更高回报是其重要职责（扩大投资），而哈佛大学以扩大办学领先地位为其天然职责（扩大支出），加之比较依赖 HMC 提供的办学资金，因此，哈佛大学与 HMC 无论是在扩大投资还是扩大支出方面都容易产生矛盾。很显然哈佛大学也意识到这个问题，专门成立由校长亲自负责的财务管理委员会来协调二者关系。最后，HMC 完全独立的公司化运作，势必会导致公司管理层与哈佛大学之间的联系较弱，市场化的薪酬和激励方式也必将导致其荣誉感的降低。

2. 投资管理委员会模式

耶鲁大学的投资基金采取了另外一种模式。耶鲁投资委员会设立于 1975 年，负责监管捐赠基金的运作，目的在于发挥委员高水准的投资水平以形成组合投资政策。投资委员会现由 10 人组成，其中 3 人来自校内管理委员会，包括校长，其余为业界知名校友。投资委员会每季度召开一次会议，回顾和总结资产配置目标比例、投资业绩以及由投资办公室拟定的投资策略，确定投资目标、支出政策和每个大类资产投资方法。根据 2019 年耶鲁大学投资委员会披露的数据，其管理的资产市值已达 303.15 亿美元。耶鲁大学基金投资的高速发展，离不开其首席投资官（CIO）史文森的卓越贡献。耶鲁大学基金会在史文森的带领下取得了令人瞩目的成就。史文森认为，高校基金会可以通过修改薪酬制度（包括使用激励薪酬）、聘用外部顾问等方式来吸引优秀人才，在保持一定投资能力的情况下避免独立投资管理公司模式的弊端。他开创了"耶鲁模式"，其中以流动性换取超额收益、追求长期收益等做法成为耶鲁模式的核心投资理念，通过学术研究与市场行情研判相结合的方式，通过资产配置取得超额收益，并以此弱化和降低对个人投资管理能力的依赖。[1] 2013～2019 年耶鲁大学基金会的资产规模及投资收益率见表5。

表5　耶鲁大学基金会的资产规模和投资收益率

单位：亿美元，%

	2013 年	2014 年	2015 年	2016 年	2017 年	2018 年	2019 年
资产规模	207.80	238.95	255.72	254.09	271.76	293.51	303.15
投资收益率	12.5	20.2	11.5	3.4	11.3	12.3	5.7

资料来源：根据耶鲁大学投资办公室官方网站公布的年度财务数据整理。

耶鲁大学基金会的运作机构由投资委员会和投资办公室组成。投资委员会代表耶鲁大学，负责决策资产配置方案，决定合作的外部投资管理人、基金年度支出等决策事项。在投资委员会的指导下，史文森领导投资办公室负责管理捐赠基金和耶鲁大学的其他金融资产，包括投资方案拟定、管理、融资策略的确定和具体实施等。除投资办公室以外，耶鲁大学还通过 MOM（Manager of Managers）模式，挑选专业的外部投资管理人协助其开展投资工作。中证金牛的相关研究报告指出，耶鲁大学基金投资的成功，更大程度上要归功于精选优秀专业的投资管理人，其投资增值部分的 80% 是由积极管理策略创造的。耶鲁大学基金会投资管理人的选任十分严格，需经过深入调查，并以长期合作为目标。耶鲁大学基金会通常会选择一些事业刚起步的投资管理人，将其激励机制与高校基金会的长远发展更好结合，并通过对其赋予重任来保证双方关系的稳定性。耶鲁大学基金会在多年发展过程中，探索出一套相对成熟的选人标准，包括候选人投资的技巧、候选机构组织形态和稳定性、投资策略的逻辑性和自洽性、管理费是否合理，以及投资管理人的个人

---

[1]　中国慈善资产管理论坛编制：《耶鲁及英美高校捐赠基金的投资组合及另类投资浅析》，《中国高校基金会投资报告 2019》，内部资料，第 112～118 页。

信誉和职业道德等。[①]

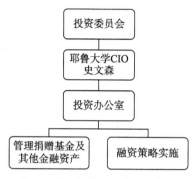

图 2　耶鲁大学基金会组织架构

耶鲁大学投资管理模式的优点十分明显。该模式借助投资委员会和投资办公室的组织架构，有效降低了独立投资公司与高校的沟通协调成本，有利于高校对投资工作的掌控和管理。同时，通过 MOM 模式，耶鲁大学积极招募吸收处于职业初期的外部优秀投资管理人，推动投资管理人与基金会共同成长，并以较低的管理成本获得他们的成长红利。同样的，该模式亦有其缺陷，即对 CIO 史文森的依赖程度过高。耶鲁投资办公室的负责人，既要求与耶鲁大学的领导层保持密切关系，又要求是投资业界的顶级专家，并具有极高的热情和高尚的情怀，身兼高校和产业界双重身份，对其个人的统筹能力和专业能力都要求极高。同时，MOM 模式亦要求投资办公室的负责人拥有巨大的业界影响力、号召力甚至明星效应，才能在市场中吸引优秀的投资管理人欣然加盟耶鲁大学基金会，或担任其相对稳定的外部投资管理人。史文森已经在耶鲁大学基金会深耕 35 年，如果出现"黑天鹅"事件（例如出现巨额亏损或史文森退休等），则可能导致内部和外部投资管理人队伍的不稳定，以及资产配置策略的僵化或草率调整，进而对耶鲁大学基金会的业绩造成巨大影响。

（三）对欧美高校基金会投资模式的借鉴

投资管理公司模式和投资管理委员会模式各有利弊，孰优孰劣一直是学界和业界争论的焦点。然而这两种模式的建立有其特殊的历史沿革和时代背景，他们之间亦不是泾渭分明的，而是相互借鉴、取长补短、相互交融、不

---

① 靳林霞、鹿宝：《耶鲁大学基金会投资模式经验借鉴：17 年投资收益 11.3%，多元化资产配置，MOM 专业管理模式》，金牛理财网，http://www.jnlc.com/article/20181127228401.shtml。

断迭代的。分析借鉴欧美高校基金会投资模式的内涵和核心，有利于国内高校基金会在现实投资活动中持续优化探索，寻找确立适合自身投资活动的模式，并在实践中不断检验和完善。

第一，两种投资模式都采取投资策略决策与具体执行机构相分离的组织架构。资产大类的配置比例、投资领域和方向等，分别由哈佛大学董事会和耶鲁大学投资委员会负责决策，以充分表达资产所有者（高校）的意志；而具体投资事宜，包括具体资产配置、与外部投资管理人的协作及投资、投资项目管理、资产变现时机等，均由 HMC 和耶鲁投资办公室负责，以更加灵活地适应金融市场的变化。

第二，两种投资模式都极为注重招募优秀投资管理人。无论是通过公司高薪吸引外部优秀人才，还是以 MOM 模式吸引优秀人才，其核心都是最大化利用金融行业中最优秀的投资管理人，积极主动地进行资产管理。可以十分肯定地说，优秀的投资管理人，才是世界级高校基金会在投资中的核心竞争优势和有力武器。只要能吸引到最好的投资管理人，相信耶鲁大学可以成立投资管理公司，哈佛大学亦可以设立投资管理委员会。除了投资管理人的个人能力外，对高校的认同和忠诚度亦十分重要。哈佛大学和耶鲁大学都特别注重与投资管理人的长期合作和共同发展。史文森还强调外部投资机构需将自有资金也投入被管理资金账户中，以确保外部投资机构和投资管理人高度重视本金安全及适当管理。

第三，两种投资模式都十分注重在高校支出和对外投资之间做好平衡。显而易见，过度支出会降低高校基金会的可投资额度，损害其资金增值的可持续性；而过度投资则会影响高校的办学需求，对高校未来的发展带来负面影响。哈佛大学和耶鲁大学都十分注重平衡好这两方面的关系。哈佛大学专门在内部成立了由校长亲自负责的财务管理委员会，以协调财务管理等工作；耶鲁大学投资办公室作为内设机构，则由 CIO 史文森负责协调支出与投资之间的平衡。

第四，两种投资模式都十分注重加强投资部门与高校的联系和协同。耶鲁大学以内设投资办公室的方式，确保投资部门处于耶鲁大学投资委员会的领导之下，其投资行为符合高校的宗旨和社会形象。哈佛大学则通过校长直接领导的财务管理委员会，专门负责协调和加强 HMC 公司与哈佛大学的联系，增强投资管理人对高校的认同和荣誉感。

（四）对国内高校基金会投资工作的启示

国内高校基金会的投资工作，因政策监管偏严、行政化决策程序，加上效率不高、市场风险客观存在和缺乏专业投资管理人才等困难,一直举步维艰。国内高校基金会的投资现状也比较明显地呈现投资策略偏保守、风险厌恶程度高、资产配置多元化程度不足等问题。分析借鉴欧美高校基金会的投资模式,对国内高校基金会的投资工作有以下几点启示。

首先,决策与执行分离的组织架构。投资策略决策与具体执行机构相分离的组织架构,有利于内部风险控制和相互制约,提高组织效率。对于国内高校基金会而言,在综合研判经济形势并充分征求相关意见的基础上,由决策层对投资策略、资产配置策略和整体方向进行决策,而不需要对具体投资产品进行判断,有利于减轻决策层的决策压力。对于执行机构而言,其在已有投资策略框架内,通过市场化的方式对投资产品进行操作,亦有利于以更专业和更加高效的方式进行资产管理。

其次,市场风险是客观存在的。即使欧美一流高校采取卓有成效的投资策略,投资在相对完备的资本市场,仍然可能出现损失。例如,2009 年美国次贷危机爆发,耶鲁大学基金损失 24.6%。[①] 因此,国内高校基金会监管机构和管理层都应当认识到,投资风险是客观存在的,只要决策流程正当、谨慎,风险控制措施适当,应当允许出现投资亏损。而积极、稳健、与时俱进、注重主动风险防御的投资策略,跨经济周期的长线、分散资产配置,是高校基金会抵御市场风险并获得超额收益的必要条件。

最后,充分发挥高校基金会的协调联络作用。无论是优秀的投资管理人还是优秀的资产管理机构,都属于市场上的稀缺资源,高校基金会必须主动出击,积极联络、招募或保持和谐关系,为高校慈善资产寻求最佳的投资管理者。高校基金会还应主动协调高校公益支出和对外投资额度的平衡,确保最大程度地利用好捐赠资产。同时,高校基金会还需主动联络和加强投资执行机构、外部管理人与高校的感情沟通,增强其支持高等教育事业发展的荣誉感和责任感。

三 高校基金会投资模式探索（以 S 大学基金会为例）

本文以 S 大学基金会为例,借由其发展的历史沿革和投资探索,探讨高校基金会的投资模式实践。S 大学是经民政部门批准成立的慈善组织（基金

---

① 喻恺、徐扬、查岚:《转危为机:世界一流大学在国际金融危机中的应对策略》,知识产权出版社,2015,第 56~59 页。

会），依托百年名校S大学深厚的历史底蕴、极佳的社会声誉和海内外校友群体的支持，历年净资产和捐赠收入等均位居注册地区的前三名。S大学在多年的发展过程中，得到了诸多来自校友和海内外热心企业、人士的捐赠支持，因此，S大学基金会在资产积累达到一定规模后，及时主动地管理捐赠资产，是国内较早启动投资的高校基金会之一。

S大学基金会在捐赠沉淀资金规模达到1亿元人民币之前，仅做少量捐赠资金的投资尝试，主要是将沉淀资金投入银行定期存款等。考虑到当时国内的资本市场尚不健全，且年度公益支出所需资金占净资产比例超过20%，抗波动性能力较弱，S大学基金会倾向于投资相对低风险、保本保息且流动性高的金融产品，收益相对有限。在捐赠沉淀资金规模超过4亿元人民币后，S大学基金会全面启动了市场化投资的工作。经过多年实践，投资回报逐渐稳定并呈上升趋势。

（一）投资顾问委员会和投资决策组模式

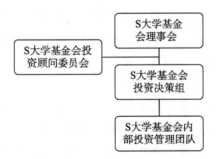

图3　S大学基金会投资顾问委员会组织架构

S大学投资顾问委员会是由金融行业内知名校友和专家组成的智库机构，主要负责为高校基金会的投资策略、行业判断、运营管理和资产配置组合等提供顾问意见，一般每季度召开一次顾问委员会。涉及具体投资领域及产品决策时，投资顾问委员会可召集专精于相应领域的投资顾问委员出席会议，听取被投资产管理项目的路演展示，审阅被投资产管理机构和资产管理人的相关信息，并提出顾问意见。S大学基金会内部投资团队负责将顾问意见汇总整理，提交S大学投资决策组决策。

S大学基金会投资决策组是经理事会授权成立的内部决策机构，其成员包括校长、分管基金会工作校领导、分管财务或审计工作校领导、学校财务部门负责人、纪检工作负责人以及基金会秘书长等。投资决策组代表理事会听取投资顾问建议，并形成投资决策意见，由理事会依法承担相应投资责任。

投资决策组的成员主要由校内人员构成，缺乏市场投资的实践经验，初期在做出决策时非常谨慎和保守。经过多年投资探索，S大学基金会投资顾问委员会发挥了重要作用，为其保值增值工作提供了巨大支撑，获得了投资决策组的充分信任。基于此，S大学基金会投资决策组和管理层有较高的决策效率，同时亦有较高的投资风险忍耐度和投资损失容忍度。

投资顾问委员会成员大部分为校友志愿者。尽管其已经非常尽责，仍然很难投入大量时间和精力对被投资产管理机构和项目进行详尽了解，而内部投资团队也缺乏深入进行尽职调查、商业合作审查以及后续跟进管理和风险预判的能力。因此，在此种投资模式下，S大学基金会相对偏向投资行业内公认的头部资产管理机构和业绩优良的白马基金，收益相对稳健，超额收益不高。

（二）母基金管理委员会模式

经过多年信任和积累，S大学基金会资产规模达到了一个新的台阶，可以负担更大规模的投资管理团队，可以接受更高的投资门槛和风险。因此，S大学基金会决定启动投资模式改革，成立S大学母基金，进一步推动基金会投资工作的市场化和专业化。

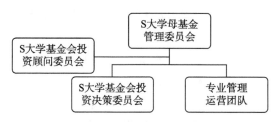

图4　S大学母基金管理架构

S大学母基金管理委员会由S大学基金会理事会代表、知名校友和投资业界专家组成，是母基金的最高管理决策机构。其下设投资决策委员会和专业管理运营团队。

S大学基金会投资决策委员会由知名校友和投资业界专家组成，经理事会授权负责S大学基金会的投资决策。听取投资顾问委员会建议后，投资决策委员会定期召开投资决策会议，并形成投资决策意见，由理事会依法承担相应投资责任。专业管理运营团队由知名校友领衔，招募在投资行业初露锋芒的优秀年轻投资管理人才加盟，以市场化、专业化的方式运营和管理S大学基金会投资项目。

通过多年投资实践，S大学基金会以实事求是和"让专业的人做专业的事"的原则，创设母基金管理委员会架构，充分借用S大学在投资界知名校友和专家的智慧，并以市场化的方式紧密联结外部优秀资产管理人，在高校基金会投资领域进行了卓有成效的探索。

四　高校基金会投资展望

作为基金会中的特殊形态，高校基金会必将在推动高校和社会发展过程中发挥越来越重要的作用。作为高校基金会基业长青重要基础的投资工作，必将在其发展过程中扮演越来越重要的角色。

（一）主动开展适合自身的投资工作

《慈善组织保值增值投资活动管理暂行办法》的发布，进一步为高校基金会主动开展投资活动提供了法律依据、活动边界和负面清单。在相应法律法规的引导规制下，更为市场化、专业化的投资方式将有助于增强高校基金会开展投资活动的专业程度，推动投资活动的良性发展。以清华大学教育基金会、北京大学教育基金会等国内优秀高校基金会为代表的先行者，将以其优异的投资业绩和成功经验，为国内高校基金会甚至慈善组织提供有效参考和指引。

相信越来越多的高校基金会管理层将充分认识到投资的重要性，了解风险与收益的对等关系，并愿意推动高校基金会在承担一定风险的情况下进行投资，为高校发展获取更多收益，实现高校基金会的自我造血和可持续发展。各个高校基金会的发展程度不同、资产规模不同、承担风险的能力不同，学科特点和校友行业分布等情况亦不相同，因此必须根据自身组织发展阶段和实际情况，搭建适合自身的投资模式，并谨慎决策投资方向和资产配置比例。

（二）构建投资风险的协同治理机制

自高校基金会启动投资伊始，风险就伴随着投资活动而生。构建投资风险的协同治理机制，旨在协同投资决策层、投资咨询顾问、高校投资专职人员以及投资管理公司或管理人，建立上述主体之间的信任机制、监督机制和评估机制。把防范投资风险作为资产管理的第一要务，持续建设好投资风险的协同治理机制，并在投资实践过程中不断改进完善。除了做好内部控制和监督之外，高校基金会还必须充分依靠外部监督，主动接受政府监管和公众监督，及时进行信息公开。

（三）使命投资的有益实践

高校基金会与社会慈善组织的一个显著区别是，高校基金会作为联结高校与校友及社会的一座特殊桥梁，不仅肩负着为高校提供发展资金的重任，同时也承担着推动校友与高校共同成长的使命。以支持校友创业为例，面向校友企业的早期投资是彰显母校关心的绝佳方式，但此类投资可能使高校基金会承担巨大风险，加之投资回报周期往往比较长，更为高校基金会的决策增加较大压力。而高校基金会如果以公益支出的方式对校友进行支持，则不仅违反了高校基金会不得资助营利性活动的相关管理规定，也可能导致自身错失校友创业企业的成长红利。

美国福特基金会的"使命投资"这一有益实践，为介于慈善支出和投资之间的活动提供了良好的解决途径。得益于美国税法的修订，项目相关投资可以纳入公益支出，美国福特基金会于 1968 年开启了项目相关投资，并于 2017 年升级为使命投资。使命投资即通过偏慈善属性的投资项目，引导投资市场通过投资来解决社会问题，带来投资的社会影响力，并不追求过高的投资回报（但还是希望投资可以返还）。根据美国税法，该笔投资可以计入基金会每年必须支出的慈善资金总额中（每年必须支出总资产的 5%）。[1] 使命投资兼具慈善支出和投资的优势，是弥合慈善影响力和投资回报鸿沟的新的投资模式，值得我国慈善相关法律及顶层设计予以考虑吸收借鉴。

---

[1]　谷青：《福特基金会与使命/项目相关的投资》，载中国慈善资产管理论坛编《中国基金会投资报告 2018》，内部资料，第 87~89 页。

高校基金会财务风险及防范

王志成[*]

近年来，我国教育产业蓬勃发展，各类高校办学规模和办学水平都在稳步提升。在我国高等教育事业运行发展的过程中，办学资金的来源从依靠国家和地方财政投入的"一元化"，变为多渠道共同筹措的"多元化"。高校教育基金会的建立，有效缓解了高等教育办学经费紧张的压力，为高校的建设与发展开辟了一条长期、稳定、有效的筹资渠道。高校基金会作为学校接受捐赠、筹集资金的窗口，已成为近年全国非营利组织中接收捐赠资金增速最快的重要领域之一。

随着高校基金会资金规模越来越大，财务管理的规范化、专业化是基金会发展的必然要求。同时，随着《慈善法》的颁布，越来越多的高校基金会被认定为慈善组织，社会对基金会的关注度也相应提高，而最受关注的便是基金会能否有效管理和使用资金。因此，高校基金会只有进一步加强财务管理，防范财务风险，才能树立良好的形象，打造优质品牌，提升高校影响力。

高校在规模化发展的进程中，面临着信息技术和互联网技术的飞速发展。高校基金会作为金融主体参与投资总量的攀升，作为巨额资金管理者的角色承担，在经济活动中出现的新情况和新问题，都时刻暗含基金会财务管理中存在的各类风险，挑战着高校基金会财务管理者的专业素质，考验着高校基金会的财务管理水平。而社会公众及高校的管理者普遍对于基金会筹款的关注度很高，对于捐赠资金财务管理风险意识薄弱。高校基金会如果不增强自身对财务管理的风险意识，在日常运行过程中不对财务管理风险进行深入的研究，不采取有力措施把控财务管理风险，将财务管理风险限定于"度"的临界点之内，那么高校基金会的财务危机就会不断出现，高校基金会将难以维持自身的良性运行和健康发展，更无法为高校的发展提供更有利的支持。因此高校基金会必须加强对财务管理风险的防范意识，采取有效的财务管理

---

[*] 王志成，中国人民大学教育基金会副秘书长。

风险控制策略，对暗流涌动中的基金会财务管理风险点实行有力管控，在规避财务管理风险的基础上，为高校办学提供强有力的社会资金支持，促进高校的发展。①

一 强化高校基金会财务管理风险防范的意义

第一，强化高校基金会财务管理风险防范，有利于保障高校基金会事业的长远发展。在高校基金会快速发展的同时，每个高校基金会结合高校的发展，都有自己的战略定位和战略目标。而财务管理则是高校基金会战略目标实现的必要工具，基金会每一项使命的完成都离不开财务资金的管理。基金会通过捐赠资金的严格管理以及资金监管的信息披露，将财务管理风险控制在一定的范围，有利于在捐赠者心中树立良好形象，提高基金会的诚信度和社会公信力，从而保持捐赠持续性，对基金会事业的长远发展具有深远意义。

第二，强化高校基金会财务管理风险防范，有利于提高教育基金会的财务管理水平。财务管理风险防控是基金会健康发展的保证。基金会在财务管理活动中，研究和分析可能产生的财务风险点和漏洞，并加以有效的控制，将财务风险防范和财务管理双管齐下；在筹措资金、项目管理和资金保值增值全流程过程中强化基金会财务风险应对能力，在保障资金效益最大化的基础上，有效实现捐赠资金的高效使用和基金会运营成本的合理平衡，形成良好的财务管理模式，提升财务管理水平和效益。

二 高校基金会财务管理风险的基本特征

高校基金会财务管理，是指在高校及基金会发展目标和发展战略的指导之下，对基金会内部资产进行配置、运营、分配和管理的全过程。这主要是指对于基金会捐赠收入的来源、使用、保值增值等内容进行管理，其核心内容就是对捐赠资金的管理。高校基金会不断健全和完善财务管理制度，降低资金风险；进一步规范基金会的财务行为，提高资金利用率；以有限的资金投入创造出更大的效益，促进资产的保值增值；努力实现基金会财务管理的公开透明，以吸引更多捐赠资金支持学校和社会公益事业的发展为主要目标，以有效的财务风险规避和防范机制为手段，以促进高校基金会的可持续发展

① 姚岚：《高校财务管理风险的酿成与防范》，《吉林农业科技学院学报》2018 年第 3 期。

为主旨。财务管理是高校基金会健康发展的命脉。

从理论上看，高校基金会财务管理的风险是指在一定的发展时期内，高校基金会财务管理的实际结果与预期目标因存在差距而产生的风险。从基金会财务管理的实践来看，高校基金会财务管理的风险主要是指由于基金会管理发生违规、缺位或疏漏，[①] 而导致基金会出现投资失误、管理失控等可能情况造成的基金会实际经济损失或其他间接损失（如声誉和人脉等）而形成的风险。

高校基金会财务管理的风险具有以下特点。

（一）客观性

任何单位的财务活动都伴随着财务管理风险，财务管理风险客观地存在于每一项经济业务中，是无法避免的，不以人的主观意志为转移，高校基金会也不例外。高校基金会为应对财务管理风险，虽然采取多种防范措施，但仅仅能将风险控制在一定的范围内，或是将风险损失降至最低，但无法完全消除风险。

（二）隐蔽及不宜评价性

作为非营利组织基金会行业的一种特殊类型，高校基金会的特点是以社会公益为目的，主要目标是服务于学校的建设和发展目标的实现，其在管理过程中与高校有着千丝万缕的联系。复杂的社会环境和捐赠类型使高校基金会财务管理工作面临越来越多的新问题、新挑战，随之带来的财务管理风险也更为隐蔽且难以绝对量化。国内外目前对非营利组织财务风险的研究主要以定性研究为主，定量研究较少，缺乏普遍的财务风险评价指标体系，不像企业财务风险具有多种较为成熟的定量评价方法进行评价。

（三）高度危害性

随着高等教育基金会整体规模的不断扩大，募集捐赠款项类别逐渐增多，支出用途千差万别，对基金会的风险防范机制提出了更高的要求。基金会一旦出现较大的财务风险，并疏于防范，将导致自身失去公信力。基金会名誉损毁，也就失去了筹款的对象和来源，这将为基金会造成不可挽回的损失。

---

① 侯春兰：《论高校财务管理风险的成因及其防范》，《扬州教育学院学报》2014 年第 2 期。

（四）具有可控性

基金会财务风险虽然具有上述特点，但是基金会财务管理人员可以通过长期关注各种财务现象、积累财务数据识别风险因素，并对财务管理风险进行分析、评估，了解风险的成因及大小，确定风险的重要性水平，从而有针对性地采取控制措施，将财务风险遏制在萌芽状态。

三 高校基金会财务管理风险的主要表现形式

一般认为，高校基金会的财务风险依据资金流转过程可分为筹资风险、使用风险、投资风险和内部控制风险；按照风险类型可分为资金管理风险（资金筹集风险、预算管理风险和会计核算风险、资金保值增值风险）、系统运行风险、指标评价风险、内控风险；依据风险因素可分为财务主观因素风险和财务客观因素风险，其中主观因素风险有责任风险和信誉风险，客观因素风险有资产风险和收入风险；依据财务风险能否被分散可分为可分散风险与不可分散风险。[①] 高校基金会产生财务风险的诱因包括风险意识薄弱、内外部财务监管不力和缺乏强制性责任机制等。高校基金会在运行过程中应对各种财务风险按照种类进行识别，尽可能地采取应对措施减少和规避财务风险。

下面从高校基金会最常采用的风险类型分类入手，结合其他风险的因素对财务管理风险产生的原因进行阐述和分析。

（一）资金管理风险

随着我国高等教育慈善事业的发展，作为社会公益组织的高校基金会得到了快速发展，为我国高校教育事业做出了重要贡献。

高校基金会起步晚，其设立主要依托高校，其存在的主要目的是为高校服务。基金会在管理实践中，借鉴大学的行政管理机制，用明确的行政级别构建了一套层级分明、权威统一的内部行政管理体系，形成"基金会行政化"的管理格局。这种行政化规则使大学基金会不是按照基金会的规律进行组织治理，而是按照大学已存在的行政化规则办事。基金会自主治理能力不足，资源依赖程度越来越高，管理的依赖性体现在基金会管理的各个环节，传导

---

① 李霞、干胜道：《基于功效系数法的非营利组织财务风险评价》，《财经问题研究》2016 年第 4 期。

到财务管理中，必然容易引起财务风险。

从实际操作上，高校和基金会之间控制、共同控制、重大影响的关联关系普遍存在，基金会无论是在财务人员配置上还是在其他人员的配置上、机构设置和项目执行上大都是依赖于高校的。[①]基金会理事、监事、重要岗位人员大部分都是学校委派的在编人员，而且是兼职工作，不能发挥其应有的管理、监管职能。在财务的关键岗位上，很多高校基金会没有面向社会独立聘请专业的财务人才，而是由财务处的工作人员兼任，他们不能全身心地参与到基金会的管理工作中；基金会大多数财务规章制度参照学校制度执行，缺乏完善的财务管理制度；基金会捐款收入以学校为平台和媒介，项目执行依靠学校下属各院系及职能部门，而各执行部门日常事务烦琐，捐赠资金的支出和使用只是其日常业务活动的一个微小组成部分，对捐赠资金财务管理不到位。

按照我国当前高校基金会的管理原则，基金会同时受到政府民政部门和教育部门的双重管理，因此受到的约束较多。目前大多数高校财务的内部控制管理水平较低，基金会的财务运行机制不够规范，缺乏完善的财务管理制度，在基金会项目管理、财务内控控制制度、会计核算制度以及财务信息化方面都存在着各种各样亟待解决的问题，达不到对基金会财务管理专业化的要求。而基金会财务部门作为高校捐赠资金的管理者，肩负着用好、管好捐赠资金的职责。捐赠资金管理包括资金的筹集、分配、使用、投资等。非专业化的财务管理在资金筹集、预算管理、会计核算、资金保值增值方面的缺失，产生的资金筹措不及时、分配延误、投资失误、使用混乱等都会增加高校基金会资金管理的难度。同时，基金会的财务管理不能紧密地跟随不断调整的国家政策、市场环境、银行利率等发生变化，也会使资金管理工作发生疏漏，一旦基金会的资金管理出现问题，必将产生财务风险。

1. 资金筹集风险

高校基金会的工作人员一般为学校的行政人员，没有接受过基金会筹款专业的训练，难以用准确而巧妙的方式向捐赠者表达学校的诉求，特别是负责资源拓展人员与基金会的财务人员、投资人员相互分离，各负其责，在日常工作中，对财务规则、捐赠资金的管理及资产保值增值的规定了解不深入，针对潜在捐赠人提出的财务问题或投资问题不能准确或自认为准确地进行答

[①] 侯国林：《高校教育基金会内部控制存在问题及对策研究——以 BF 基金会为例》，《管理论坛》2019 年第 22 期。

复，其后也未与财务和投资人员进行有效沟通，导致在捐赠资金到款的情况下，协议中某些条款在财务部门无法落地执行。

2. 财务预算管理风险

（1）预算编制风险

高校基金会在预算管理方面存在的风险十分明显。多数高校基金会的预算管理工作尚不全面，或多或少都存在一定的问题。基金会的预算编制分为由基金会编制的整体捐赠资金预算、秘书处运行预算以及由项目单位编制的捐赠项目资金预算两类。

目前由基金会负责编制的整体资金预算在高校基金会财务部门，只有一些规模较大的基金会才会在财务部门内部单独设置预算职能部门，大多数基金会只是由会计和出纳人员进行基金会的预算编制，而人员较少、规模较小的基金会，预算编制部门则由临时抽调人员组成。高校基金会中预算编制人员不具备专业技能、兼职居多、人员不固定对基金会的预算编制带来非常大的隐患。

除由预算编制人员导致预算编制的风险外，高校基金会编制预算工作时间短、任务重，在预算的编制过程中存在较大的盲目性；在编制方法及模式上存在粗放式管理，整个预算编制过程过于简单，缺乏适用性、科学性、可行性。有的高校基金会预算编制不完整，只编制了基金会秘书处的运行预算，而捐赠资金的整体预算并未列入年度预算编制范畴之内，缺乏适用性；有的基金会编制预算是由基金会内部各部门填写下一年度各项收支明细，再由财务部门进行审核和汇总，缺乏科学性的论证；有的基金会预算是由财务部门根据秘书处的实际情况，结合下一年度的工作情况和上一年度的决算情况进行部分估算，而对于能争取的捐赠资金收入和项目资金的支出凭着感觉来填写总预算，缺乏可行性。不合理的预算编制不能有效地将高校基金会现状与发展状况相结合，预算编制不准确的风险贯穿基金会资金管理的始终，部分高校基金会陷入了超预算执行或因为预算不足而影响基金会正常筹款业务开展的境地。

此外，由项目执行单位编制的项目执行预算作为基金会预算管理的重要内容，在基金会捐赠资金管理、规避财务风险的过程中起着尤为重要的作用。但有的高校基金会针对无指定性用途或用于学校、学院发展建设类、科研类的捐赠项目，随意支出，不要求执行单位编制年度预算或对项目执行预算进行控制，经常出现几年或十几年的捐赠项目仍未执行或只是部分执行，有的项目执行单位甚至忘记了捐赠资金的存在，不但严重影响了捐赠资金的使用效率，更增加了捐赠资金的风险，影响了捐赠的延续性。

（2）预算执行风险

项目资金管理是高校教育基金会工作的重中之重。基金会财务预算管理与项目资金管理紧密度不高，造成众多高校基金会对于接手的项目缺乏整体意识。项目执行单位虽然编制了预算，但是在执行过程中，对于编制的预算随意调整的现象频频发生，造成基金会预算管理功能的失控。许多捐赠经费在不知不觉中耗尽，项目还没有完成，就已经没有资金可以使用。基金会和项目执行单位无法对捐赠人进行报告，无法争取更多捐赠资金的支持，制约了基金会的发展。

在预算执行过程中，由于缺乏约束机制，实际执行不到位，造成预决算脱节，多数高校基金会的预算执行情况不理想。如2019年第一季度的预算平均执行率保持在15%左右，第二季度的平均执行率上升到约40%，第三季度的平均执行率在30%，第四季度的平均执行率在15%的现象大量存在。由此可见，基金会预算执行监督力度不够。其主要原因是预算管理监督不到位，约束机制缺乏时效性和刚性控制，预算管控不科学。预算监督是对预算编制和执行的有力保障。高校基金会在预算执行中应全面跟踪和检查监督，但在实际工作中，预算监督工作逐渐被削弱，内部监督职能被弱化，外部监督流于形式，根本无法起到应有的监督作用。

3. 会计核算风险

会计核算是财务管理工作的基础，只有真实无误的核算结果才能及时、准确地反映高校的财务状况。会计核算随着高校基金会财务管理缺乏独立性和自由性而风险剧增。

我国高等教育基金会财务管理模式主要分为三种核算模式：学校统一进行核算管理、基金会自主管理核算、学校和基金会相结合进行会计核算。[1]

在学校统一进行核算管理模式下，基金会的财务人员由大学财务部门财务人员兼任，基金会的具体会计业务由学校统一管理。捐赠资金按照财政性资金口径统一管理，在进行会计核算时，按照事业单位会计的业务费、人员费、劳务费进行项目控制和核算，而不是按照项目用途进行捐赠资金的核算，其实际监管与捐赠协议的要求相去甚远，财务数据不能准确反映项目的执行情况，财务核算的制度不健全，核算缺乏独立性，基金会财务风险无法避免。

---

[1] 张晨蕊、周伟：《我国高等教育基金会财务管理问题研究》，《齐齐哈尔大学学报》（哲学社会科学版）2018年第11期。

财务人员作为基金会的兼职人员，薪酬由高校负责，没有和基金会效益产生联系，使其归属感低，缺乏足够的工作积极性，责任心不强；部分工作人员缺乏与基金会运营相关的专业知识和职业判断能力，会计入账科目不准确，更加剧了财务核算的风险。

基金会自主管理模式符合基金会作为独立法人，财务核算独立性的要求，有利于高校基金会向良性的轨道发展。财务工作人员了解项目执行的过程，有利于提高捐赠项目的执行效率，增强了财务人员的归属感，使其工作积极性高，财务决策快捷。但在会计核算过程中，财务工作人员因为相关规章制度可能会与高校方面产生沟通不畅的情况。基金会按照捐赠资金和非营利组织会计准则的规定进行捐赠资金的核算，但学校接受审计并关联到捐赠资金时，往往会要求个别科目支出按照财政资金的标准执行，基金会捐赠资金与财政性资金本质不同，与学校财务会计核算标准不同，经常会出现报销标准超出财政性资金标准的现象，产生基金会的财务风险。同时基金会的核算标准按照捐赠协议的规定执行，相比财政性资金报销，其核算口径相对宽松，执行单位在进行报销时，将非捐赠资金项目的经济业务在捐赠资金中进行报销，也会导致基金会的财务风险。

学校和基金会相结合的管理分为两种模式。一种模式是捐赠资金在基金会进行项目支出，基金会负责审核捐赠支出与捐赠协议内容是否相符，财务处负责转入资金的明细报销核算。这虽然在学校整体报销标准上进行了统一，避免了报销标准不统一的财务风险，但在会计核算时仍然存在上述由学校进行统一管理的各种问题。基金会与学校之间财务管理体制不完善，基金会财务管理变成了一种形式上的审核，学校财务部门的财务人员不了解项目运行情况，个别报销人员伪造报销事项，变相套取资金，造成会计核算失真，基金会无法真正实现对捐赠资金的监管，增加了财务管理风险。另外，学校与基金会财务进行衔接时，容易出现权责不明确的风险，同时在项目执行单位进行财务数据的统计和向捐赠人报告的过程中存在数据遗漏的风险。

另一种模式是基金会的财务核算在学校财务处进行，由大学财务部门指派专门财务人员按照基金会非营利组织会计规则及捐赠资金用途核算模式进行会计核算。这种模式下，资金的审核过程中容易出现财务审批权限划分的不规范、责权不清晰等一系列问题，引起财务风险。相较其他方式而言，财务审批权限在基金会和学校财务部门界定清晰的情况下，此种方式的财务风险相对较低。

以上三种模式，财务风险的重心各有不同。但从总体上讲，产生核算风险的因素大致包含因财务人员的专业化程度不高、责任心不强而产生疏忽、失误，核算制度及与学校对应的机制不健全，个别捐赠资金使用人员别有用心地提供虚假票据、伪造报销事项、变相套取资金的不法行为等。这些因素造成会计核算失真，增加了财务管理的风险。

4. 资金保值增值风险

随着国内高校教育基金会捐赠资金规模的不断扩大，高校基金会资金的保值增值已经成为一种常态化管理模式。一些高校基金会在保证自身各项资金投入和使用的前提下，为发挥剩余资金的使用价值，大量地进行资金保值增值运作。资金的保值增值收益已成为除捐赠收入外基金会主要的资金来源，这使高校基金会获取了较大的经济效益，一定程度上促进了高校基金会的发展。然而，高校基金会也有相当一部分投资不仅没有达到预期目的，还带来了各种财务风险，甚至给其造成了重大经济损失。基金会投资风险是目前我国高校基金会财务风险的重要组成部分。

高校基金会目前的投资模式主要有直接投资和间接投资两种。直接投资主要是指通过发起设立、并购、参股等方式直接进行股权投资，通过企业的股利分配形成投资收益。间接投资主要是指基金会直接购买银行、信托、证券、基金、期货、保险资产管理机构、金融资产投资公司等金融机构发行的资产管理产品，或是将财产委托给受金融监督管理部门监管的机构进行投资。

只要进行投资就必然存在风险，高校基金会在投资中会遇到各种各样的风险。宏观层面的风险包括国家政治和政策变动所引起的投资风险，利率的变动引起资本市场变动波及高校基金会投资活动的风险，无法预测的不同经济周期对高校基金会投资环境产生的风险影响。[①] 这些风险是市场经济的本质特征所产生的，是包括高校基金会在内的所有投资者共同承担的、无法避免的风险。从微观上讲，在资产保值增值的过程中，有的高校基金会的投资活动尚处于起步阶段，还未积累成熟的经验，只是依靠校友关系、领导介绍等购买投资产品；有的高校基金会缺乏投资的谨慎性，没有对投资的科学性、合理性进行分析和调研，就根据金融机构人员的介绍或没有法律效力的保证协议购买认为风险较小的理财产品，无法规避投资产生的财务风险；有的高校基金会投资管理滞后，没有充分了解市场的变化趋势，做出合理的资金配置，对某些新的投资业务未能及时制定相应的处理程序，盲目地跟风投资，资金安全问题凸显；有的高校基金会缺少专业化的投资团队，加之尚未建立

---

① 张乐乐：《浅析高校基金会投资运作管理》，《现代经济信息》2016 年第 6 期。

起完全适用于市场经济发展需要的投资管理制度、谨慎的风险管理系统和优化的投资结构，进行了错误投资，投资期满本金难以收回。

（二）系统运行风险

现如今，计算机信息技术在大数据背景下迅猛发展，高校基金会顺应时代要求，利用大规模信息技术促进基金会的有效运行是其必然选择。但计算机信息化在有效提升高校基金会财务管理质量、效率，使基金会财务管理越加便捷化的同时，也给高校基金会的财务管理造成了一定的风险。

目前，我国大多数高校基金会的财务管理系统或使用市场上通用的财务软件，或由外包公司根据高校的财务管理模式开发。财务信息化系统的构建繁杂，财务工作者对于互联网和大数据技术的应用不够深入，在软件开发上没有考虑到财务系统和数字校园之间的结构性差异，在日常维护上未及时与软件开发企业进行沟通与协调，这就导致内部财务数据的碎片化和错误化严重，都有可能存在财务数据失真缺损，降低了数据的准确性，给高校财务工作带来较大的风险。[1]

同时，高校基金会将信息化建设作为创新财务管理方法之一，利用大规模信息技术来完成财务系统的建设，从功能上开发更加智能化的财务系统，基金会财务管理更加有赖于财务系统和软件开发人员在财务系统建设中的积极作用。正是基于财务系统的易操作性，高校基金会财务管理的风险从系统软件的选择、运行、维护到财务数据的生成、保存、备份均需安全完整，不容出现差错。但系统提供的财务数据，包括人员的工资信息、重要捐赠项目的执行信息、资金周转过程中与金融机构的接口等，更容易受到黑客病毒的攻击，造成员工的工资数据被删除和扭曲。缺失的项目执行数据、跟金融机构相关的数据存在风险等现象，造成了不必要的财务风险。而在短时间内出现的风险，财务管理者无法充分合理、准确有效地识别、分析、应对风险，降低风险损失，实现基金会的预期。

（三）指标评价及信息披露风险

1. 指标评价风险

《基金会管理条例》以公益支出占上年总收入的百分比、业务活动成本占当年总支出百分比、工资福利与行政费用占当年总支出百分比三个指标来衡

---

[1] 陈娅琳：《大数据背景下高校财务管理风险探究》，《花炮科技与市场》2020 年第 1 期。

量基金会的非营利性。

2016 年《慈善法》出台后，民政部、财政部、国家税务总局联合制定了《关于慈善组织开展慈善活动年度支出和管理费用的规定》，明确了公募基金会和非公募基金会的年度支出和管理费用，尤其是非公募基金会根据上年末净资产额的高低有不同的标准（见表1）。

表 1　非公募基金会和公募基金会的年度支出和管理费用

	上年末净资产额	慈善活动支出	年度管理费用
非公募基金会	高于 6000 万元（含本数）	不得低于上年末净资产的 6%	不得高于当年总支出的 12%
	低于 6000 万元高于 800 万元（含本数）	不得低于上年末净资产的 6%	不得高于当年总支出的 13%
	低于 800 万元高于 400 万元（含本数）	不得低于上年末净资产的 7%	不得高于当年总支出的 15%
	高于 400 万元	不得低于上年末净资产的 8%	不得高于当年总支出的 20%
公募基金会	—	不得低于上年总收入的 70%	不得高于当年总支出的 10%

注：计算年度慈善活动支出比例时，可以用前三年收入平均数代替上年总收入，用前三年年末净资产平均数代替上年末净资产，上年总收入为上年实际收入减去上年收入中时间限定为上年不得使用的限定性收入，再加上于上年解除时间限定的净资产。

此外，为了充分"赋权"慈善组织，在管理费用方面，《关于慈善组织开展慈善活动年度支出和管理费用的规定》为慈善组织留有一定的空间，以保障慈善组织良性运作。慈善组织的年度管理费用低于 20 万元时，不受此规定中关于年度管理费用比例的限制，这一规定对刚成立的非公募基金会较为友好。但《关于慈善组织开展慈善活动年度支出和管理费用的规定》中提及的"慈善组织年度管理费用低于 20 万元人民币的，不受本规定年度管理费用比例的限制"，仅指年度管理费用比例不受限制，但慈善活动支出依然遵循不低于上年末净资产的 8%。对此，一些刚刚起步的高校基金会还是需要注意在支出不足或者基金会工作人员工资福利和行政办公支出比例超支的情况下所引起的财务风险。有些基金会因为在本年度内不符合《基金会管理条例》规定公益支出，就使用上一年度的捐赠发票、收据冲抵本年度的公益支出，人为将上年公益性支出调整为本年公益性支出，调整会计数据，以达到《基金会管理条例》规定标准。

另外，高校基金会起步较晚，从业人员数量较少，特别是财务人员专业素质偏低。基金会在专业化的发展目标上，严重缺乏德才兼备和具有专业胜任能力的筹款、财务、项目执行及投资高端人才。而专业化人才的引进需要高水平薪酬和激励机制与之相配套。处于发展中的高校基金会在保值增值过程中，由于经济环境的影响，难免出现投资市值低于投资成本的现象，年终需要提取一定金额的短期投资跌价准备。如果基金会年度支出资金较少，相对于工资性收入及资产减值损失的计提合计而形成的管理费用极有可能超出规定的比例，为基金会财务指标的评价带来风险。

2. 信息披露风险

2005 年民政部颁布《基金会信息公布办法》，要求信息公布义务人应当在每年 3 月 31 日前，向登记管理机关报送上一年度的年度工作报告。登记管理机关审查通过后 30 日内，信息公布义务人按照统一的格式要求，在登记管理机关指定的媒体上公布年度工作报告的全文和摘要。社会上独立基金会往往会将财务信息透明化，以获得公众对该基金会的信任。

有的高校基金会虽然按照管理机关的要求进行了信息披露，但是存在年度审计报告披露方式流于形式、信息披露存在缺失甚至失真现象；有的高校基金会官网并未披露审计报告或仅披露部分年份审计报告；有的高校基金会网站披露的年报为图像格式，有的甚至模糊不清；还有的基金会仅披露宽泛的收入来源及支出情况，缺乏明确的善款流向说明：对于资产保值增值情况进行详细公布的高校基金会更是少之又少。① 信息披露不规范，高校基金会财务管理人员没有根据规定的财务章程将一些捐赠数额、捐赠人员、资金用途等以审计报告形式进行全面与规范的信息披露，造成高校基金会内部出现资金挪用等腐败现象。

另外，《基金会管理条例》规定监事和未在基金会担任专职工作的理事不得从基金会获得报酬，而部分基金会的监事、兼职理事从基金会会领取固定薪金。在管理过程中，部分基金会将管理人员的工资薪酬分摊到项目里面去，从而回避基金会管理费用和人均平均工资超标的问题，但在信息披露时，有的基金会选择性地将此部分信息不披露。这也是高校基金会发展中存在的财务风险之一。

（四）内控风险

资金的安全管理是高校基金会财务管理的首要任务，严格规范的基金会

---

① 边地：《我国慈善基金会财务状况评价——以中国青少年发展基金会为例》，《财会月刊》2012 年第 6 期。

财务内控制度是必不可缺的。近年来，高校基金会内部控制建设广泛实行，在收获成效的同时也暴露出许多问题。在资产管理中，货币资金类流动资产管理出现松懈，坐支现金、白条抵库的问题、假账和小金库现象时有发生；固定资产管理薄弱，固定资产长期过剩、长期不进行盘点，资产配置监管不到位，资产使用效率不高，甚至出现资产短缺的现象。① 在收支业务中，随意人为地改变收入性质，为了逃避监管多头开设银行账户，对非税收入管理不严格；财务票据使用不规范，财务部门人员配备不合理，不相容岗位没有严格执行分离，资金使用审批权限不明确；制定的制度与执行之间存在偏差，内部相互稽核、相互监督的约束机制不健全等内控缺陷，都将基金会的财务管理工作带入了危险的境地。

（五）税务风险

作为财务管理工作中的核心工作之一，税收风险管理近年越来越受到高校基金会的重点关注，财务管理涉及的税收风险也因此成为业界关注焦点。高校基金会在发展过程中，税收风险意识缺乏、税收筹划不当等问题凸显。这类问题不仅与筹划人员素质存在紧密联系，税收政策的变化也可能导致基金会税务风险的出现。如税收筹划人员本身风险意识不强，存在工作能力和专业素质欠缺、税收优惠政策应用不到位、违反税收相关的法律法规、无法结合基金会的发展实际开展有针对性的税收筹划的现象，部分财务管理人员甚至并不完全了解偷逃税与税务筹划之间的界限。他们往往把发生应税收入后人为地推迟入账时间、恶意取得虚假发票虚构费用开支等违法行为误认为是"合理避税"和税务筹划，税收筹划很容易出现差错，发生税务风险的概率将大幅增加。基金会财务人员责任心不强或因工作失误而造成的漏报税现象的发生，给基金会的长期可持续发展带来极为负面的影响。

近年来，我国的税收政策法规存在较高的调整频率，基金会负责税收筹划工作很容易出现无法较好适应政策法规调整的情况，财务管理涉及税收的风险自然也会因此增加。在基金会财务管理工作中，基金会的管理层一般由学校的领导兼任，税收风险管理意识不足，忽视税收工作的重要性、基金会整体税收风险管控机制不健全、税收风险管理信息化水平过低，由此引发的税收风险也不容忽视。

---

① 陈洁：《非营利组织在财务管理中存在的问题及对策》，《管理观察》2018 年第 30 期。

四 基金会财务风险成因分析

高校基金会内部财务管理薄弱、管理者风险意识不强、内部控制制度不健全、预算管理和执行约束不力等，都会引发高校基金会财务管理风险。

（一）风险意识薄弱，认识不足

长期以来，高校基金会只是高校接受捐赠资金的窗口，基金会捐赠资金的执行单位是学校的各院系及职能部门，在学校总的资金额度内，基金会捐赠资金占比不足10%。有多少捐赠资金，做多少事，按照捐赠协议的内容支出，投资的收益率学校没有硬性要求，按照最保守、最安全的方式购买银行理财产品是多数基金会管理层及基金会工作人员的普遍认识。财务管理是基金会管理活动中最为敏感的神经，但社会上普遍认为高校基金会财务管理风险发生的概率很小，无须过多考虑。事实上，高校基金会财务管理活动缺乏必要的现代管理理念和财务风险意识，主管基金会的领导、财务管理部门、具体财务管理人员对风险认识不足，风险管理不到位，在面临风险时未能及时采取控制措施，以至于在财务管理的全过程中顾此失彼、监测不周、苗头问题被忽略、突发事件频频，极易陷入财务危机，无法合理地保证财务管理工作的实施及成效。

（二）基金会财务管理专业化程度不够

高校基金会主要依托高校设立，其主要目的是为高校服务，所以其无论是在人员、机构设置还是在项目执行上都完全依赖于高校。大多数高校基金会没有面向社会独立聘请财务人才，而是由高校内部财务人员兼任。从总体上看，高校基金会财务会计人员的综合素质不高，知识结构、学历结构和业务素质偏低，相当一部分的会计工作尚停留在记账、算账等浅层次上，不能适应高校基金会财务活动不断扩大和日益复杂的需要。另外，当前一部分高校基金会会计人员的职业道德和专业判断能力尚存在一些问题，必然导致其不能为基金会管理部门和决策人员提供真实可靠的财务数据，更难以对基金会捐赠相关的活动做到有效的会计监督。高校基金会在发展过程中，普遍存在重视筹资，轻视管理的观念，其内部控制管理水平较低，达不到基金会对财务管理专业化的要求。①

---

① 滕兴利：《高校基金会财务管理模式研究》，《知识经济》2019年第28期。

（三）未建立健全有效的内部控制体系

当前，我国大多数高校基金会虽然都建立了财务内部控制制度，但由于高校基金会对内部控制认识不充分，缺乏完善而健全的内部控制制度，关键岗位设置不合理，内控范围不明确，控制措施设计不到位，导致基金会财务内控制度的具体实施状况不甚理想。

第一，在预算的编制过程中采用粗放式管理，预算缺乏可行性、适用性和科学性论证。预决算管理执行实施力度不充足，约束机制缺乏实效性和刚性控制，预算监督考评机制不完备等，均影响了内部控制效果。

第二，会计核算的基础采用《事业单位会计制度》《企业会计制度》等非营利组织会计制度，会计核算适用制度不正确，甚至还有一些教育基金会在初期根本没有建立独立会计账户，只记流水账。社会公众无法从其财务报告中获得自己所需要的会计信息，对基金会财务管理和资金使用存疑。

第三，关键岗位设置不合理，不相容岗位未分离。有的高校基金会规模小，财务管理岗位只有 1 个人，既做会计又做出纳，还兼任投资岗位，致使高校基金会内控建设处于被动状态，无法有效地控制财务管理风险，抵制腐败。

第四，财务工作不按照规章制度办事且基金会内部缺乏必要的会计监督机制，事后审计工作中存在明显的滞后性，不能及时划定经济责任，追责工作更是难以开展。这些都使财务风险或者财务损失发生。

上述现状的存在直接影响了高校财务人员工作的积极性和自觉性，进而造成财务工作的混乱局面。

（四）监事的财务监督作用未得到充分发挥

《基金会管理条例》规定基金会设监事。监事职责为依照章程规定的程序检查基金会的财务和会计资料，监督理事会遵守法律和章程的情况。监事列席理事会会议，有权向理事会提出质询和建议，并应当向登记管理机关、业务主管单位以及税务、会计主管部门反映情况。在实际工作中，高校基金会监事一般由财务、审计部门的负责人、基金会的法律顾问或返聘已退休领导兼任。兼职监事都有自己的工作重心，他们对整个基金会资金运作、项目管理并不了解，只是例行参加理事会，因此并没有充分地发挥财务监督作用。[①]

---

① 赖超、钟理宏：《我国基金会财务核算存在的问题》，《现代商业》2013 年第 18 期。

（五）财务信息化管理不够完善

目前，基金会财务信息化建设仍处于不成熟阶段。针对高校基金会财务管理的软件供应商相对较少，行业中跟财务密切相关的筹款系统、项目管理系统、投资管理系统、财政配比管理系统的开发尚处于起步阶段。现有的财务软件只初步满足会计核算的需要，与基金会官网上财务数据披露进行数据交换和共享还需要进一步的开发，尚未实现财务分析及决策功能，财务信息资源服务于基金会筹款工作功能没有得到深度的挖掘及充分的利用。[①]

与此同时，高校基金会财务人员大多缺乏计算机专业知识，在财务信息化的过程中，对于一些操作行为往往"知其然而不知其所以然"，且存在过分关注财务数据而忽略数据真实性的问题。此外，在信息化办公更加普及的今天，高校财务人员对于信息风险的评估和预防能力严重不足，在财务系统软件出现突发情况时无法及时应对，不能妥善处理数据对接、数据录入与数据分析中存在的大量误差，也不能应对网络入侵、电脑病毒给财务系统带来的侵害，财务信息的安全无从保证，这也是造成大数据时代高校财务管理工作风险频发的重要原因。[②]

五　高校基金会财务管理风险的防范与控制措施

（一）强化风险防范意识，构建全面的财务风险预警体系

自"郭美美"事件后，社会公众对非营利组织财务监管不严格、财务报表缺乏透明度等种种不满情绪全面爆发。中国红十字会 2011 年下半年善款收入锐减，社会公信力不断下降。2016 年非法疫苗案件曝光，这要求我国必须尽快完善对非营利组织财务的监管体系。目前社会公众对高校基金会的信赖程度较高，高校基金会更应该不负众望，进一步强化风险防范意识，重视做好资金使用的风险评估工作，以多元化的手段评估高校基金会的整体运行情况以及资金使用情况，从而提前预测可能出现的财务风险问题，保持社会公信力。

高校基金会要特别注意加强捐赠资金使用及资产保值增值的决策程序的执行及后续的跟踪监管。在决策程序上，高校基金会要坚决按照基金会章程

---

①　蒋明丽：《浅议高校财务管理风险防范与控制》，《会计师》2018 年第 21 期。
②　韩琳娜：《大数据背景下高校财务管理风险探究》，《现代营销》（经营版）2019 年第 11 期。

中的规定执行，对大额筹款、大额投资、大额资金使用贯彻执行基金会理事会审议表决制度。对后续的跟踪监管，高校基金会应参照企业风险预警机制，结合非营利组织的特点，建立财务风险预警制度，从风险识别、评估以及评级三个方面入手，计算出任何一项财务行为实施的风险值，预判财务风险发生的概率。在此基础上，高校基金会还应不断完善风险处置机制，制定完整的风险应对和处置措施并对风险抵御方案的合理论证，从而得到最经济有效的风险处置方案。

（二）建立健全独立的财务管理体系，有效规避风险

1. 建立健全财务管理体系，加强基金会财务管理的独立性

高校基金会的行政管理模式不利于其提升财务管理水平，也不利于提高基金会捐赠资金使用效率，规避财务风险。因此，高校基金会应加强独立法人意识，积极进行内部管理，创新治理方式，完善财务管理制度，理顺与学校财务部门的管理工作流程，建立独立的基金会财务核算系统，进一步规范捐赠项目设置程序，科学规范设置捐赠项目，促进行业自律与社会监督相结合，做好、做足捐赠资金的管理工作，为捐赠资金财务管理工作的顺利进行、基金会形象和复捐率的提高提供强有力的业务支持。

2. 配备专业财务人员，提高财务人员的财务管理水平

科学设置既符合高校内控制度又具有灵活性的基金会财务岗位是基金会财务安全管理的重要内容之一。高校基金会财务人员在捐赠资金全流程管理过程中所起的作用不可或缺。因此，高校基金会必须配备至少 1 名事业编制的专业财务人员，保持财务人员的稳定性；在外聘财务人员时，聘用具有道德素养和专业知识的财务人员尤为重要。基金会要选拔优秀的财务人员兼任财务主管人员，建立绩效激励机制，提高薪酬待遇，提升财务人员任职基金会财务工作的荣誉感，降低人员的流动性。

另外，基金会出纳人员、核算人员、复核人员、系统管理员要执行定期轮岗制度，轮岗期限要适中，应符合既可以保持基金会会计队伍的稳定性，又符合定期轮岗制度的要求。同时，高校基金会要加快新型财务人员的培养，大力加强对基金会财务人员专业技能和职业道德的培训，重视国家有关非营利组织政策法规的学习和应用，积极为财务人员创造与同行业财务人员沟通、交流、学习的机会，帮助高校基金会财务人员及时完成思维的转换以及能力的突破，从而使其成为新时代背景下财务分析、财务预测和财务管理职能型的全能人才，以适应新形势下的各种需求。高校基金会要构建财务人员不断

提高自身业务能力的责任机制和奖惩措施，强化财务管理人员的危机意识和责任意识，规范财务人员的行为，打造谦虚谨慎、认真负责的良好工作风气，促进高校基金会财务管理的安全化、专业化和高效化。[①]

（三）提高全面预算管理水平，实现对捐赠资金的有效控制

1. 重视预算工作，实现预算管理的科学性和完整性

预算编制工作是财务管理工作中的重要环节。高校基金会必须科学编制财务预算，结合自身及高校的中长期发展规划进行财务预算分析，将预算工作与基金会及学校的长期发展战略规划结合起来，将预算工作渗透到日常基金会及项目执行单位捐赠资金活动的每一个环节。

预算编制工作不仅仅是基金会财务部门的工作内容，基金会的筹款、项目执行等其他业务部门、项目执行单位需全面参与配合编制。预算编制要对以前年度的预算执行情况进行准确的分析，认真调研基金会及执行单位下一年度的收支情况，并进行目标预测和科学论证；充分考虑大额、专项、重要支出，实现捐赠资金的各项业务活动与预算之间的对应分解，以此来保证预算编制的准确性、全面性和完整性，提高资金的使用效率，减少由预算编制不科学带来的各种不利影响。[②]

2. 建立捐赠项目经费预算管理模式

高校基金会需根据基金会章程规定的宗旨和公益活动的业务范围开展捐赠资金的筹集。在日常执行过程中，基金会一般将捐赠资金按照项目管理，财务管理应参与到项目管理各个环节中，将财务管理与项目管理紧密结合，建立项目预算论证机制。

第一，对于指定执行单位的捐赠项目，基金会一般在与捐赠方签订的捐赠协议中会明确捐赠资金的用途。但基金会及项目执行单位在签订捐赠协议时会考虑到捐赠资金相对于财政性资金使用用途会更宽松，因此，通常情况下，捐赠协议的用途会比较笼统。而被认定为慈善组织的高校基金会根据规定在开展慈善活动时，必须建立捐赠项目管理制度，对捐赠项目进行预算管理，并按照募捐方案或者捐赠协议使用捐赠财产。这意味着项目执行单位在使用捐赠资金时，需要经费使用单位对项目的具体执行方式、预算的可行性

---

① 谢秋玲、刘天真、姜少红、华璐：《高校基金会财务管理制度创新研究》，《财经界》2019 年第 10 期。

② 王彦：《高校基金会财务管理问题刍议》，《财会学习》2019 年第 29 期。

进行论证，根据捐赠协议的内容编制详细捐赠项目经费使用预算，明确各项具体支出的内容及使用额度，并经执行单位的决策机构审定，报基金会批准后执行。

第二，对于用于学科建设和学校建设类非明确资金用途的捐赠资金，高校基金会应该组织学校、学院及相关部门对捐赠项目预算的分配及项目的可行性进行专业论证。

3. 加强预算监督，明确责任

基金会的领导层必须高度重视预算工作的重要性，明确预算管理决策机构、工作机构和执行机构三个层次的主体责任，强化内部预算日常管理和专项管理的监督，体现预算的严肃性。

在执行过程中，基金会财务部门和项目部门要积极配合，共同对预算执行情况进行监督和控制。基金会财务部门必须熟悉非营利组织各项政策法规的规定，严格遵守各项规章制度及项目明细预算使用捐赠资金，专款专用，不得随意列支；超预算部分经项目执行部门决策机构审议通过并经基金会审核批准后，重新调整预算再执行；对于那些随意提高开支标准、扩大支出范围的不合理现象必须予以严格的控制，彻底改变捐赠项目随意乱用的局面，全面提高项目预算管理水平。项目部门应建立项目官员制度，对每个项目的执行及资金使用情况，有效地进行实时跟踪和监督，并及时反馈。

（四）进一步加强独立有效的财务核算管理

1. 加大财务管理的宣传力度

在基金会核算构成中，财务部门要加大工作宣传力度，在基金会内部及全校范围内形成对基金会财务工作重要性的广泛认知。基金会财务人员在工作中要充分发挥其对筹资、项目管理等部门相关业务的指导作用，使有关部门在筹集资金、执行项目的过程中，自觉运用财务政策，主动联系财务人员进行指导，以减少工作中的失误。

2. 进一步完善高校基金会的收支系统管理

首先，高校基金会应根据自身的经济特点，设置符合基金会管理需求的多级会计科目，区分限定非限定、留本非留本资金，区分捐赠资金的来源属性，建立项目账户，进行独立核算。

其次，高校基金会要加强财务报销制度监管力度，做到报销申请、审核、审批、签字等流程的规范性、完整性和真实性。财务人员不得擅自做主，不得随意报销，避免疏漏、虚假、越级、原始凭证信息失真等问题的发生，加强对捐赠资金支出的绩效评估。

3. 做好资产的精细化管理

在流动资产管理方面，高校基金会应该加强现金管理，减少现金的使用，按照资金规模及基金会自身核算的需要，减少现金库存限额和以现金方式进行的核算，对于现金收入及时缴存银行对公账户，不得坐支现金；对于无法及时结算的一定要先办理借款等审批手续再入账，坚决杜绝白条顶库现象的发生，现金管理一定要做到日清月结，堵塞各种漏洞，以此来保证货币资金的安全性和完整性。

高校基金会的固定资产分为两类，一类是自购基金会内部部门使用的固定资产，另一类是项目执行单位使用捐赠资金购置的固定资产。使用捐赠资金购置的固定资产，不同高校基金会的管理方式各不相同：有的基金会在基金会名下，由基金会自行管理；有的基金会接受和购置的固定资产入账后再转出到高校固定资产系统进行统一管理。在固定资产管理过程中，高校基金会需进一步明确不同管理方式下基金会和学校各自的职责和权限，进行规范化的管理。

固定资产管理模式的不同及其复杂性，要求高校基金会必须确定专门人员负责固定资产的管理，定期或不定期地对固定资产进行盘点和清查，一定要做到账实相符、账账相符，对于盘盈或盘亏的固定资产，查明原因，及时按规定程序和审批权限处理，对于严重情况一定要追究责任。高校基金会还需在内部建立一套有效的、规范化的固定资产管理制度，从固定资产的配置、使用、处置等环节加强对固定资产的动态化管理、控制和监督，及时解决固定资产管理中存在的问题。

对于无形资产的管理，高校基金会应注意无形资产的范围界定，确定无形资产摊销的方式及摊销年限，做好月度摊销工作。

4. 加强捐赠票据的管理，做好纳税申报及税收筹划的机制建设

在票据管理方面，高校基金会要进一步完善捐赠票据管理的办法，严格执行财政票据管理办法和税务发票管理规定，不虚开、乱开发票，不开与业务无关的票据，严格把控各类票据的使用和填开工作。

国家对于非营利组织的税收出台了《关于非营利组织免税资格认定管理有关问题的通知》（财税〔2014〕13号）、《财政部　国家税务总局　民政部关于公益性捐赠税前扣除有关问题的通知》（财税〔2008〕160号）、《社会团体公益性捐赠税前扣除资格认定工作指引》（民发〔2009〕100号）以及《关于公益性捐赠税前扣除有关问题的补充通知》等文件，其中对非营利组织免税资格的申请、公益性捐赠的扣除等问题做了清晰的规定，高校基金会应按照规定中的相关条款做好免税资格的申请及公益性扣除资格的宣传工作。

在实际工作中，基金会应建立税收风险管理意识，聘请有税务专业背景或专业知识的财务人员从事税务相关工作，每年度邀请税务专家对财务人员进行专业税务知识的培训，提高税收筹划水平。财务部门应建立科学完善的税收风险管理信息系统，规范报税工作流程，建立报税备忘录，对报税的税种、报税时间、税务工作人员交接的方式、手续、报税人员的责任进行明确的规定，做到责任到人，保证基金会常规企业所得税、个人所得税、年度汇算清缴及其他跟捐赠的资产相关的税收及时缴纳和填报，避免因为工作失误导致税务信用评价等级的降级或行政处罚，从而影响基金会等级评估及后续公益性捐赠税前扣除资格的取得。对于年度汇算清缴工作，为避免财务人员税务专业知识不足，高校基金会可以聘请税务师事务所对年度纳税情况进行税审，出具税审报告，避免产生税务风险。

基金会财务人员在日常工作中积极对筹款人员及项目执行人员宣传捐赠资金企业及个人免税政策，帮助捐赠企业及个人做好捐赠支出的税收筹划和免税事宜的办理。在实践中，基金会财务人员要不断提高税务工作水平，提高基金会财务的美誉度。

（五）建立资产保值增值的良性机制，增强基金会的投资管理能力

1. 针对基金会所处的不同阶段，采用不同的投资策略

高校基金会进行资产保值增值，要在确保资金安全的前提下，选择合理的投资方式。在初创阶段，由于资金规模较小，高校基金会投资的选择可以是存款利息收入和短期理财产品，在满足日常流动资金的需求，保障一定的回报率的同时，有效地规避财务风险，保证基金会资金安全。在发展阶段，高校基金会投资的选择包括证券公司、基金管理公司、商业银行、信托公司等金融机构发行发售的理财产品、证券投资基金、信托理财等投资品种，但注意保留一部分资金进行保本理财，在稳健中获得高收益。在成熟阶段，高校基金会应利用国家对基金会的优惠政策、良好的政策环境，用市场化的投资管理理念进行投资运作，通过对金融市场专业的调研，确定年度资产配置方式，合理优化投资结构。高校基金会可以投资风险较高的股票、基金和债券，同时也可将优秀校友企业作为长期股权投资的对象，通过有效投资实现基金保值增值，形成"投资—增值—再投资"的良性循环模式。

2. 建立专业化的投资理财管理团队，实施激励制度

基金会资产保值增值的专业化管理，可通过聘请投资界资深人士建立投

资管委会，对投资决策进行总体把握，对投资风险进行严格的控制。同时，基金会秘书处应配备专业人员进行前期投资产品的初选，组织实地的产品尽调、企业尽调等工作，给投资管委会提供可供选择的方案；可以聘请从事金融领域的专业律师，对产品中所涉及的法律风险进行把关。基金会应针对专业化的投资理财管理团队，根据人员构成的差异化特点实施物质和精神激励制度，激发投资专业人员的使命感和责任感，自觉地去规避投资中可预见的风险。

3. 完善投资决策机制，建立投资责任体系和追踪问责机制

高校基金会在投资的实施过程中应完善决策和监管机制，明确投资决策的责任机关是基金会的理事会还是理事会授权下的投资管委会、理事长办公会等机构。决策会议要明确投资理财产品的止损线，整个决策程序要有记录，并保留有参与决策人签字的会议纪要，会议纪要中明确记载决策人的意见。基金会要建立追踪问责制，做到投资每个步骤责任到人，做好投资档案的整理工作以便备查。

（六）健全内控体系，完善监督机制，强化基金会捐赠项目监管

1. 转变内控管理观念

高校基金会要切实扭转在财务内控方面的不利现状，首先要从思想观念上进行改变，从基金会领导层、基金会工作层面、项目单位执行层面强调意识先行，深入宣传，明确责任主体，从而逐步构建起健全的财务内部控制体系。

2. 制定并完善基金会各项财务制度

高校基金会要制定财务管理制度、捐赠资金管理办法、项目管理办法、境外捐赠资金管理办法、捐赠协议签订授权制度、资金审批权限、审核及报销流程、审计监督制度、信息公开制度、差旅费、会议费管理制度、合同管理办法等部门规章制度，明晰规章制度的执行人和责任人。[1] 完善财务系统设置，细化支出范围，严格把控资金的收入和支出，加强财务管理的规范性和标准性，降低运行成本和风险，有利于高校基金会监督体制的完善。

3. 加大内部监督力度，完善内控监督体制

基金会要构建有效的内外监督和信息反馈机制，做好日常监督和专项审计工作。对于内部监督，基金会应凭借高校的优势，邀请学校审计处作为基

---

① 赵醒文、罗伟峰：《慈善组织认定对高校基金会财务管理的影响研究》，《商业会计》2019年第8期。

金会的内审机构、学校财务处作为基金会的财务监督机构，构建完善的内部监督审计机制，保证财务审计的独立性和权威性。审计部门和财务部门对捐赠项目使用情况进行定期或者不定期的财务检查和抽查，实现对捐赠资金管理工作的有效控制和约束。

高校基金会应建立外部监督机制，借鉴同行业协会、商会、基金会、民办非企业等进行有效外部监督和管理的先进经验，并结合高校基金会自身的特点，建立符合本单位特色的监督机制。

首先，基金会要将国家相关的审计规定做实做精，如每年可以选取重大或延续时间比较长或在日常管理过程中不是很严格的项目，经基金会理事会表决，建立年度专项审计机制。

其次，基金会聘请有资质特别是有基金会审计经验的会计师事务所定期或不定期来做内控审计或项目专项审计，针对具体问题采取应对措施加以防范和改进，做到事前及事中管控和监督，切实做到全面分析、综合判断、相互监督与督促，有效降低财务风险，提高基金会的资金使用效率，增强使用效果。

(七)创新财务信息公开制度，提高财务信息透明度

为了进一步促进基金会健康发展，我国相继颁布了《基金会信息公布办法》《关于规范基金会行为的若干规定（试行)》。这些文件对基金会信息公开做了明确规定。高校基金会作为特殊的社会公益组织，除国家管理机构的强制要求外，自身为了提高捐赠者满意度，传播公益理念，增加社会认同度，更需要提高财务信息的透明度。

首先，高校基金会财务信息公布内容要制度化、规范化和延续化，应形成一套适合高校基金会的财务信息公开模式。高校基金会应自觉公开内部运作机制，如基金会服务宗旨、组织框架、规章制度等；年度及时地按照民政部门要求，在规定的网站向社会公开基金会的年检报告、总体筹集资金的收支情况、基金会投资理财情况、重大的公益活动等；主动积极地在基金会官网详细公布经会计师事务所审计的年度财务报告、捐赠人信息、筹资管理费、使用方式、保值增值的机构、资产关联情况以及外部评价等内容；对于公众关注的如学科发展项目、校园建筑物改造项目、学生奖助学金项目、教师奖教项目和学校科学研究等项目执行情况中项目内容、受益人等进行详细的公布，以接受社会公众及利益相关者的监督。

其次，为提高信息的透明度，在"互联网＋"的环境下，高校基金会可以充分利用基金会官方网站、基金会微信微博、基金会会刊、相关报纸杂志，

甚至是可以创新地利用一些新兴的自媒体平台，进行多平台、多渠道地公开基金会的信息。这样不但能满足捐赠者和社会的知情需求，对于基金会自身也是一种无形的宣传。

最后，在信息公布的同时，基金会一定要做好信息公开内部审核机制的建设，对于每项需要公开的内容，必须按照规定的流程确定基金会内部每个部门的信息公开内容提交人、审批人、最后发布信息审批权限人等，信息必须经审批后进行公开。提交者应保证公开信息的准确性，审核者应严谨审核每项公开内容，确保公开内容和基金会运行信息的可信度、客观性和透明度，有效提升基金会的公信力，促进基金会的健康发展。

（八）加快实现高校基金会财务工作的智能化、信息化，促进会计职能转变

在"互联网＋"和大数据背景下，高校基金会财务管理的智能化和信息化水平日渐提升。高校基金会应借助互联网和大数据分析系统，实现内部财务风险管理的实时化、集中化和动态化转变，并不断加快财务管理信息系统的建设和完善，从基金会的实际运营情况和需求出发，引入专业化的财务管理软件和信息安全维护体系，以此完善财务管理，降低风险发生概率。

综上所述，高校基金会的财务管理是高校基金会管理的一个重要组成部分，是按照财务管理的财经法规和管理制度，对高校基金会有关资金筹集、分配及使用所引发的各类业务活动，从预算、执行、协调、控制及处理财务关系的一系列综合性的经济管理工作。随着高校基金会的迅速发展、基金会筹措资金的增加、项目形式多样化，无形之中对高校基金会的管理模式和财务管理要求越来越高，对此，高校基金会应制定适合自身发展的管理模式，完善各项财务管理制度，注重对专业管理人员和财务人员的培训，提高财务人员的工作能力和管理理念，提高财务管理效率，树立全新的、科学的创新管理理念，[①] 进而从全方位、多角度来把控捐赠资金，使基金会规范化、科学化持续运营下去，有效地规避财务风险，最终促进高校和基金会发展战略目标的实现，促进基金会的长远发展。

---

① 包秀芬：《地方高校教育发展基金会财务管理的问题研究及改进对策》，《现代经济信息》2019年第14期。

高校基金会投资的初步探索

余海滨[*]

一　高校基金会资产保值增值概况

（一）中国高校基金会资产保值增值工作开展情况

1. 中国高校基金会的资产特征

伴随着中国社会的快速发展，中国高等教育事业也进入了一个快速发展时期，高校基金会逐渐成为支持高校发展建设的重要力量。中国高校基金会从发展迅猛期到当下的平缓期，资产来源也由单一向多渠道转变，资产规模分化明显，行业和地区之间存在发展不平衡。

第一，资产来源相对单一，增资渠道逐步扩展。中国高校基金会主要以非公募基金会为主，根据《基金会管理条例》的规定，非公募基金会不得面向公众募捐，这就使高校基金会的筹资渠道主要面向校友、企业、社会及其他基金会，其中校友群体是高校基金会接受捐赠最主要、最稳定的来源。例如，在"2019 年大学校友捐赠 100 强榜单"中，北京大学获得 31.43 亿元的捐赠，位列全国第一；清华大学获得捐赠达到 28.9 亿元；中国人民大学获得捐赠达到 21.57 亿元。这些捐赠金额甚至超过了国内很多高校的资产总额。在高校获得的捐赠中，校友个人大额捐赠更加引人注目，例如，复旦大学校友中国泛海控股集团原董事长卢志强、北京大学校友北京中坤投资集团董事长黄怒波、电子科技大学校友重庆市博恩科技集团董事长熊新翔向母校捐赠金额累计均超过 10 亿元。[①] 除了校友个人捐赠外，校友企业、校企合作成果转化项目等也是高校基金会捐赠的重要来源。除了捐赠资金外，校友企业和高校联系密切，通过定向或不定向捐赠对学校师生、学科发展提供支持，也

　＊　余海滨，北京理工大学教育基金会副秘书长。

　①　《校友捐赠录》，中华网新闻，https://news. china. com/socialgd/10000169/20191128/37472307. html。

日渐成为常态，而学校则通过培养输送高新技术人才从而实现高校和企业间的优势互补。新冠肺炎疫情发生后，校友企业积极向高校捐赠医疗物资，助力高校疫情防控工作。近年来，社会和其他基金会的捐赠也为高校基金会提供了更加广阔的筹资渠道，同时中国高校基金会也主动拓展渠道扩大资产规模，这都有助于调动社会力量扩大基金会资产规模。例如，中国高校基金会积极挖掘海外力量开展跨境捐赠，成效明显，清华大学、北京大学、浙江大学等均建立了海外基金会，为筹集境外捐款奠定良好工作基础。根据艾瑞深中国校友会网统计，在 1980~2018 年中国高校接收的各类社会捐赠（不含软件系统类捐赠）中，清华大学累计接收社会捐赠总额高达 123.09 亿元，居于全国高校首位。

第二，资产规模持续增长，马太效应明显。改革开放以来，全社会对高等教育的重视程度和投入逐年上升，也直接推动高校基金会的发展。1994 年，中国第一所大学基金会——清华大学教育基金会——成立。2004 年《基金会管理条例》颁布，截至 2020 年 6 月，全国共有 623 家高校基金会，中国高校基金会的数量增长迅速。近几年，一方面，高校基金会虽然增长速度有所减缓，但是数量仍在持续稳定增长；另一方面，高校基金会资产规模持续增长，截至 2018 年末，排名前 10 位的高校基金会净资产规模达 237 亿元，其中排名前 3 位的分别是清华大学教育基金会、北京大学教育基金会、浙江大学教育基金会（见表1）。值得一提的是，净资产较高的高校基金会十分重视资金筹集和运作，投入力度较大，基金会工作积极性高、创造力强，发展态势更加迅猛。这直接导致大部分高等教育捐赠资源被极少数高校基金会占有，例如，仅清华大学教育基金会、北京大学教育基金会和浙江大学教育基金会的净资产总量就占全国高校基金会样本总资产的 70.72%，而净资产在 1000 万元以下的高校基金会占比约为 60%。高校基金会规模分化现象严重，马太效应明显。

表1　2018 年末净资产规模排名前 10 位的高校基金会

单位：亿元

序号	名称	省份	净资产
1	清华大学教育基金会	北京市	83.42
2	北京大学教育基金会	北京市	57.02
3	浙江大学教育基金会	浙江省	27.77
4	上海交通大学教育发展基金会	上海市	14.27

续表

序号	名称	省份	净资产
5	南京大学教育发展基金会	江苏省	12.59
6	厦门大学教育发展基金会	福建省	10.56
7	北京师范大学教育基金会	北京市	9.67
8	上海复旦大学教育发展基金会	上海市	8.21
9	北京市中国人民大学教育基金会	北京市	7.83
10	北京航空航天大学教育基金会	北京市	6.52

资料来源：各高校基金会官网、基金会中心网。

第三，高校基金会发展程度不平衡导致资产呈现地区分布不均衡。由于各地高等教育发展不平衡，各地高校数量存在差异，也导致高校基金会分布地域差异。截至 2020 年 5 月 30 日，中国大学基金会数量最多的省份是江苏省，其次是北京市、广东省、浙江省、湖北省。高校基金会数量最多的 10 个省市，其基金会数量占全国的 61.7%，并且主要集中在东部经济发达地区，地区分布不均衡（见图 1）。

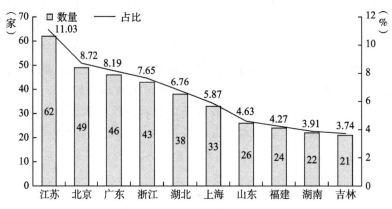

图 1　我国部分地区大学基金会数量及占比

资料来源：基金会中心网。

2. 中国高校基金会资产保值增值现状

与西方发达国家相比，中国高校基金会起步晚，发展相对缓慢，缺乏系统的投资管理理念和实践经验，投资制度也是在近几年才逐渐发展完善起来。1988 年，国务院颁布的《基金会管理办法》第七条规定："基金会可以将资金存入金融机构收取利息，也可以购买债券、股票等有价证券，但购买某个企业的股票额不得超过该企业股票总额的 20%。"2004 年,《基金会管理条例》第二十八条规定:"基金会应当按照合法、安全、有效的原则实现基金的保值、增值。"这充分放宽了对基金会投资的管理。之后,2012 年民政部印发的《关于规范基金会行为的若干规定(试行)》和 2016 年全国人大通过的《慈善法》均规定"慈善组织进行财产保值增值时要遵循合法、安全、有效的原则",延续了这一理念。2018 年,民政部颁布的《慈善组织保值增值投资活动管理暂行办法》为慈善组织保值增值划定了明确的范围,提出了具体要求。

中国高校基金会在资产保值增值工作方面,经历了由单一投资向市场多元化投资发展的过程。目前,我国资本市场金融产品种类丰富,投资方式日趋多元,例如银行存款、银行理财、基金、债券、信托、股票、股权投资等。虽然部分大学基金会已经尝试开展多元化投资,取得了较好的投资收益,积累了丰富的投资经验,但是大多数高校基金会在资产保值增值方面还处于起步和探索阶段,投资规模小,投资活动基本以银行存款为主,投资结构也不够合理。

通过分析可以看出,高校基金会资产规模越大,开展长短期投资活动的金额占比越高,投资收益也越大。并且这些基金会的投资结构实现了多元化,投资倾向于银行理财、委托投资、股权、信托、基金、股票等,但是在保值增值方面多元化投资的高校基金会数量不多。很多高校基金会由于资产规模小、投资理念保守、缺乏专业管理人员和投资经验等原因,没有开展任何短期投资或长期投资,只是把资产存放在银行中收取利息,投资参与率亟待提升。特别是近年来银行存款利率持续走低,物价水平上涨较快,未进行投资的基金会,其资产实际上在不断贬值。

3. 中国高校基金会资产投资收益情况

第一,总体投资收益率不高,两极分化明显。虽然部分资产规模较大的高校基金会通过投资实现了资产保值增值,回报率较为可观,但还有较多高校基金会未进行投资活动,导致我国高校基金会整体投资收益率不高,持续低于全国基金会平均收益水平。截至 2018 年底,在我国投资收益排名前 10 位的高校基金会中,最高投资收益为 42165 万元,最低投资收益为 749 万元。规模大、建设完备的高校基金会对资金管理运作更为重视,投资运作水平较高。相比之下,国内绝大多数高校基金会尚未树立市场投资运作理念,对投资不够重视,投资机制不够健全,投资收益率普遍偏低(见表 2)。

表 2　投资规模较大的高校基金会资产收益情况

单位：万元

序号	名称	投资额	投资收益	净资产
1	清华大学教育基金会	759309	42165	834163
2	北京大学教育基金会	549185	18301	570238
3	浙江大学教育基金会	196580	12104	277726
4	南京大学教育发展基金会	105662	5264	125932
5	北京航空航天大学教育基金会	60662	4704	65216
6	上海复旦大学教育发展基金会	56595	2286	82091
7	北京市中国人民大学教育基金会	38556	6400	78301
8	武汉大学教育发展基金会	34620	1121	40237
9	四川大学教育基金会	23200	627	26155
10	天津大学北洋教育发展基金会	20800	749	40327

资料来源：各高校基金会官网、基金会中心网。

第二，资金规模限制投资能力，发展不均衡。目前，国内资产规模大的高校基金会投资收益率较高，究其原因：一是基金会整体规模较大，可用于实施保值增值投资的资金较多，投资额相对比例高，投资回报自然就多；二是能够开展多元化资产配置，将资产分散投资于短期、长期的不同领域，长期投资占比较高，收益率相对较高。例如，截至 2018 年底，清华大学教育基金会短期投资额为 266228 万元（占比 35.06%），长期投资额为 493081 万元（占比 64.94%）；上海复旦大学教育发展基金会短期投资额为 7000 万元（占比 12.37%），长期投资额为 49595 万元（占比 87.63%）；北京航空航天大学教育基金会短期投资额为 3500 万元（占比 5.77%），长期投资额为 57162 万元（占比 94.23%）；南京大学教育发展基金会短期投资额为 5589 万元（占比 5.29%），长期投资额为 100073 万元（占比 94.71%）。

（二）中国高校基金会资产投资保值增值的特点

近年来，中国高校基金会呈现规模化发展态势，运营管理模式日趋成熟，但资产保值增值仍处于起步阶段，呈现以下四个方面的特点。

1. 短期投资与长期投资相结合

目前，高校基金会的投资类型主要分为短期投资和长期投资（见图 2）。短期投资主要包括各种银行理财、股票、基金、企业债券、国库券等有价证

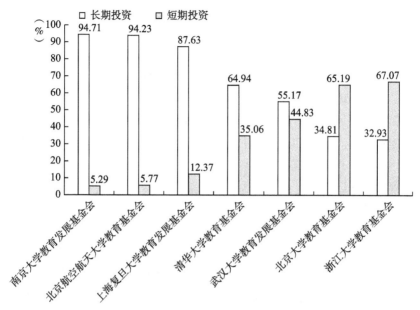

图 2　部分高校基金会短期投资与长期投资占比情况

资料来源：各高校基金会 2018 年年报。

券，以及其他不超过 1 年的投资品种。短期投资的优点是可以获得比银行存款更高的收益，并可以随时变现，可以较好地满足基金会的资金流动性需求。长期投资主要包括长期股权投资和长期债权投资。长期股权投资包括接受企业股权捐赠、购买企业股票、直接认购股权投资企业、通过私募股权基金进行间接股权投资等。这类投资一般不掌握企业控制权，只为获得分红及资产增值，回报率较高，但投资风险也相对较大。长期债权投资是指投资 1 年以上的长期债券，包括长期国债、企业债券、金融债券等。这类投资可以按照约定的利率获得利息，投资到期后可收回本金或者转让债权，属于固定收益类产品，收益稳定，投资风险较小。

　　根据资产规模不同，高校基金会在选择投资种类的时候也有不同的侧重。总资产规模在 1 亿元以下的高校基金会，因资金量少，缺乏专业化运作，投资更为保守，倾向于把资金投向流动性较高的短期产品，以保证资金安全和使用高效。总资产过亿的高校基金会，长期投资比重较高，投资更加多元化，包括股票投资、基金投资、信托产品、委托理财和股权投资等。通过对全国 39 家 "双一流" 大学（除上海交通大学、国防科技大学和云南大学外）基金会 2018 年年报进行数据分析可以发现，资产保值增值较好的高校基金会，其短期投资和长期投资均占据较高的比重，而全国仅有 10 家高校基金会在当年进行了银行定期存款和结构性存款，未进行任何短期与长期投资。

2. 投资渠道单一

中国高校基金会的投资方式包括直接投资和间接投资。直接投资除短期投资外，主要是对经营状况良好的企业进行长期股权投资，通过分红获得投资收益。目前，现代文化服务类企业和与学校科研成果转化相关的高科技企业是大部分进行直接投资的高校基金会的主要投资方向。间接投资多通过委托投资方式实施。2019年1月1日开始实施的《慈善组织保值增值投资活动管理暂行办法》规定，基金会等慈善组织可以将财产委托给受金融监督管理部门监管的机构进行投资。间接投资的好处是被委托机构具有专业管理水平，缺点是我国目前市场信用体系比较薄弱，投资者对金融机构运作经营信息掌握不足，极易产生较高的投资风险。

当前，虽然个别发展较好的高校基金会借鉴国外经验尝试进行资产合理化配置，逐渐减少银行理财的投资比重，扩大股票、基金、债券等投资领域，取得较好的资产收益，但在确保资产安全的首要原则下，受到国内投资环境、基金会资金规模和管理水平等因素影响，我国高校基金会整体投资渠道仍旧比较单一。反观西方高校基金会，资金运作不仅涵盖证券、股票、固定收益产品等传统投资方式，还广泛开展如私募股权、并购基金、杠杆并购、风险投资、不动产、能源与自然资源等投资活动。根据对我国39家"双一流"大学（除上海交通大学、国防科技大学和云南大学外）基金会2018年年报的统计，有16家高校基金会开展了委托投资，15家高校基金会投资了银行理财产品，9家高校基金会投资了基金，6家高校基金会投资了信托，4家高校基金会投资了资产管理类产品，1家高校基金会投资了证券，1家高校基金会投资了国债逆回购。

3. 投资结构不平衡，资产配置不合理

目前，中国有一半以上的高校基金会没有进行任何短期和长期投资，现金资产直接存入银行，只能获得少量利息收入。在开展投资活动的高校基金会中，除清华大学教育基金会、浙江大学教育基金会、上海复旦大学教育发展基金会、南京大学教育发展基金会等少数基金会的长期投资比重较高外，其余高校基金会的现金资产和短期投资比重高，投资主要集中于固定收益类产品，收益占比较大，在固定收益与风险收益之间、长期投资与短期投资之间存在结构不平衡的特点。

根据对我国39家"双一流"大学（除上海交通大学、国防科技大学和云南大学外）基金会2018年年报数据分析，委托投资、银行理财、基金、信托、资产管理、证券、国债逆回购等固定收益类产品的投资收益占基金会总投资收益的 85.03%，远远高于其他风险类投资的收益，其中委托投资所占比重最大，其次为银行理财、证券、基金、信托等（见图3）。资产配置不均衡特征明显。

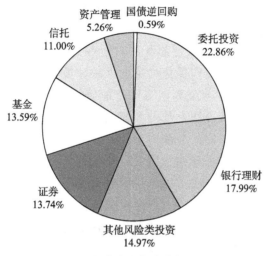

图3 各类产品投资收益占比

高校基金会要想实现投资收益的稳定增长，保持长期健康发展，就必须拓展投资渠道，优化投资结构，建立合理的资产配置；充分结合市场和自身情况，制定投资策略，积极探索"另类投资"方式和新兴投资渠道，深入分析资产的预期收益和风险，建立可供选择的资产配置；做到稳定性与成长性、短期投资与长期投资的结合，实现资产保值增值的专业化和市场化，优化运作，实现资金优化配置、收益稳定增长。

4. 投资决策呼唤管理机制更加完善

当前，高校基金会投资管理机制水平参差不齐，是制约中国高校基金会资产保值增值整体发展的重要因素。发展水平较高的高校基金会，普遍形成了适应自身情况的管理机制，对投资策略制定、决策过程等都建立起规范化、专业化的标准流程，学校、理事会、秘书处、投委会合理规范参与基金会事务管理，主体关系和决策权限明晰。清华大学教育基金会、浙江大学教育基金会等还聘请了专业人员和机构进行资金运作，专业化、规范化的管理有助于获得更高的投资收益。而很多规模较小的高校基金会至今还没有或者仅有简单的投资管理办法，投资理念薄弱，投资方式单一，内部管理机制不能有效指导和保障资产保值增值。近年来，随着《慈善组织保值增值投资活动管理暂行办法》的实施，越来越多的高校基金会积极开展资金保值增值，并制定了相应的管理办法，但与国外高校基金会相比，中国高校基金会在投资管理机制建设方面，还有很长一段路要走。

二 高校基金会资产保值增值对标模型

中国高校基金会资产保值增值开展时间不长，还处于探索阶段，因此，向其他成熟基金借鉴学习资产保值增值的做法和经验十分必要。纵观国内的公益基金投资领域，社保基金和国有资产的保值增值，无论是在资金特点、发展目标还是管理要求等方面，均与高校基金会资产有相似之处。社保基金关乎国计民生，是国家稳定的保障力量。社保基金对投资风险的容忍度比较低，追求资金安全性的意愿更强，因此，社保基金在保值增值方面更多采取直接投资和委托投资相结合的方式，投资领域也逐渐向多元化发展，由银行逐步扩大到股票、债券、基金等，与高校基金会资产保值增值的发展经历相似。国有资产承担着国民经济发展和现代化建设的关键任务，其资产保值增值主要采用改革方式，并且在投资制度、投资机制和监督管理体系建设上更加严谨和规范，值得高校基金会学习。而国外高校基金会作为同等属性的慈善组织，对国内高校基金会的影响更加深刻。高校基金会最初起源于英国，之后在美国得到广泛发展，美国高校基金会在投资机制、资产配置策略、投资资金运作、投资风险控制和投资绩效方面均表现卓越，已经形成一整套专业且完备的体系，其先进经验对我国高校基金会的发展具有重要借鉴意义。

（一）社保基金的保值增值

社保基金是中央政府集中的社会保障战略储备。国家把企事业职工缴纳的养老保险费中的一部分资金交给专业的机构管理，以实现保值增值。社保基金是人民群众安居乐业的重要国家保障之一，做好社保基金的管理和保值增值是保证社保体系健康发展的重要前提。一方面，中国作为人口大国，人口老龄化问题日趋严重，社保基金将面临巨大的支付压力；另一方面，我国社会经济快速发展，通货膨胀率不断提高，也给社保基金保值带来威胁。因此，社保基金的保值增值势在必行。

目前，我国社保基金开展保值增值的主要依据是《全国社会保障基金投资管理暂行办法》《全国社会保障基金境外投资管理暂行规定》，以及国务院、财政部与人力资源和社会保障部的相关管理文件。社保基金坚持长期投资、价值投资和责任投资的理念，按照审慎投资、安全至上、控制风险、提高收益的方针进行投资运营管理，确保基金安全，实现保值增值。

《全国社会保障基金投资管理暂行办法》第二十五条规定："社保基金投资的范围限于银行存款、买卖国债和其他具有良好流动性的金融工具，包括上市流通的证券投资基金、股票、信用等级在投资级以上的企业债、金融债等有价证券。理事会直接运作的范围限于银行存款、从一级市场认购国债，其他投资需委托社保基金投资管理人管理和运作并委托社保基金托管人托管。"第二十八条规定："划入全国社保基金的货币资产的投资，按成本计算，银行存款和国债投资的比例不得低于50％。其中，银行存款的比例不得低于10％，企业债、金融债投资的比例不得高于10％，证券投资基金、股票投资的比例不得高于40％。"第三十条规定："社保基金委托单个社保基金投资管理人进行管理的资产不得超过年度社保基金委托总资产的20％。"因此，我国社保基金目前的投资采取直接投资与委托投资相结合的方式开展投资运作，其中直接投资由社保基金会直接管理运作，主要包括银行存款、信托贷款、股权投资、股权投资基金、转持国有股和指数化股票投资等；委托投资由社保基金会委托投资管理人管理运作，主要包括境内外股票、债券、证券投资基金，以及境外用于风险管理的掉期、远期等衍生金融工具等，委托投资资产由社保基金会选择的托管人托管。

社保基金自进入市场以来，虽然资产总量持续增长，但也存在投资工具有限、收益率偏低、整体运行效率低的问题。早期社保基金理事会本着安全、审慎的原则，资金基本全部投向银行存款、政府债券领域，虽然风险小、收益低，但受通货膨胀的影响也比较大。2003年，证券市场面向社保基金开放后，社保基金开始进行委托投资，逐步进入股票、债券、基金等投资领域，银行存款投资比例逐渐减少。2010年以后，银行存款占直接投资的比例低于5％。近年来，伴随着银行存款利率的持续走低，社保基金多元化投资日趋加快（见图4）。

我国的社保基金由国家委托专业机构统一管理。由于涉及人民群众的生活保障，社保基金在保值增值投资方面更加注重资金安全、规避风险，这也给资金的运作带来了阻碍。社保基金成立已有20年，但仍然投资渠道单一、投资比例低，只有在保证资金安全和低风险的情况下，才会考虑流动性和收益性，这导致社保基金在金融市场不稳定时，就直接投向收益率低的银行存款和政府债券，因此受通货膨胀影响严重，投资成本较高但收益率较低。

另外，社保基金属于国家管制类型资金，管理投资机制不完善。管理单位在社保资金运营管理上较为保守，分析和解决问题的能力较弱，不善于利用社会力量进行有效监督，这也给资金保值增值增加了难度。《全国社会保障

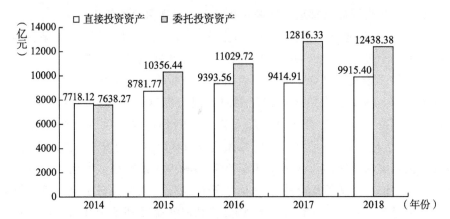

图 4　2014～2018 年全国社会保障基金理事会基金投资情况

数据来源：全国社会保障基金理事会基金年度报告（2014～2018 年）。

基金投资管理暂行办法》是社保基金保值增值投资的主要依据，办法中除规定理事会应每年一次向社会公布社保基金资产、收益、现金流量等财务状况外，其余内容均为对报告涉及内容的规定，重"报告"轻"披露"，导致披露深度不够，人民群众有效监督力度不足，信息不完全和不对称导致公众无法有效监管社保基金的投资收益。[①]

（二）国有资产的保值增值

国有资产是国有经济的载体，国有企业是国民经济的重要支柱，在社会主义现代化建设和经济发展中承担着重要历史使命。从广义上讲，国有资产的保值增值主要就是在国有企业生产经营期间，注重保全国有资产原值，通过对国有资产的有效运营而获得经济利益，稳定扩大再生产，提升国有企业净资产额。[②] 做好国有资产的保值增值工作意义非凡，可以从根本上保障各方的利益，扩大企业自主经营权，优化资产配置，促进企业经营规模扩大，保证国有企业稳定可持续发展。同时，国有资产所有权属于全国人民，资产的保值增值关系到国有经济的发展速度和质量，更关系到人民的利益和整个社会的安定团结。

近年来，国家采用多种方式对国有资产进行改革，加大保值增值管理力度，主要途径包括以下两个方面。

---

① 李晓红、穆军：《全国社会保障基金投资状况及其保值增值问题探讨》，《财会研究》2009 年第 7 期，第 48 页。

② 冯艳：《国有企业固定资产实物管理的强化措施》，《财经界》（学术版）2019 年第 14 期。

1. 优化国有企业人员配置

伴随着社会经济快速发展，企业管理运行日趋复杂，国有企业传统烦冗的组织结构和人事制度逐渐与市场经济发展要求不相适应，制约了企业的发展，也影响了国有资产的保值增值。因此，国家通过发展专业技术型企业、通过市场化机制等措施不断优化国有企业管理人员配置，培养水平高、能力强、经验丰富的人才，实现对国有企业组织形态的优化，有效提高国有资产管理水平。

2. 建立健全监督管理体系

建立健全国有资产监管制度和基础管理工作体系，不仅是实现国有资产监管职能转变的必然要求，也是确保国有资产保值增值，促进国有企业健康可持续发展的有力措施。当前，很多地方政府将经营性国有资产纳入集中统一监管体系，制定企业国有资产监督管理条例、企业违规经营投资责任暂行办法等制度，健全监事会督查核查机制、资本安全责任追究机制和重大信息公开机制，强化当期和事中监督，对企业重大事项、重大风险和违法违纪行为实行"一事一报告"等制度，加强监管力度，推进国有资产监管机构职能转变。

当前，国有资产保值增值多采用改革的方式提高资产的运作效率，但由于国有资产管理法规制度尚未建立完善，面对社会资本运作的多元化格局暴露出很多问题。例如，企业盲目扩大投资、片面追求生产效益最大化、决策失误及对资产评估不规范等导致经营亏损，造成国有资产流失；对国有资产缺乏宏观调控能力，资产配置不合理，管理观念陈旧，导致投资结构不合理、项目重复建设和大量资产闲置；经济管理法规和体制不完善；现行国有资产管理体制是按照"委托－代理"关系建立起来的，企业国有资产产权不明确，导致国有资产运营主体的地位虚置；国有资产保值增值责权划分不明确，经营管理落后，资金不能够正常流动，在市场竞争中处于劣势，容易造成亏损，从而使生产经营活动无法与企业经济效益达到相对平衡的状态。

（三）国外高校基金会投资模型

中国高校基金会与世界其他国家高校基金会相比，成立时间晚，还没有形成完善的治理体系。在发展中积极学习和借鉴国外高校基金会的成功实践经验，保持国际视野仍然对我们具有十分重要的意义。

美国是全球范围内高校基金会发展最早、最成体系的国家。大学捐赠基金是普遍存在的一种非营利性公益组织。美国高校设立基金会管理捐赠资产，其资金运作尤其是保值增值非常成熟，资金运营收益主要用来支付教育经费开支和发展科学研究。社会捐赠、资金保值增值和公司化筹款运动是美国大学的经费来源，其中资金保值增值获得的收益占有重要地位。美国高校基金会将大部分资金投入金融市场，在市场中不断滚动运作，实现了基金几何级数的迅速增长，投资收益已经成为基金会资金增长的主要来源。

根据 2019 年 NACUBO（全美高校经营管理者协会）与 TIAA-CREF（美国教师退休基金会）研究，从 774 所美国学院、大学和附属基金会收集的数据显示，在 2019 财年（2018 年 7 月 1 日至 2019 年 6 月 30 日），接受调查的 774 所院校的捐赠资产总额为 6300 亿美元，平均捐赠金额约为 1.444 亿美元，39% 研究参与者的捐赠金额为 1.01 亿美元或更少，参与机构的捐赠基金年平均回报率为 5.3%（扣除费用）（见图 5）。尽管比 2018 财年 8.2% 的年平均回报率要低，但 10 年期捐赠基金的年平均回报率达到了 8.4%（见表 3），这体现出自 2008 年金融危机以来，因股市强劲复苏，基金会管理者强化资金运营带来了较高的投资回报率。

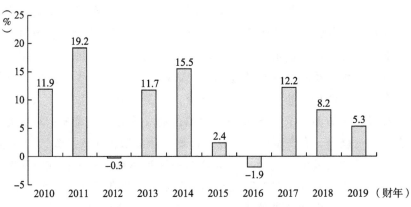

图 5　2010～2019 财年美国 744 所高校捐赠基金年平均回报率

表 3　按捐赠基金规模统计的 1 年、3 年、5 年和 10 年平均回报率

单位：美元，%

年净回报率	所有机构	10 亿以上	5 亿～10 亿	2.5 亿～5 亿	1 亿～2.5 亿	5000 万～1 亿	2500 万～5000 万	2500 万以下
1 年	5.3	5.9	5.1	5.0	5.1	4.9	5.5	5.8
3 年	8.7	9.6	8.9	8.9	8.5	8.3	8.3	8.3
5 年	5.2	6.1	5.1	5.3	5.0	4.9	4.9	5.5
10 年	8.4	9.0	8.5	8.4	8.3	8.2	8.4	7.7

资料来源：NACUBO，https://www.nacubo.org/Press-Releases/2020/US-Educational-Endowments-Report-5-3-Percent-Average-Return-in-FY19。

TIAA-CREF（美国教师退休基金会）捐赠与慈善服务首席执行官凯文·奥利里（Kevin O'leary）表示："捐赠资金继续在机构的运营和财务实力中发挥着重要作用，因此采用广泛的投资方法和策略至关重要。"捐赠基金的资产配置和回报在不同规模的捐赠基金组群中有所不同，规模较大的捐赠基金通常更容易获得某些另类资产的投资。

美国大学有公立和私立之分，其经费来源有所不同。公立大学以政府拨款为主，私立大学则对社会捐赠依赖更多。历史悠久的哈佛大学、耶鲁大学、斯坦福大学、普林斯顿大学等都是私立学校，这些高校都非常重视捐赠基金的运作，通过多种方式进行基金的保值增值，以确保基金会和学校的可持续发展。美国大学的捐赠基金管理机构通常设立理事会或董事会、委员会和基金管理层。理事会负责制定整体政策；委员会负责制定投资制度、资产配置策略、监督投资执行、评估投资绩效等；基金管理层负责对基金进行投资运作，开展保值增值工作。美国大学基金会的投资模式是由校理事会或董事会确定投资收益目标，基金管理层根据委员会制定的资产配置策略开展具体投资活动，并由审计机构对结果进行审计，确保资金保值增值，扣除投资活动开支后的收益按规定份额投入大学发展，其余部分转作资本金继续投资。[①]这种投资模式的特点：一是高校基金会资本雄厚，保证了投资的高收益率，高资本与高收益成正比；二是成立或聘请专业的投资机构对捐赠资金开展专业化保值增值运作；三是采用科学的投资策略和合理的资产配置，将资金投放到长期或短期的不同产品领域，分散投资风险从而实现收益持续稳定增长。

美国高校基金会的投资形式灵活多样，投资领域广泛，投资收益往往较高，为大学日常运行提供了资金支持。其中，资产配置是否合理决定了投资收益的高低。传统投资包括股票、债券和现金类产品，而另类投资通常包括房地产、对冲基金、证券化资产、私人股本资金、能源等非传统资产。在美国，发展规模大的高校基金会更倾向于投资风险较高的另类投资产品，因为这类投资产品收益率高，带来的资金收益也更多；发展规模小的高校基金会则相对比较保守，更愿意投资股票和债券这类风险相对较小、收益较稳定的领域。值得注意的是，美国顶尖大学基金会的投资策略是自 2002 年开始发生变化，另类投资明显增加并趋于稳定，比例逐渐控制在 50% 左右，而固定收益和现金的配置则相对缩小，与另类投资形成平衡。

---

① 田培源、王建妮：《美国高校捐赠与基金会的运作及管理》，《北京城市学院学报》2008 年第 1 期，第 16 页。

美国高校基金会有三种主要的资金运作模式：一是成立投资管理公司，负责制定具体的投资策略并执行，具有独立地位，例如哈佛大学、斯坦福大学、普林斯顿大学、麻省理工学院、哥伦比亚大学等；二是成立投资办公室，在投资委员会的指导下管理捐赠基金，确定融资策略并实施，例如耶鲁大学、宾夕法尼亚大学、康奈尔大学和芝加哥大学等；三是聘请校外专业投资机构来管理捐赠基金，实现分散风险和保值增值。

耶鲁大学基金会是美国高校基金会的卓越代表之一，值得我们学习借鉴。耶鲁大学基金会通过成立投资办公室来实施资金运作。耶鲁大学基金会成立于1890年，早期投资保守，表现并不突出。1985年，大卫·F. 史文森（David F. Swensen）出任耶鲁大学基金会的首席投资官，基金会投资业绩开始出现跨越式增长，创造了著名的"耶鲁奇迹"。这主要得益于史文森在资产配置策略上注重长期投资，追求长期稳定收益。他将投资逐渐拓展到风险投资、外国股票、私募股权等领域，并不断降低高流动性的美股和固定收益类的投资比重，以流动性换取超额收益的做法，成为耶鲁模式的核心投资理念。[1] 资产配置被证明是取得捐赠绩效的关键，而耶鲁大学的资产配置政策准确结合了理论和市场判断，通过平衡投资风险获得投资高回报。因为要为学校提供资源，并保持资产购买力，同时避免捐赠基金受通货膨胀影响，所以耶鲁基金会将投资从固定收益转向了股票工具，超过90%的捐赠资产被投资于国内和国际证券、实物资产和私人股本。在过去的30年里，耶鲁大学基金会显著减少了捐赠基金在传统市场上的风险敞口，将资产重新配置到非传统资产类别。1989年，耶鲁大学基金会将接近70%的捐赠资金用于购买美国股票、债券。如今，耶鲁大学基金会的目标是将投资组合的10%投资于美国国内有价证券，将90%投资于私募股权，即绝对回报战略、实物资产和外国股权。在非传统资产类别上的大量配置，源于它们为投资者提供的多元化投资组合。目前的投资组合预期回报率明显高于以往，波动性也较低。

从2015～2019财年耶鲁捐赠基金的资产配置情况来看，基金主要投资于绝对回报、国内外股票、杠杆收购、自然资源、房地产、风险资本及现金和固定收益类方面，由于耶鲁大学基金会在逐年降低传统资产类别的投资比重，转而将大部分基金配置到非传统资产类别，截至2019财年，国内股票及固定收益类资产的投资比重仅占投资总额的11.1%，而剩余88.9%的资产被配置

---

[1] 靳林霞、鹿宝：《耶鲁大学基金会投资模式经验借鉴：17年投资收益11.3%，多元化资产配置，MOM专业管理模式》，金牛理财网，www.jnlc.com/article/20181127228401.shtml。

于绝对回报、外国股票、杠杆收购、实物资产等风险领域，且自 2015 财年以来各资产类别投资比重保持相对稳定（见表4）。

表4 2015～2019 财年耶鲁捐赠基金的资产配置情况

单位：%

	2019 年	2018 年	2017 年	2016 年	2015 年
绝对回报	23.2	26.1	25.1	22.1	20.5
国内股票	2.7	3.5	3.9	4.0	3.9
外国股票	13.7	15.3	15.2	14.9	14.7
杠杆收购	15.9	14.1	14.2	14.7	16.2
自然资源	4.9	7.0	7.8	7.9	6.7
房地产	10.1	10.3	10.9	13.0	14.0
风险资本	21.1	19.0	17.1	16.2	16.3
现金及固定收益	8.4	4.7	5.8	7.2	7.7

资料来源：2019 The Yale Endowment，http://investments.yale.edu/reports.

截至 2019 年 6 月 30 日，耶鲁捐赠基金的投资回报率（扣除费用）为 5.7%（见表5）。在过去的十年里，捐赠款总额从 163 亿美元增加到 303 亿美元，呈逐年上升趋势，十年的年化回报率达到 11.1%。同期，美国股市的回报率为 14.7%，债券回报率为 3.9%。耶鲁大学基金会捐赠基金业绩突出源于稳健的资产配置政策和积极卓越的管理。

表5 2015～2019 财年耶鲁捐赠基金的投资回报情况

单位：百万美元，%

	2019 年	2018 年	2017 年	2016 年	2015 年
市值	30314	29351	27176	25408	25572
投资总回报率	5.7	12.3	11.3	3.4	11.5

耶鲁大学捐赠基金在资产配置上的成功做法，引起其他高校基金会的纷纷效仿。总体来说，耶鲁大学基金会在保值增值上的成功经验可以归纳为：第一，决策和执行职权分离，投委会负责制定投资政策，投资办公室则负责基金的管理和运营；第二，投资策略采用长期投资和分散投资，放弃部分流动性资产，以多元化配置形式将大部分资金投向非流动性资产，并构建长期投资组合，定期动态再平衡，形成积极防御风险的管理模式。

三　中国高校基金会投资情况分析

（一）高校基金会投资的制度环境

近年来，我国高校基金会资产规模不断扩大，资产保值增值需求日益增长，通过资产保值增值获取收益逐渐成为基金会重要的收入来源之一，对高校发展具有重要支持作用。同时，有关对高校基金会投资的法律、行政法规及部门规章制度不断完善，投资制度环境正逐步走向规范。

我国最早有关基金会投资行为的规定是1988年国务院颁布的《基金会管理办法》，其中第七条规定："基金会可以将资金存入金融机构收取利息，也可以购买债券、股票等有价证券，但购买某个企业的股票额不得超过该企业股票总额的20%。"1995年中国人民银行《关于进一步加强基金会管理的通知》第六条规定："基金会基金的保值及增值必须委托金融机构进行。"

1999年9月1日实施的《公益事业捐赠法》和2004年6月1日实施的《基金会管理条例》，简化了对基金会资产保值增值的规定，提出"合法、安全、有效"的原则框架，虽然没有做出更为详细的指导，但客观上为高校基金会资金保值增值赋予了较为广泛的空间，即只要决策流程规范，不违反有关法律规定，高校基金会可以自行开展适宜的投资活动。从法律角度而言，"安全"原则并非法律规范，不能提供准确的、具有可操作性的行为指导，且投资越"安全"意味着收益就会越低，因此"安全"和"有效"根本上存在矛盾，这给高校基金会的投资行为带来了困扰。最终，面对复杂多变的投资环境，大部分高校基金会缺乏大规模投资的勇气，只能开展银行存款、购买国债等低风险投资活动。

2012年，民政部印发了《关于规范基金会行为的若干规定（试行）》，对基金会保值增值做出进一步解释："基金会进行保值增值活动时，应当遵守以下规定：①基金会进行保值增值应当遵守合法、安全、有效的原则，符合基金会的宗旨，维护基金会的信誉，遵守与捐赠人和受助人的约定，保证公益支出的实现；②基金会可用于保值增值的资产限于非限定性资产、在保值增值期间暂不需要拨付的限定性资产；③基金会进行委托投资，应当委托银行或者其他金融机构进行。"新规定延续"合法、安全、有效"的原则，对可投资产进行了细化，为高校基金会的投资行为指明了方向，但在具体的规范与指引方面仍然不足。

2014 年，教育部、财政部、民政部联合下发《关于加强中央部门所属高校教育基金会财务管理的若干意见》，针对高校基金会保值增值活动，就加强高校基金会的财务管理和投资行为做出更详细的规定。在强调"合法、安全、有效"原则的基础上，《关于加强中央部门所属高校教育基金会财务管理的若干意见》对可投资产、投资范围、投资决策、委托投资、禁止投资做出了初步规定，要求建立追责和止损机制，有效防控投资风险，对高校基金会保值增值做出了更加清晰的指引。

2016 年，全国人大通过的《慈善法》第五十四条规定："慈善组织为实现财产保值、增值进行投资的，应当遵循合法、安全、有效的原则，投资取得的收益应当全部用于慈善目的。慈善组织的重大投资方案应当经决策机构组成人员三分之二以上同意。政府资助的财产和捐赠协议约定不得投资的财产，不得用于投资。慈善组织的负责人和工作人员不得在慈善组织投资的企业兼职或者领取报酬。"《慈善法》对投资收益的使用和投资决策程序进行明确要求。

2019 年 1 月 1 日，民政部《慈善组织保值增值投资活动管理暂行办法》开始实施，该办法共计 20 条，对慈善组织保值增值的基本原则、决策运行要求、风险控制、信息公开、监督管理等方面进行了规范，为保值增值行为划定了范围、明确了底线和红线及正负面清单，对慈善组织保值增值投资活动产生深远影响，具有指导性、规范性意义，对高校基金会健康可持续发展具有重要的推动作用。

（二）高校基金会的可投资资产与不可投资资产

高校基金会的资产大部分来自校友、社会及其他基金会的捐赠资金，具有公益性，捐赠收入虽然名义上归属基金会，但实质上是受"社会公众"委托管理的"公众之财"，捐赠资金的所有权有明确限制，在使用上也不能随意支配，必须严格按照捐赠协议的要求用于公益事业，因此，高校基金会资产用于保值增值是有严格规定的。在现有社会经济环境下，基金会资产面对日益严峻的通货膨胀，贬值压力不断增大。因此，为了向高校发展提供资金保障，降低通货膨胀带来的资金损失，高校基金会必须对闲置的资金进行保值增值。

2012 年民政部印发的《关于规范基金会行为的若干规定（试行）》提出了"基金会可用于保值增值的资产限于非限定性资产、在保值增值期间暂不需要拨付的限定性资产"。2014 年教育部、财政部、民政部联合下发的《关于加强中央部门所属高校教育基金会财务管理的若干意见》也规定"基金会可用于保值增值的资产限于非限定性资产和在保值增值期间暂不需要拨付的限定性资产。捐赠人对于其捐赠款投资有限制性意见的，基金会不能违背捐赠人意愿开展投资活动。基金会应保持资金的流动性，投资活动不得影响公益支出的实现。"值得注意的是，此条款新增了两条规定，一是高校基金会将捐赠资金用于保值增值，必须征得捐赠人同意，并通过捐赠协议规范体现，高校基金会有义务提醒捐赠人了解相关条款；二是投资活动不能影响公益支出，要求高校基金会在开展自查保值增值时，要规划好资金的投资比例，保证资金流动性，不得影响开展公益活动对资金的需要。2016 年全国人大通过的《慈善法》规定"政府资助的财产和捐赠协议约定不得投资的财产，不得用于投资"，也进一步强调政府对高校的资助资金包括通过财政配比获得的资金不得用于投资。2018 年民政部公布的《慈善组织保值增值投资活动管理暂行办法》规定"慈善组织可以用于投资的财产限于非限定性资产和在投资期间暂不需要拨付的限定性资产。慈善组织接受的政府资助的财产和捐赠协议约定不得投资的财产，不得用于投资"。该条款对高校基金会的可投资资产做出了明确规定和系统规范，对资产保值增值提供了清晰指导。

（三）高校基金会的投资范围

1988 年《基金会管理办法》对基金会的投资范围做出了明确规定，包括存入金融机构收取利息、购买债券、股票等有价证券等。但是，当时我国慈善组织投资意识不强，对资产保值增值持保守与谨慎态度。之后，《公益事业捐赠法》、《基金会管理条例》及《关于规范基金会行为的若干规定（试行）》简化了对基金会保值增值的规定，但对投资范围没有做出明确规定。2014 年《关于加强中央部门所属高校教育基金会财务管理的若干意见》提出"基金会的资金不得投向期货、期权等衍生金融工具，不得提供任何形式的经济担保或财产担保"，这意味着除期货、期权等衍生金融工具外，其他金融产品都可以用来保值增值。2018 年民政部颁布的《慈善组织保值增值投资活动管理暂行办法》对高校基金会保值增值的投资范围做出了新的详细规定，主要包括直接购买银行、信托、证券、基金、期货、保险资产管理机构、金融资产投资公司等金融机构发行的资产管理产品；通过发起设立、并购、参股等方式直接进行股权投资；将财产委托给受金融监督管理部门监管的机构进行投资等。同时，为慈善组织投资活动划定"负面清单"，明确八项不得进行投资的活动，即不得直接买卖股票，不得直接购买商品及金融衍生品类产品，不得投资人身保险产品，不得以投资名义向个人、企业提供借款，不得从事不符合国家产业政策的投资，不得从事可能使本组织承担无限责任的投资，不得从事违背本组织宗旨、可能损害信誉的投资，不得开展非法集资等国家法律法规禁止的其他活动。八项禁止性规定为高校基金会的资产保值增值划出了红线与底线。

（四）高校基金会的投资方式

当前，我国高校基金会借鉴国外高校基金会的投资经验，开始尝试资产配置，但基于安全性原则和国内市场环境的特点，整体投资方式还比较单一，从投资形式上可分为直接投资和间接投资，从周期上可分为短期投资和长期投资。

直接投资是指高校基金会直接进行股权投资，将可用于保值增值的资产投资给经营状况良好的企业。直接投资有利于把握投资动态，节省费用，缺点是需要承担较大风险。间接投资是指将资产委托给受金融监督管理部门监管的机构进行投资，从而获得投资收益，例如银行理财、债券、证券、基金、信托和股票等。间接投资虽然可以通过专业机构获取比较稳定的收益，但也容易因对投资信息掌握不充分而产生风险。目前，清华大学教育基金会、北京大学教育基金会、浙江大学教育基金会等都开展了股权投资，其他大部分高校基金会为了确保资金安全，主要选择将资金委托银行或其他证券、基金、信托等金融机构进行运作。

短期投资是指投资时间不超过一个会计年度，并且能随时退出的投资活动，具有时间短、流动性强的特点。短期投资可以满足高校基金会对资金流动性的需要，当需要开展公益性支出时，高校基金会可以随时出售获取现金。长期投资是指投资时间在一个会计年度以上的投资，包括长期股权投资和长期债券投资。长期股权投资收益比较高，但承担的风险也很大。长期债权投资较为稳定，投资风险比股权投资小，收益相对较高。目前，我国高校基金会观念相对保守，短期投资占比较高，长期投资参与率低，开展长期投资的多为在民政部登记的高校基金会，主要是通过接受校友的股权捐赠来实现长期投资，这与国外高校基金会多样化的投资相比差别明显。

（五）高校基金会投资的风险防控

近年来，我国社会经济和资本市场的不断发展，为高校基金会的保值增值活动提供了广阔空间和多元化选择。与自然人、企业追求投资的高收益不同，高校基金会作为非营利的慈善组织，资产都来自捐赠收入，具有社会公共属性，因此对安全性的要求较高。在资金运作的过程中，资金安全始终是重要前提。

高校基金会在保值增值过程中面临的风险主要分为外部风险和内部风险。外部风险包括市场风险、政策风险、管理风险等。市场风险是指高校基金会持有及投资的股票、债券、基金、证券、股权等随经济周期、市场价格、市场利率、公司经营、通货膨胀等波动而发生变化，导致投资收益存在不确定性，达不到预期收益水平，甚至面临亏损。政策风险是指国家宏观政策发生变化，导致金融机构管理部门采取相应措施影响市场或交易所带来的风险。管理风险是指高校基金会在委托投资过程中因受托人出现业务资质不符、管理能力不高、操作违规、风控不严等问题而产生的风险和损失。内部风险包括认知风险、专业风险、操作风险等。认知风险是指高校基金会出现对保值增值相关法律法规不了解、不理解等认知上的错误，导致投资行为错误而发生的风险。专业风险指高校基金会内部因缺乏专业管理人员和投资经验，在投资时无法做出专业、准确的判断，使投资资金面临风险。操作风险指高校基金会在资金运作过程中由于内部管理制度、操作流程不合理造成投资决策失误，或因缺乏投资经验而导致的资金损失风险。

高校基金会的保值增值工作应该坚持安全第一的基本原则，投资行为必须严格防范风险，具体措施包括以下几个方面。

1. 规范投资管理制度

目前我国关于高校基金会管理制度还处于不断完善的过程中，仅有《慈善组织保值增值投资活动管理办法》对保值增值行为进行专门规范，这为高校基金会投资提供了法律依据，并在政策上鼓励高校基金会开展保值增值活动。投资收益与投资风险相伴相生，因此，任何投资项目的确定、投资方案的实施都必须有投资制度作为保障。高校基金会应该在国家法律法规的基础上，制定适合自己的保值增值管理办法和科学的投资管理制度，建立重大投资决策机制，规范投资行为，对保值增值的资金、投资基本原则、投资范围、投资负面清单、投资决策程序和管理流程、投资风险防控制度及止损、问责做出规定。

2. 审慎实施资产配置，优化投资策略

高校基金会应本着审慎的原则选择购买投资产品，根据自身规模及对资金流动性和收益性的需求，选择开展短期投资或长期投资，采用多元化的投资策略进行合理资产配置，将资金合理投资于不同种类、不同风险级别的产品上，并选择不同金融机构进行委托投资运作，分散信用风险。基金会内部需要制定投资策略书，严格控制高风险产品的投资比例，注重持有产品的多样性，确保风险可控，稳步提高收益。

3. 严格审批流程，完善投资决策机制

严格高效的投资审批程序和决策机制是高校基金会保值增值工作防范风险的有效保障。理事会作为基金会的最高决策机构，对重大投资方案具有最终决定权，决策时必须得到全体理事的 2/3 以上同意才有效。理事会也可以适当下放权力，将基金会的投资决策和投资执行分离，条件成熟的高校基金会可以由理事会授权成立投资专家委员会，由投资专家委员会在理事会休会期间负责领导保值增值活动开展，并向理事会汇报。在程序上，每一次决策和审批都必须做好记录，按照规章制度逐级审批、签字并做好档案保管工作。

4. 建立止损和问责机制

为提高资产投资的安全性，高校基金会应根据自身风险承受能力和投资活动的风险水平，建立合理的止损机制，设定投资止损点或建立风险准备金。例如，高校基金会可对单笔投资设立警戒线，当投资损失达到止损限额的规定比例时，应及时调整对策，终止该项投资。另外，高校基金会还可以对同类投资项目和委托机构设立比较方案，定期对受托人的信用状况和投资能力进行考察、评估，当投资行为对基金会资产造成损失威胁时，要及时退出合作。此外，为完善基金会的投资监督问责机制，高校基金会还可以通过邀请外部审计来规范基金会的投资行为，提高高校基金会的投资管理水平。①

四 北京理工大学教育基金会的资产保值增值模式

（一）制度先行，依法合规

基金会资产保值增值作为重过程、重决策的业务行为，工作制度建设十分重要。北京理工大学教育基金会的资产保值增值，首先做到制度先行，为业务开展和决策提供依法合规的制度保障。北京理工大学教育基金会先后制定了《北京理工大学教育基金会投资管理办法》、《北京理工大学教育基金会投资咨询委员会管理办法》、《北京理工大学教育基金会投资策略书》、《关于授权资金运作工作小组购买货币基金与债券产品的建议》、《北京理工大学教

---

① 张乐乐：《浅析高校基金会投资运作管理》，《现代经济信息》2016 年第 12 期。

育基金会股权投资管理暂行办法》和《北京理工大学教育基金会投资咨询委员会固定收益类投资项目限定条款》。以上制度为北京理工大学教育基金会在合法、安全、有效的前提下开展保值增值业务提供了有效指导和依据。

1. 制度建设要合法依规

高校基金会作为慈善组织，应接受民政部、业务主管部门的多重管理，制度建设要充分进行调研和论证，既要符合国家关于保值增值的法律法规，还要符合各级管理部门的工作要求，避免出现不一致的情况。例如，北京理工大学教育基金会在制定相关制度时，就充分参考民政部、财政部、工信部、学校的相关制度文件，确保每一条制度依据充分、无遗漏，覆盖相关参考制度的最小交集。

2. 制度建设要结合自身特色

在当前的资本市场中，资产投资和保值增值是常见业务。相关制度较为健全，可为高校基金会提供充分参考，但是高校基金会资金具有社会公共属性，对资金安全性更加重视，要求更加严格，同时还有来自不同业务主管部门的明确要求和自身隐性约束。因此，在借鉴社会保值增值管理制度的时候，高校基金会要结合学校自身特色。例如议事决策过程，有的学校要求除银行理财以外的投资都要向学校常委会汇报，由常委会决策；有的学校常委会主要负责基金会资产投资的制度建设和处理特殊情况，通过制度建设对投资类别、期限、金额和决策流程进行明确的约束，由基金会理事会根据相关制度开展实际工作。

3. 制度建设要具有前瞻性

高校基金会保值增值工作大多还处于探索阶段，资产保值增值的新模式不断涌现，这也为基金会的制度建设带来挑战。因此，高校基金会要坚持制度先行的工作理念，制度建设要有调研分析和闭环论证，通过调研分析充分了解政策法规背景，了解同行业或跨行业具有借鉴价值的制度条例，了解已有制度在实施过程中存在的局限性和不确定性，有助于制度设计具有更强的实用性和科学性。高校基金会制度的制定要具有前瞻性，提前筹划，积极探索，及早制定，为投资业务开展做好充分准备。特别需要注意的是，保值增值的投资机会往往稍纵即逝，投资窗口期短暂，如果制度建设不能为投资行为提供保障，那么最终不是错失投资机遇，就是出现不规范、不到位的情况。对此，北京理工大学教育基金会就较早地研究制定了股权投资管理办法，面对投资机会，可以第一时间保证项目得以实施。

4. 制度建设需要注意时效性

高校基金会资产保值增值的制度建设要注意时效性，紧跟政策形势，及

时调整，避免因为政策调整导致的业务操作和决策风险。自《慈善法》于
2016 年 1 月颁布后，关于慈善组织的法规相继制定。民政部公布的《慈善组
织保值增值投资活动管理暂行办法》于 2019 年 1 月 1 日起实施，相较于 2017
年底公布的《慈善组织保值增值投资活动管理暂行办法（征求意见稿）》有
较大改动，其修改过程主要参照了金融行业出台的《关于规范金融机构资产
管理业务的指导意见》。《慈善组织保值增值投资活动管理暂行办法》是我国
第一部规范基金会等慈善组织投资活动的部门规章，对于高校基金会通过金
融市场开展保值增值投资活动具有重要的指导意义。

北京理工大学教育基金会始终密切关注国家各项法律法规的制定公布情
况，特别是《慈善组织保值增值投资活动管理暂行办法》出台后，基金会理
事会高度重视，及时结合自身特点对已有的保值增值管理办法进行修改，对
投资范围、投资组织机构与职责、投资决策程序和管理流程、投资活动的风
险防控和责任追究等做出修改和补充。除此之外，基金会还对其他投资管理
制度做了相应调整，完善了投委会管理办法、投资策略书、股权投资管理办
法等，并在 2018 年 11 月召开的投委会上讨论通过，做到了制度建设与国家
政策同步。另外，北京理工大学教育基金会把保值增值策略书作为核心关键
制度，每年均根据需要进行修订和完善，及时调整投资策略和约束，保证资
产配置、可投资手段和经济形势、市场环境相匹配。

（二）架构完善，责权清晰

近年来，我国高校基金会发展运作模式呈现多元化趋势，其中的典型代
表是清华大学教育基金会和北京大学教育基金会的市场运作型、南京大学教
育发展基金会的委员会型、上海交通大学教育发展基金会的海外拓展型等。
无论采取哪种发展运作模式，提高自我建设能力和专业化水平是未来高校基
金会发展的必然趋势。

北京理工大学教育基金会经过多年的建设发展也形成了自己的特色。首
先，在架构设计上，构建了合理组织结构，以大学为依托成立了理事会，设
立财务部门，负责财务管理和保值增值资金运作；成立投委会，在理事会的
授权下对基金会的投资活动进行战略性分析，从专业化角度对基金会投资行
为的政策、法律、金融、市场、风险等问题提供咨询和指导。基金会内部职
责明确清晰，决策流程合规、科学，大大提高了投资效率。

北京理工大学教育基金会投资理财工作管理组织架构主要包括基金会理
事会、基金会秘书处、投资咨询委员会、资金运作工作小组。基金会理事会

是基金会最高权力机构，负责提出基金会投资理财收益预期值，负责理财过程中的决策、授权以及监管工作。基金会秘书处根据理事会确定的年度预期收益制定工作计划，负责投资咨询委员会、资金运作工作小组等组织机构建设和专家选聘工作，负责投资理财项目全过程中材料搜集和整理以及会议召集工作。投资咨询委员会由金融专家、校友等组成，主要为基金会提供备选的投资理财项目并进行审核，就基金会投资理财过程中的政策、法律、金融、市场、风险等问题提供咨询服务。资金运作工作小组由秘书长、副秘书长（财务负责人）、基金会办公室工作人员和金融、法律专家等组成，负责理事会决议和授权下的投资理财项目具体操作，对项目进行监控，对项目进展情况进行汇报。

北京理工大学教育基金会的所有保值增值投资行为最终由理事会决策，但在实际实施过程中，基金会确立了投资行为与执行实体的对应关系，进一步简化决策流程，明晰决策结构。对于银行存款、货币基金、银行理财产品、债券（私募债除外）的投资，资金运作工作小组可根据理事会的整体授权额度，自行安排实施理财项目；对符合基金会投资限定条款的集合资金信托计划、资产管理计划等低风险固定收益类金融产品，在理事会休会期间，投资咨询委员会可代表理事会行使投资决策权，并由资金运作工作小组负责实施；对于股权类投资，基金会理事会授权股权投资决策工作小组在理事会休会期间，具体负责基金会的股权投资决策工作，投资咨询委员会中专业从事股权投资的委员作为小组成员参与投资决策过程。

除此之外，为了提升资产保值增值的专业化水平，基金会还积极与专业投资机构开展合作，聘请财务顾问和法律顾问指导业务，有效提升投资行为的专业化水平。

（三）结构分层隔离风险

伴随着国家对于慈善组织资产保值增值法规制度的逐步完善，以及资产的不断积累增长，高校基金会保值增值手段日益丰富，除了传统的短期投资如银行理财、股票、基金、信托外，越来越多的高校基金会开展了长期股权投资，直接投资校友及相关企业。但是高校基金会作为公益组织，法人出现在企业股东列表中，在实际商业活动中对企业发展和融资存在一定的潜在影响，特别在面临法律纠纷时，对高校基金会的声誉也会产生负面作用。

针对相关问题，北京理工大学教育基金会积极探索创新工作模式，借鉴哈佛大学基金会等的做法，实行机构分层模式，不仅出资成立了投资管理公司，还与投资管理公司共同成立了有限合伙公司。结构分层一方面可以提高股权投资及其他投资活动的专业化水平，隔离投资风险，便于接受和管理股权捐赠，有利于市场化运作；另一方面可以对保值增值活动进行风险分类，便于对不同机构划分不同职责，并进行分类决策，有利于加强规范和约束，提高决策效率。在实际工作中，基金会亲自实施传统风险较低、收益稳定的投资活动，而风险较高的权益类投资则交由管理公司进行操作。目前，在北京理工大学教育基金会主体下进行的保值增值投资主要是银行理财和信托产品，而券商理财、股权投资、捐赠股权管理则放在合伙人企业下进行。

（四）专业运作控制风险

随着我国资本市场的发展，投资产品日益丰富，高校基金会的资产规模不断扩大，投资产品及组合越来越多样化，但也使得资产保值增值难度不断增加。反观我国高校基金会建设，专业化人员总数少，专业化程度不高，专业投资运作经验欠缺。没有建立专业化投资的人才队伍，在很大程度限制了高校基金会的投资效率。

我国高校基金会要想实现更好的发展，就必须走专业化道路。当基金会资产增长到一定规模时，工作的重点慢慢从筹资转向投资，对投资能力和专业队伍的需求就更大。目前，北京理工大学教育基金会虽然在资产规模上与部分兄弟高校基金会有差距，但固定收益类投资运作效率相对较高。究其原因，一方面是基金会充分调动校友和专业机构的资源，协助保值增值专业化之路；另一方面是得益于基金会内部建立的规范组织体系，特别是在理事会授权下，可依托专业投资咨询委员会来开展资产保值增值工作。

经过实践的充分证明，投资咨询委员会在基金会中起到了非常重要的作用，优化了基金会的组织结构。投委会成员不仅包括理事会领导、秘书长，还邀请了金融领域的专家提供专业投资意见，参与制订重大投资计划，有效地过滤风险，优选投资项目，提高投资回报，同时承担一定的监督责任。另外，投资咨询委员会还聘请了财务顾问和法律顾问，积极开展业务咨询和投资指导工作，包括为基金会提供财政法规、财务管理制度、内部会计控制建设等方面的咨询，提供非营利组织税收方面的咨询并指导税收筹划，提供重大投资、重大公益项目运作的财务咨询，对重大捐赠合同、资助合同、重大投资合同等有关财务内容进行审核等。投资咨询委员会的设立及运行，有效提高了基金会资金运作和财务管理的规范性，降低财务风险，也很好地提升了基金会的财务管理水平和决策科学性。

（五）循序渐进，分段实施

与国外相比，我国高校基金会的资产保值增值还处于起步阶段。高校基金会不仅在资金规模、发展速度、投资收益上各不相同，而且在不同的发展阶段，资产保值增值的模式也不相同。一般来说，处于发展起步阶段的高校基金会因为规模较小，投资制度不够健全，投资观念更趋于保守，投资参与率低，投资比例不高，并且以收益较低的银行理财类产品作为主要的投资方向，收益率较低。当高校基金会发展到较大规模时，可用于保值增值的资产增多，参与投资活动的比例较高，并且能够发挥规模优势效应，开展分散投资和长期投资，资产配置更加科学合理，收益率保持在较高水平。

北京理工大学教育基金会在开展资产保值增值过程中，始终坚持循序渐进、分段实施的原则。自成立以来，北京理工大学基金会就积极开展投资活动，投资收益成为年收入的主要来源之一，贡献比例逐渐提高。在发展初期，基金会以短期银行理财类产品为主要投资方向，收益稳定，风险较低，保证了资金的流动性。随着规模的逐渐扩大，基金会在理事会的授权下，通过投委会来选择信托产品进行分散投资，采用了短期与长期投资相结合的方式，收益率有很大提升。目前，北京理工大学教育基金会的投资收益总收入占比始终保持在年平均10%以上。自2010年以来，北京理工大学教育基金会净资产投资收益率平均为3.33%，稍高于同期全国基金会平均投资收益率，形成了一定的自我造血能力；年投资额占比净资产比例在80%左右，特别是近3年的比例较高，达95%以上；投资方式保持多样性，除来自长期股权捐赠外，还包括银行理财、信托等方式，投资长短期兼备，资产配置多元。

北京理工大学教育基金会虽然发展迅速，但与国内外优秀高校基金会相比，投资收益水平仍有很大提升空间。未来北京理工大学教育基金会资产保值增值和投资将坚持走向市场化、专业化、多元化。基金会计划在净资产达到5亿元人民币时，聘请专业化的专职工作人员开展保值增值业务，逐步实现资产配置的多元化，进一步完善资产配置策略，在保证资金安全的前提下，提高保值增值收益，并充分利用累计投资收益开展新的投资方式探索，将风险控制在合理范围之内。

（六）积极谋划，着眼长远

2020年，新冠肺炎疫情给"百年未有之大变局"增添了诸多不确定性与复杂性，也成为载入人类文明史册的重大事件。作为与社会发展紧密联系的慈善组织，作为支持高等教育事业发展的特殊力量，高校教育基金会必须着眼长远，认真分析所面临的困难与挑战，积极做好发展谋划。

当前，高校基金会面临多重挑战：一是越来越多的公益资金流向医疗健康领域和扶贫救困工作，例如，不少企业 2020 年度公益支出都加大了对疫情防控的资助力度，这在一定程度上将会导致社会力量对教育事业的公益投入降低；二是新冠肺炎疫情直接对实体经济造成冲击，导致企业运营压力增加，捐赠意愿降低，募集现金类捐赠的难度将进一步加大；三是社会经济发展的不确定性增强，导致资产保值增值的风险加大，收益持续走低。面对危机，北京理工大学教育基金会积极面对，认真思考谋划，不断探索可持续发展之路。

1. 协同资源，助力校友企业共同发展

校友及校友企业是高校基金会获得捐赠的最主要、最稳定的来源。他们大都是伴随着中国经济快速发展而诞生、成长的民营企业，在社会中创造着独特的价值，具有较强的奉献精神，勇于承担社会责任。一方面，高校基金会可以发挥纽带作用，加强校友企业与高校之间的密切联系。校友及校友企业可通过定向或不定向捐赠，为学校发展提供支持；学校也可以通过向企业培养、输送高新技术人才，实现双方优势互补。另一方面，高校基金会可以通过发起公益活动或设立公益项目，以开展推荐、评审、授予奖项等形式，帮助在教育捐赠方面有突出贡献的校友及校友企业传播企业文化，扩大社会影响力，也可以通过开展定点合作的方式，搭建人才培养、实习实践和就业输送的平台，实现资源共享、信息互通，助力校友及校友企业的发展。

2. 探索有效的股权捐赠模式和风险隔离措施

面对疫情等不确定因素对社会经济的冲击，企业最大的困难是资金流动性问题，企业对传统的现金捐赠意愿不高。因此，对于部分有捐赠意愿、运行良好且具有发展前景的企业，高校基金会可以探索开展股权捐赠模式，但是在开展股权捐赠前，一定要充分研究税收政策、风险隔离、分红模式和退出机制等，并做好风险隔离。对于风险不好控制的捐赠项目，高校基金会可以考虑以股权收益权的形式接受捐赠。

3. 拓展资源配置手段，增强抗风险能力

目前，高校基金会的资产保值增值模式相对单一，资源配比模式有待进一步拓展，自身造血能力和抗风险能力有待进一步加强。对此，高校基金会要拓展资源配置手段，增强自身的抗风险能力，例如积极探索和信托、公募基金机构合作，开发定制化投资产品；探索设立创投基金项目，在符合慈善法和基金会宗旨的前提下，开展股权投资工作。

结　语

高校基金会作为高校接受校友及社会捐赠的主要渠道，在解决高等教育办学资金问题、缓和政府财政拨款刚性预算和大学自主发展财务支出矛盾、全方位参与大学"双一流"建设中，发挥着不可替代的作用。新时代，高校基金会在坚持做好筹资募捐工作的基础上，更要做好资产的保值增值。

当前，我国高校基金会资产来源还比较单一，增长规模呈现马太效应，地区分布不均衡，各地高校基金会发展差异化明显，资产保值增值工作整体还处于起步和探索阶段，投资规模小，投资参与率低，投资结构不合理，总体投资收益率不高。因此，我国高校基金会应积极借鉴国内社保基金、国有资产及国外高校基金会的工作经验，完善保值增值管理制度，建立合理的内部组织结构，加强管理能力建设，严格审批流程，通过专业化团队和专业机构来不断完善决策机制，做好风险控制，完善资产配置和投资策略，进而实现高校基金会的可持续发展。

校友与筹资篇

大学校友关系与多元化筹资管理研究

梁　燕　王振华　王嘉茵 *

　　校友是一所学校最宝贵的财富，其在各自领域所取得的成绩从侧面反映出学校人才培养的质量水平。校友也是大学事业发展的重要依靠力量，是潜藏在学校之外为其独有的重要资源。校友是大学筹资中最重要也是最可靠的对象，通过校友关系管理维系校友，推动校友捐赠显得尤为重要。可以说，校友关系管理在大学筹资的过程中发挥着积极且不可替代的作用。

　　笔者通过文献梳理发现，近年国内外对校友工作和基金会管理工作研究有一定的成果，着重在校友资源开发和利用、大学筹资的影响因素，以及校友会和基金会关系研究等方向上，研究成果偏向实务和工作总结类型。亦有部分公共管理研究及公益研究院对校友和筹资的理论化和概念化做了系列研究分析，如罗志敏、王俊、杨维东、洪成文等学者的系列成果，为本文奠定了良好的理论基础。本文借鉴企业管理中的客户关系管理理论，提出校友工作的内涵侧重于校友关系的维护和管理，良好的校友关系与促进大学多元化筹资呈高度正相关关系，同时提出了大学校友会和基金会现代化、专业化和职业化的建设建议。

---

　　* 梁燕，暨南大学教育基金会秘书长；王振华，暨南大学教育发展基金会拓展部副部长；王嘉茵，暨南大学 2018 级教育经济管理研究生。

一　核心概念

（一）校友

多数人对于校友的概念仅仅停留在曾在同一学校就读过的基础认知上，释义为曾在同一所学校、研究院（所）进行学习、工作和进修的人；再做进一步认知，会把上述的释义加上一个时间期限，例如曾在同一学校、研究院（所）学习、进修或者工作半年以上的人。这些概念都点明了校友定义的核心，即"同一学校"——以学校为标准。

狭义的校友定义注重于"学缘"关系，指在同一所学校学习过的人，是与血缘、地缘、业缘类似的人际关系，也就是通常所说的师生情、同窗情。也有部分大学的校友定义更狭窄，专指本科生的学习经历。

广义的校友注重"认同"关系，指在以"同一学校"为核心的基础上加以延伸，始终认同并贯彻学校的办学使命和办学方针，对学校建设发展过程中有重大贡献、积极主动响应学校中心工作任务的人。这类人与学校有着千丝万缕的联系。笔者认为，广义的校友定义，从推进世界一流大学建设进程的角度来说，是能够为学校提供更加丰富的办学资源，加速完善学校基础设施建设，引进高层次人才，推进并实现产学研一体化、孵化基地、人才建设、科研转化、创新创业等项目建设的人。他们可以是学校学院聘请的校外实践导师、上市公司 CEO、总裁、高管、某个领域知名的专家教授等，也可以是与学校保持长期联系，活跃于学校大大小小活动中的工薪阶层，更可以是始终心系高校教育，与学校办学理念有着高度一致的任何人。从更加广义的角度来说，校友是学校之友。

本文所指的校友主要是广义上的校友。

（二）校友价值[①]

如上述提到的，广义的校友是能够为学校提供更加丰富的办学资源，加速完善学校基础设施建设，引进高层次人才，推进并实现产学研一体化、孵化基地、人才建设、科研转化、创新创业等项目建设的人。可以说，校友对

---

① 韩鹤进：《高校校友资源的价值性分析》，《新西部》2012 年第 6 期，第 124 页；任宁、陈毕晟、梁林、柴田、李学亮：《校友在高校校园文化建设中的价值研究》，《资治文摘》（管理版）2009 年第 5 期，第 35 页。

于学校的建设有着不同程度的影响，在学校建设的各个方面发挥着积极的推动作用，这也是校友之于学校的价值所在。这些价值可以细分为社会价值、筹资价值和情感价值。

1. 社会价值

校友为学校提供的社会价值主要表现在信息资源、产业资源和形象资源上。信息资源是指在各行各业的校友，就像学校散布在社会上的一张张信息网，构成一个庞大的信息系统。校友有着广泛的社会关系和人脉网络，为学校的发展提供庞大的信息网，对学校的办学思想、人才培养、科学研究和发展战略等方面提出的宝贵意见和建议，是大学重要的信息资源。产业资源是指各行各业的校友为学校提供了自身行业上的产业资源，通过实习岗位、人才输送、科学研究、技术合作、产业合作和技能培训等领域与学校形成战略性合作，实现双方共赢发展。必须要肯定的是，校友是学校的名片，一个大学在社会上的声望主要取决于其校友在各自岗位上的成就和水平。也就是说，校友的人格魅力、工作业绩与社会贡献，体现了大学的教育质量，是大学重要的形象资源。

2. 筹资价值

校友作为大学筹资中最重要也是最可靠的对象，已经成为大学发展不可或缺的资本资源。有资料显示，《美国新闻与世界报道》发布的美国最具权威的大学排行榜，把校友给母校的捐赠额当作大学排名的主要依据之一。根据2019年《美国高等教育捐助报告（VSE）》数据显示，美国高校社会捐赠收入总额为496亿美元，校友捐赠达112亿美元。高校校友虽大多远离母校，却十分关注母校的建设与发展。校友利用母校校庆回校庆贺、回校聚会、回校拜访等机会向母校捐款、捐物。在事业有成之时，校友们首先想到的是要回报学校，总不忘为学校的发展添砖加瓦。他们当中有的捐助母校文化雕塑，有的设立发展基金、奖助学金等。另外，一些认同学校发展理念的杰出校友也通过自身在社会上的影响力及人脉资源优势，采用直接捐赠或介绍客户对接等间接形式为学校筹得办学资金。（资本资源）校友以各种方式支持学校的建设与发展，缓解了学校教育经费不足的问题，为繁荣校园文化建设增加了经费和物质投入。

3. 情感价值

正如广义的校友所定义的一般，校友是始终认同并贯彻学校的办学使命和办学方针，对学校建设发展过程中有着重大贡献，积极主动响应学校中心工作任务的人。这类人或多或少都与学校之间存在着不同程度的情感联系。

对于曾受过学校培养的校友而言，他们对学校更是怀有深厚的情感，这些情感也促成了校友教育资源、思想资源的产生，为学校育人发挥着不可替代的作用。校友曾受到母校的系统教育，在多年的社会经历和勤奋工作中最能直接感受和亲身体验母校在教学和教育方面存在的优缺点，进而提出良好的意见和建议，是大学重要的教育资源。对于有所成就的校友，他们的成就及崇高品格，对在校大学生具有很强的导向力、影响力。他们给学生所谈的人生感受、所讲的动人事迹、所说的传奇故事，都是亲身经历过的，既是奋斗历程的真实写照，又是人生哲理的深刻阐发，充满真情实感，因而具有很强的感染力和震撼力，在高校的思想教育中具有不可替代的作用，也是思想政治工作的有效载体。

综上，校友为学校在建设发展的各个方面提供的信息资源、产业资源、形象资源、资本资源、教育资源以及思想资源都是校友价值所在。要充分发挥校友的价值，需要精心培育学校与校友之间的感情，需要高校领导的重视、全体师生和广大校友积极的参与和从事校友工作的同志的热情奉献，需要有科学的工作机制和健全的校友组织作保证，需要通过丰富多彩的校友活动来孕育和催生，需要有杰出的校友和典型的事迹来集中体现且使之升华。换句话说，只有通过高质量的校友关系管理工程才能实现校友价值的充分挖掘和展示。

（三）校友关系管理

校友关系是指学校与校友、校友与校友之间多主体、多维度资源的整合与匹配，造就校友资源的丰富性、校友互动的多样性和校友捐赠的层次性，形成网格式的校友关系。

校友关系管理是大学与校友紧密联系的方式。其被视为一项管理工作，或者说是一项系统工程。校友关系管理包括校友管理的理念设计、制度安排、技术手段、管理策略等，是一种校友关系建立、维护的管理过程。校友关系管理有助于搭建一个全方位服务校友的体系，收集、整理、分析并录入校友信息，充分挖掘并展示校友价值，帮助大学与校友、校友与校友之间形成稳定的、紧密的联系，实现双方共同发展。

为更直观地理解校友关系管理的概念，笔者在此引用客户关系管理理论。客户关系管理是一种以客户为中心的创新型企业运营模式与管理机制，综合应用各种信息技术和软硬件集成的管理方法对企业所拥有的客户资源进行深入挖掘和快捷管理，重点从客户沟通方面构建和谐的客户关系，有针对性地为客户提供价值的产品或服务，从而实现客户价值最大化和企业收益最大化之间的平衡。客户关系管理的核心是让企业与客户之间建立一种良好的沟通机制。① 依据客户关系管理理论，并将校友关系管理应用于该理论中，那么校友关系管理，就是以校友为中心，建立起大学与校友常态、稳固和友好的沟通机制，同时积极处理好校友关系，充分挖掘和展示校友个人价值，在保证大学正常发展的前提下，注重校友满意度，提升校友忠诚度，最终实现服务校友、服务学校、服务社会的愿景。

高质量的校友关系管理应是学校高度重视，上至学校领导下至部门个人在校友工作方面上给予大力支持和积极配合。这将加深校友对大学的情感，使校友对大学产生更加积极的态度，主动投身到大学的建设发展中。

（四）多元化筹资

大学筹资是指以大学作为主体，通过各种渠道筹集教育所需的全部资金的活动，其中不仅包括政府拨款、学生学费收入、科研经费等资金来源，也包括银行贷款、投资者出资、债券发行、社会捐赠等渠道获得的资金。本文的筹资是指狭义的筹资，特指以接受社会捐赠为主的筹资。因此，本文的多元化筹资是指社会捐赠多元化，主要从筹资对象多元化和筹资方式多元化两方面进行阐释。

筹资对象多元化包括三个方面。一是个体筹资对象。个体筹资对象是社会慈善捐赠的主力军也是大学筹资的主要捐赠主体。个体的捐赠主要有经济利益、同伴压力、利他主义、感恩心理、社交需求、自我实现、特定意图和文化传统等动因。二是基金会筹资对象。按照资金使用的目的不同，基金会资助形式主要分为项目资助金、基础建设资助金、配比捐赠资金、试点项目资金和非限定性捐赠资金。三是企业筹资对象。企业捐赠的主要形式有现金捐赠、员工配比捐赠、服务和实物捐赠以及关联营销。

筹资方式多元化主要是指捐赠项目类别的多样性，包括大额捐赠、专项捐赠和年度捐赠。其中，大额捐赠是大宗筹款运动中最核心的筹资项目。它与大学核心发展项目或战略计划相联系，同时也致力于帮助捐赠人实现慈善理想。专项捐赠是专门为满足自身指定需求和学校发展建设而进行的捐赠项目，捐赠用途较明确，目的性较强。年度捐赠是最基础性的筹资项目。它鼓

---

① 陈鹏宇：《大学校友关系管理及对校友捐赠的影响——以 A 大学为例》，硕士学位论文，西南财经大学，2013，第 12～13 页。

励全体利益相关者参与，具有捐赠门槛低、涉及面广的特点，是大学培养捐赠人捐赠习惯和培育大学捐赠文化的重要载体。捐赠项目的具体案例会在下文"我国高校校友捐赠类别和影响因素"里做简单介绍。

二 大学校友会和基金会

校友会和基金会是高校面向社会对接资源的主要抓手，以高校为主体，形成"一体两翼"的工作格局。二者在大学筹资以及推动校友捐赠的过程中起着积极作用，既相辅相成又互相区别。

（一）起源

校友会是大学与校友关系长期磨合的产物。它几乎向所有的校友开放，组织化程度更高，使校友与大学之间的关系更紧密，也使校友可以从中发挥更大的作用。美国第一个官方组织也是第一个正式的校友组织是1821年威廉姆斯学院成立的校友协会，随后布朗大学（Brown University）于1823年，普林斯顿大学（Princeton University）于1826年，密歇根大学（The University of Michigan）于1860年也都先后建立了类似的校友组织。到19世纪末期，全美已经有超过100所的院校建立起了类似校友会的组织。①

1900年，我国第一个校友会"上海圣约翰大学校友会"成立，而实际上更接近于现代意义上的校友会应该是1933年10月成立的清华同学会总会，这也是我国校友会发展史上的标志性事件。随后在社会大背景下，校友会的发展一度停滞不前甚至消失，直到改革开放后，国内高校校友会才开始陆续恢复重建。1978年，南开大学在天津率先恢复校友总会建设工作；1981年，清华大学校友总会重新恢复工作，并在国家民政部完成注册登记；1984年，上海交通大学校友会重新恢复工作，同年，北京师范大学校友会成立；1994年，在青岛举行了全国高校校友会第一次工作会议，该会议每1～2年召开一次。②

高校基金会是利用自然人、法人或者其他组织捐赠的财产，以推动和促进高校教育事业的发展为目的，依法成立的非营利性公益组织。它起源于英美国家。英国在16世纪便成立了类似于基金会的机构组织，在19世纪后半

---

① 罗志敏、李易飞：《大学－校友关系发展的历史变迁》，《现代大学教育》2018年第5期，第22页。

② 郝颖欣：《中国高校校友会发展研究》，硕士学位论文，吉林大学，2016，第10～11页。

叶美国将高等教育基金会的发展推向巅峰。①

在中国高校历史上，最早的高校基金会是暨南大学于 1986 年在香港注册的暨南大学教育基金会。随着国家相关法律的完善，清华大学教育发展基金会于 1994 年成立，北京大学教育发展基金会也在 1995 年成立，而后高校基金会如雨后春笋般纷纷成立。截至目前，成建制的全国高校基金会已达 600 余家。2020 年 4 月 23 日，云南大学教育基金会成立。这标志着我国 42 所一流大学建设高校中，除了国防科技大学情况特殊之外，高校基金会实现了全覆盖。②

（二）功能

笔者认为，高校基金会和校友会的成立和发展，其本质都是为更好地整合高校自身的社会资源，并最终达到服务校友、服务学校、服务社会的目的，只是二者的功能侧重点不同。通过查阅国内外相关资料可以得出，虽然国内外校友会和基金会发展程度不均衡，但其宗旨高度一致：校友会的宗旨是联系校友、服务校友，而基金会则是以筹资为核心，使高校具有更雄厚的办学实力。

校友会具有以下三种功能。

第一，联络校友。校友会有完善校友信息、建立校友信息平台的工作，方便校友联系学校，与学校保持长期而稳固的联系。

第二，服务校友。校友会的主要任务是服务校友，为校友提供返校、继续教育、毕业聚餐组织、毕业证明邮寄等服务。

第三，促进校友与学校的合作共赢。校友会是建立"校友与学校命运共同体"的重要载体。

高校基金会同样具有三种功能。

第一，筹集资金，增加高校收入。目前我国高校办学经费主要来自政府财政拨款，但随着民间财富的不断增长以及相关政策的支持，高校开始重视面向社会的筹资工作。

第二，整合资源，加快高校建设。高校基金会作为高校与社会联系的重要桥梁，联结着学校内外部的资源。

第三，合理投资，使资产保值增值。高校基金会通过多样化的运作方式使基金会的资金得以保值增值。如购买国债、投资股票等方式使高校基金会

---

① 尤玉军：《中国高校基金会治理结构：理论与实践》，人民出版社，2018，第 23 页。
② 杨维东：《云南大学成立教育基金会，"一流大学建设高校"基金会应配尽配》，"高校筹资联盟"微信公众号，2020 年 4 月 26 日。

的资金重新得到整合。

（三）考核指标

虽然校友会和基金会在工作上有重叠的地方，主要服务或筹资的对象都是校友，但并不意味着其考核指标是相同的。围绕校友会服务校友的宗旨，校友会的主要考核指标是校友活动参与率和校友服务满意度。在此需要强调的是，笔者认为，虽然校友捐赠可以作为一种量化指标，直接反映校友对学校的支持力度及对学校各方面工作，尤其是校友工作的认可度，但不能作为主要的考核指标。表 1 是斯坦福大学校友会的工作评价模式，括号内的数字是该项指标在评价体系中所占的比重。

表 1　斯坦福大学校友会工作评价模式

单位：%

校友工作的评价指标（100）	指标	描述
校友参与率（65）	参加活动（30）	包括参加校友会组织的活动和项目以及其他校友会，缴纳会费及购买校友会产品等
	志愿服务（40）	包括校友会及非校友会的活动和项目
	捐赠支持（30）	校友捐赠占所有捐赠的比例
校友满意度（35）	自豪感（65）	活动的满意度评级，以及由此产生的以母校为荣的感觉
	重视度（35）	对校友活动的重视程度

资料来源：邓娅：《校友工作体制与大学筹资能力——国际比较的视野》，《北京大学教育评论》2012 年第 10 卷第 1 期，第 146 页。

基金会的主要考核目标是筹款金额和投资效率。筹款金额是针对基金会筹款工作而言的考核指标，是基金会的源头活水；投资效率是基金会的生命力所在，是衡量其投资能力的重要指标，不可忽视。

（四）校友会与基金会的关系

校友工作机构与大学基金会是校友管理与服务以及筹资工作的两个重要分支，存在较强的关联性。二者的充分协同，有助于双方工作的顺利开展。在美国，综合型研究性大学的校友与筹资工作大多处在同一个"伞状"网络之下，这就是拓展（advancement）。

我国情况有所不同，在将学校行政部（处）、校友会、基金会一并考察后，大体可以将我国校友会和基金会的工作模式分为校友事务与基金会管理一体化模式与双翼模式。

校友事务与基金会管理一体化模式大多是以"三位一体"形式呈现出来的，即校友管理机构、基金会秘书处及校内行政部（处）的三位一体。浙江大学、复旦大学、武汉大学、中山大学、暨南大学等高校目前是按照这一模式运作的，有的高校还把理事会、校董会职能也放在其中。校内行政机构称谓如合作发展处、发展联络部、对外联络部等。一般来说，校友事务与基金会管理的一体化，大多是通过依附于某个校内行政机构来实现的。

不同于上述校友事务与基金会管理一体化模式，清华大学、北京大学、中国人民大学、北京师范大学、南京大学、北京理工大学、湖南大学等高校采取的是双翼模式。所谓双翼模式，是指校友事务与基金会管理工作以不同的组织形式存在，由不同的负责人管理（一般是正处级干部），分管校领导也可能不是同一个人。校友管理机构名称多有不同，如校友总会、校友工作办公室等，基金会则大多以自身名义存续于学校行政体系中。[①]

我国校友会与基金会的发展时间、功能作用等尽管并不相同，但二者共同服务于学校、服务于校友、服务于社会。同时，二者既独立运作又密切联系。因此，笔者归纳了校友会与基金会的四种不同关系。

①伙伴关系。基金会依托于庞大的校友组织会员基数筹集资金，同时利用校友会强大的人脉和知名校友的影响力，为基金会发展提供坚实的基础；而校友会则借助基金会的平台投资，进一步优化资源配置，提供更好的校友服务。

②对象关系。校友是最直接的目标筹资人群，所以其首先是基金会筹资的主要对象。校友会的宗旨是联系校友、服务校友，两者在服务对象上有一定的交集。

③桥梁关系。基金会通过校友会联结校友、校友企业来筹集资金和扩大影响力，同时校友会也借助基金会的平台与社会各界搭建联系。

④生态系统的构建者。校友会和基金会联结校内外资源，通过社会组织制度设计、社交网络手段、市场调节机制，共同构建学校外部生态系统。

高校应充分认识到校友会和基金会对于大学财政来源的多样化、内外治理结构优化以及社会影响力的重大意义，将二者的关系纳入学校的战略发展当中。

---

① 杨维东：《我国高校校友与基金会工作模式试析》，"高校筹资联盟"微信公众号，2020年4月10日。

三　中美大学筹资与校友捐赠的比较

（一）中美大学筹资历史发展脉络

1. 美国高校大宗筹款活动

美国高校大宗筹款活动经历了"萌芽—兴起—发展—兴盛"四个阶段。

第一阶段——萌芽时期：殖民地时期至 19 世纪末。美国高校筹款事业在美国社会变革和高等教育的发展进程中不断汲取营养、发展壮大，主动向社会募集办学资金已经成为美国高校解决财政紧缺难题的重要途径和传统文化。这一传统为美国大学筹款运动奠定了坚实的基础。

第二阶段——兴起时期：20 世纪初至第二次世界大战期间。这一时期，专业筹款公司开始登上历史舞台，教育慈善基金会运动轰轰烈烈地开展起来，美国校友委员会、美国大学公共关系协会、美国筹款顾问协会等行业组织先后成立，专业化的大宗筹款运动开始兴起。同时，工业革命创造了巨大的社会财富，产生了不计其数的富豪，在各方面因素的影响下，富豪纷纷向高等教育领域投入了大量资金，并创新了教育慈善模式，建立了由专业人员打理的慈善基金会。

第三阶段——发展时期：第二次世界大战后至 20 世纪 70 年代末。"二战"之后，美国经济社会进入黄金发展时期，大宗筹款运动不断发展壮大。这一时期，企业高等教育捐赠迅速发展，大学"发展部"广泛建立，计划捐赠作为新的捐赠形式被广泛接受和运用，大学筹款相关行业组织蓬勃发展，高等教育筹款行业日渐职业化、专业化和规范化，美国一流大学筹款的积极性不断高涨。到了 20 世纪 70 年代末，美国一流大学的筹款运动开始进入"亿美元时代"。

第四阶段——兴盛时期：20 世纪 80 年代以来。随着信息技术革命和高等教育全球化进程的推进，美国一流大学大宗筹款运动开始走向成熟，大宗筹款运动竞争不断加剧，几乎所有的美国一流高校都把大宗筹款运动作为大学长期发展的战略行动。这一时期，校友会和校友捐赠全面兴盛，校友成为大宗筹款运动最重要的捐赠来源和参与力量，专业筹款人才的培养得到了前所未有的重视，不少美国一流高校开始面向境外寻求社会捐赠，大宗筹款运动进入全球化时代。①

纵观美国高等教育的筹款史，美国高校筹款迅猛发展主要得益于以下四

---

① 林成华：《财富与使命——美国一流大学"大宗筹款运动"理论与实践》，人民出版社，2019，第 13～40 页。

个因素：一是美国悠久的基督教文化传统，其宗教文化传统和慈善理念使美国慈善氛围盛行；二是美国在第二次、第三次工业革命中创造了巨大的社会财富，产生了大批富豪，受美国慈善传统、精英阶层慈善理念的影响以及社会舆论的压力，这些富豪始终热衷于对高等教育的捐赠；三是美国一流大学筹款机构健全，筹款人员高度专业化、职业化；四是美国拥有非常完备的大学筹款相关法律政策体系和行业支撑体系。

2. 我国高等教育筹资历史

民国时期，我国高等教育经费的筹集方式多种多样。经费来源主要包括财政拨款、教育捐赠、学生缴费、财产收入以及学校的杂项收入，教育捐赠是其中的重要组成之一。争取到私人或者财团的资助，是高等教育得以发展的重要条件之一。

以个人财产来创办高等院校和支持高等院校发展，是民国时期非常普遍的现象。个人财产包括钱币、田地及不动产、仪器及图书等。如近代著名实业家张謇秉承"父教育，母实业"的理念，坚持以实业利润反哺教育，陆续创办十余所大学，为实施"开民智"奠定了基础。以"毁家兴学"闻名的复旦大学创始人马相伯，在 1900 年近 60 岁时捐出自己在松江、青浦等地的 3000 亩田产，作为创办"中西大学堂"的基金，规定该产业供作中西大学堂建成后的学生助学金；1908 年，又把自己地处公共租界和法租界的八处地皮悉数捐出，为震旦学院迁址提供了 10 万元的资助。

民国时期，捐资兴学得到了社会民众的广泛支持。在当时高等教育经费短缺的状况下，教育捐款减轻了政府办学的压力，捐资兴学的个人或团体捐赠对教育发展起到了重要的推动作用。在私立大学中，教育捐赠的重要性更为突出（见表 2）。

表 2　1930 年私立大学经费来源

单位：元，%

学校名称	学生缴费		租息		捐助款		杂项收入	
	金额	占比	金额	占比	金额	占比	金额	占比
大同大学	41110	31.62	3250	2.50	84350	64.88	1307	1.01
大夏大学	220155	59.07	3719	1.00	148009	39.71	803	0.22
中法大学	10894	1.60	70000	10.28	450000	66.09	150000	22.03
光华大学	215011	77.22	—	—	32400	11.64	31035	11.15
东吴大学	128416	63.03	25000	12.27	36816	18.07	13520	6.64

续表

学校名称	学生缴费		租息		捐助款		杂项收入	
	金额	占比	金额	占比	金额	占比	金额	占比
武昌中华大学	12770	6.34	1320	0.66	179085	88.91	8238	4.09
金陵大学	62060	40.94	27992	18.46	21894	14.44	39660	26.16
南开大学	41380	25.02	59351	35.89	62384	37.72	2251	1.36
厦门大学	75170	93.85	4925	6.15	—	—	—	—
辅仁大学	43924	8.86	92259	18.61	300648	60.64	58993	11.90
复旦大学	163703	83.32	—	—	27570	14.03	5203	2.65
震旦大学	30000	7.62	80000	20.31	283810	72.07	—	—
沪江大学	165115	51.91	11297	35.52	—	—	39972	12.57
广州大学	48000	18.18	12000	4.55	—	—	204004	77.27
广东国民大学	171805	71.10	9547	3.95	56778	23.50	3509	1.45
岭南大学	83349	12.29	75359	11.12	489582	72.22	29649	4.37
齐鲁大学	89578	22.30	1783	0.44	310250	77.25	—	—
燕京大学	111920	32.25	—	—	—	—	235129	67.75

资料来源：见《第一次中国教育年鉴·丙编·教育统计》。

由于近代中国自然灾害、战乱频发，学费难以保证，私立大学积极开拓其他融资渠道。从表2捐资数额的绝对值和占比来看，社会捐助成为民国私立大学教育经费的一项重要来源。这些社会捐赠的主体包括校方、国内外基金会和私人捐助力量。[1]

此后，因社会时局动荡，国内社会对高等教育的支持未能成风。新中国成立以后，教育投资的严重不足，是长期困扰我国教育事业发展的一个重大问题，也是国内高校基金会成立滞后的原因之一。随着改革开放的发展，我国乡镇企业、民营企业、"三资企业"大量兴起，金融体制日趋完善，人民生活水平日益提高，为我国高等教育社会捐赠提供了充分的社会条件。[2]

中国高校基金会起步于20世纪80年代初，包括霍英东、曾宪梓、邵逸夫在内的一批爱国人士创办的基金会组织，为我国教育事业的发展做出了重要贡献。20世纪90年代，清华大学、北京大学等高等学府相继成立高校基金

---

[1] 王佩、赵媛、陆丽云：《民国时期我国高等院校的教育捐赠研究》，《江苏高教》2018年第8期，第60～62页。

[2] 张雷：《大学教育基金会发展及运作研究》，硕士学位论文，北京交通大学，2008，第10、14页。

会，为学校筹集发展资金。

2018 年，教育部、财政部、国家发展改革委印发《关于高等学校加快"双一流"建设的指导意见》的通知，提出建设高校要建立多元筹资机制。在"双一流大学"检测指标体系中，新增了"学校获得捐款在学校经费中所占比例"，社会筹资在大学发展中的作用越来越突出。

（二）中美大学筹资现状比较

社会对高校的捐赠数量必然与国家的经济发展水平成正比，并与文化传统、社会风气以及国家政策密切相关。在这一方面，深受基督教"取之于社会，还之于社会"文化理念的影响，美国慈善事业非常发达，有众多的基金会。美国高校收到来自基金会、校友、企业、宗教组织以及组织与个人的捐赠收入在高校经费来源中占有一定的份额，在公立高等学校和私立高等学校分别为 4.7% 和 14.4%。[①] 近 5 年来，我国社会捐赠收入占教育经费总收入不超过 0.6%（见表 3）。

表 3   2013～2017 年全国高等学校捐赠收入和教育经费情况

单位：千元，%

	2013 年	2014 年	2015 年	2016 年	2017 年
教育经费总收入	817861475	869365509	951817799	1012464513	1110807491
其中捐赠收入	4359056	4040722	4815326	4720737	4643111
捐赠收入与教育经费总收入的占比	0.53	0.46	0.51	0.47	0.42

资料来源：笔者根据国研网 2013～2017 年《中国教育统计年鉴》数据整理得出。

中国高校社会筹资起步慢，社会慈善氛围不足，社会筹资所占的比例逐年下降，这一方面说明政府对高等事业发展的投入越来越大，另一方面也说明我国大学筹款水平仍然有待提高。

2009 年制定的《中央级普通高等学校捐赠收入财政配比资金管理暂行办法》以及后续不少省市自主运行的高校社会捐赠配比政策措施，都在鼓励各层级各类型的高等院校扩大社会捐赠，争取社会办学资源。2015 年国务院发布的《统筹推进世界一流大学和一流学科建设总体方案》，鼓励加快建立资源募集机制，在争取社会资源、扩大办学力量、拓展资金渠道方面取得实质进展。

---

① 李微：《中美高校经费来源的比较分析及启示》，《青年与社会》2014 年第 1 期。

这无疑为我国高校争取社会办学资源，大力开展公益慈善捐赠创造了良好的外部政策环境。2018 年，校友捐赠成为一流大学的三级评价指标，表明中国高校越来越认识到校友资源的重要性，校友捐赠在大学筹资的比例也越来越高。

（三）中美大学筹资机构

美国一流大学的筹资通常是多部门协同工作的，包括校友会、基金会、公共事务部、沟通部、财务部等筹款运动部门协作。美国一流大学设有筹款规划办公室、筹款事件办公室、筹款服务办公室、潜在捐赠人管理办公室等部门，同时针对筹款管理中的不同业务类型成立不同的业务办公室，如大额捐赠、计划捐赠和年度捐赠办公室。

我国大学筹资机构一般有以下四种形式。

第一，发展委员会。即由发展委员会来主要负责大学的筹款工作，如南京大学发展委员会、南开大学委员会。

第二，教育基金会。即由高校基金会承担大学对外联络、筹款和基金会管理工作，如清华大学教育发展基金会、北京大学教育发展基金会。

第三，发展联络办公室。即由发展联络办公室主要负责大学筹款工作，如浙江大学、同济大学等。

第四，校友会模式。即校友会负责统筹大学筹款事务。一般筹款工作刚起步的高校会采取此种模式，如江西师范大学校友会、浙江师范大学校友会。

同时，我国大部分高校形成院校两级筹资组织。在学校层面上，以发展委员会、校友会、基金会为核心，党委校长办公室和宣传部等各个相关部门协同筹资。在院系层面上，各个学院设立发展委员会、基金会联络办和学院校友会，有条件的高校还会设立海外校友会、海外基金会，形成"上下联动、内外协同"的大学筹资组织体系。[①]

（四）中美校友捐赠的比较

大学筹资是指高校为了满足教育事业发展的需求，向社会企业、个人筹措资金的公益行为。2019 年《美国高等教育捐助报告（VSE）》数据显示，美国高校社会捐赠收入总额为 496 亿美元，其中校友捐赠达 112 亿美元，占总捐赠收入的 22.6%，仅次于基金会捐赠（见图 1）。

---

① 林成华：《财富与使命——美国一流大学"大宗筹款运动"理论与实践》，人民出版社，2019，第 411～412 页。

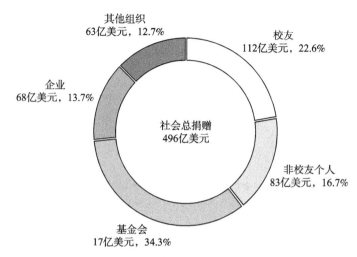

其他组织
63亿美元，12.7%

校友
112亿美元，22.6%

企业
68亿美元，13.7%

社会总捐赠
496亿美元

非校友个人
83亿美元，16.7%

基金会
17亿美元，34.3%

图1　2019财年美国高等教育获得社会捐赠分类

资料来源：根据2019年《美国高等教育捐助报告（VSE）》整理。

艾瑞深中国校友会网统计显示，1980～2018年，除去软件系统类捐赠外，我国高校累计接受国内外社会各类捐赠总额达927亿，其中校友捐赠320亿，约占总额的34.52%。

值得注意的是，美国教育促进与支持委员会2019年的报告显示，美国高校校友捐赠比例最高的12所学校（包括纽带）的捐赠率均超过42%，其中普林斯顿大学的校友捐赠率达到59%（见表4）。[①] 而中国大学校友会网站显示，国内高校校友的平均捐赠率不到5%。

表4　2016～2018年校友捐赠平均比例最高的12所美国高校

单位：%

学校名称	两年平均校友捐赠比例
普林斯顿大学	59
托马斯阿奎那斯学院	58
威廉姆斯学院	51
鲍登学院	48
阿默斯特学院	47
威尔斯利学院	47

① 彬彬留学：《校友捐赠最多的12所院校，美国院校校友捐款占比吓人！》，知乎，https://zhuanlan.zhihu.com/p/95171842，最后访问日期：2020年9月30日。

续表

学校名称	两年平均校友捐赠比例
爱丽丝洛衣德学院	46
卡尔顿学院	46
圣十字学院	45
森特学院	43
达特茅斯学院	43
华盛顿与李大学	43

资料来源：彬彬留学：《校友捐赠最多的12所院校，美国院校校友捐款占比吓人!》，知乎，https://zhuanlan.zhihu.com/p/95171842，最后访问日期：2020年9月30日。

通过上述中美校友捐赠数据对比不难看出，美国2018年获得的校友捐赠是我国高校近30年的2.5倍。我国社会捐赠收入、校友捐赠总额、校友捐赠率等与美国高校相比仍相差甚远，而在校友捐赠占社会捐赠的比例上高于美国高校。笔者认为造成该现象的主要原因除了美国筹款机构、相关法律和行业体系健全之外，美国大学捐赠文化的普及，统计口径涉及大学多、基数大，也是主要原因之一。我国大学有筹款绩效的基数较少，基本集中在"双一流"及部省和地方的重点大学，统计基数少，平均分值高。

从表5不难发现，中国大学捐赠排名与大学排名呈正相关关系，学校规模越大、科研实力和学科水平越高，校友捐赠的数额和比例越大，反之则越少。有部分因传统的捐赠氛围较好、地方经济发达和校友关系维护好的高校，也脱颖而出出现在列表中，如福州大学、深圳大学、暨南大学等。

表5 2019年中国大学校友捐赠排名30强

单位：亿元

名次	学校名称	捐赠总额	全国排名	星级排名	办学层次
1	北京大学	31.43	1	8	世界一流大学
2	清华大学	28.90	2	8	世界一流大学
3	中国人民大学	21.57	5	8	世界一流大学（特色）
4	武汉大学	18.36	9	7	世界知名高水平大学（前列）
5	复旦大学	16.73	4	8	世界一流大学
6	浙江大学	16.40	5	8	世界一流大学
7	电子科技大学	15.83	37	6	世界高水平大学（特色）
8	天津大学	8.49	13	7	世界知名高水平大学

名次	学校名称	捐赠总额	全国排名	星级排名	办学层次
9	中南大学	8.08	20	7	世界知名高水平大学
10	福州大学	7.72	73	4	中国高水平大学
11	深圳大学	7.69	86	4	中国高水平大学
12	四川大学	6.81	14	7	世界知名高水平大学
13	上海交通大学	6.18	7	7	世界知名高水平大学（前列）
14	南京大学	6.16	8	7	世界知名高水平大学（前列）
15	河海大学	6.06	39	6	世界高水平大学（特色）
16	西北工业大学	4.89	27	6	世界高水平大学
17	重庆大学	4.46	33	6	世界高水平大学
18	南开大学	4.15	16	7	世界知名高水平大学
19	厦门大学	4.14	22	7	世界知名高水平大学
20	中国科学技术大学	4.09	15	8	世界一流大学（特色）
21	西安交通大学	4.02	18	7	世界知名高水平大学（前列）
22	华中科技大学	3.87	12	7	世界知名高水平大学
23	华南理工大学	3.62	30	6	世界高水平大学
24	中山大学	3.21	10	7	世界知名高水平大学（前列）
25	同济大学	2.97	23	7	世界知名高水平大学
25	中国农业大学	2.97	34	6	世界高水平大学（特色）
27	北京航空航天大学	2.81	25	7	世界知名高水平大学
28	东北大学	2.59	26	6	世界高水平大学
29	长安大学	2.46	91	4	中国高水平大学
30	暨南大学	2.28	61	5	中国一流大学（特色）

资料来源：《2019 年中国大学捐赠排名》，艾瑞深中国校友会网，http://www.cuaa.net/paihang/news/news.jsp?information _ id =135471。

注：该数据的准确性和严谨性虽然有待考究，但仍不失为一个参照。

四　我国高校校友捐赠类别和影响因素

（一）校友捐赠类别

在我国，高校校友捐赠金额与高校社会捐赠之比为 1:3，校友捐赠已然是高校自筹办学经费不可忽视的主要来源之一。通常校友捐赠包括大额捐赠、专项捐赠、年度捐赠等。

1. 大额捐赠

我国高校校友捐赠成绩显著提升，是因改革开放 40 余年，国家高速发展，各高校培养了大批杰出校友，回馈学校、支持高等教育事业发展蔚然成风。近年来一些大额捐赠也引起社会广泛关注。

2017 年高瓴资本集团创始人兼首席执行官张磊向中国人民大学捐赠 3 亿元人民币，设立 "中国人民大学高瓴高礼教育发展基金"。①

2017 年刘强东向中国人民大学捐赠 3 亿元人民币，设立 "中国人民大学京东基金"。基金将主要用于支持中国人民大学的通州校区建设、社会学学科发展以及中国人民大学在法学、新闻、互联网、人工智能、金融、经济等领域的相关学科建设、理论与技术研究。②

2018 年马化腾、张志东、陈一丹、许晨晔在深圳大学 35 周年校庆之际，以腾讯创始人校友团队的名义，联合向深圳大学捐赠 3.5 亿元人民币，共同发起设立 "深圳大学人才基金"，所捐款项将作为深圳大学人才基金的首笔启动资金。③

2018 年值北京大学 120 周年校庆之际，百度创始人李彦宏先生携夫人马东敏博士向北京大学捐赠 6.6 亿元人民币（含部分等值资产），联合成立 "北大百度基金"，用于人工智能和其他相关学科的研究和探索。④

2018 年 10 月 22 日，广东省国强公益基金会向清华大学捐赠 22 亿元人民币，支持学校基础前沿科学研究、人才培养和高端人才引进。⑤

2. 专项捐赠

专项捐赠是指校友在高校筹资人的专业引导下，为满足自身需求和学校发展建设而进行的捐赠。当然，高校筹资人的引导必须建立在校友（捐赠方）

---

① 《回馈母校：高瓴资本张磊向中国人民大学捐赠 3 亿元》，人大新闻，https://news.ruc.edu.cn/archives/174186，最后访问日期：2020 年 9 月 29 日。

② 《京东集团董事局主席兼首席执行官刘强东向母校中国人民大学捐赠 3 亿元 设立人大京东基金》，人大新闻，https://news.ruc.edu.cn/archives/171768，最后访问日期：2020 年 9 月 29 日。

③ 《中国好校友！腾讯创始人团队向深大捐赠 3.5 亿！马化腾捐赠 2 亿》，腾讯新闻，https://xw.qq.com/cmsid/20180922F0Q5MT/20180922F0Q5MT00，最后访问日期：2020 年 9 月 29 日。

④ 《李彦宏夫妇向北大捐赠 6.6 亿 期待催生更多前沿学术成果》，中国新闻网，http://www.chinanews.com/business/2018-04-28/8502420.shtml，最后访问日期：2020 年 9 月 29 日。

⑤ 《广东省国强公益基金会捐赠清华助力科研创新人才培养》，新华网，http://www.xinhuanet.com/house/2018-10-23/c_1123601342.htm，最后访问日期：2020 年 9 月 29 日。

的捐赠意愿上。专项捐赠包括名师奖助学金、学科发展基金以及科学研究类项目。

① 名师奖助学金。该类捐赠通常是校友出于对某位教师，或是校友群体对于某位知名教授、学者的情感而设立的，如清华大学"李端敏奖学金"和"黎诣远奖学金"，同济大学"黄鼎业奖学金"，武汉大学"查全性教授1977奖教金"等。

② 学科发展基金。该类捐赠由于与学校发展息息相关，是学校办学的立足之本，因此，其捐赠金额往往在百万元甚至上亿元人民币。如香港大紫荆勋章获得者、著名实业家、慈善家李达三向宁波大学捐赠1亿元人民币，创建宁波大学李达三叶耀珍伉俪李本俊海洋生物医药研究中心。

③ 科学研究类项目。该类捐赠一般是校友（捐赠方）与学校展开战略性合作，整合双方的资源优势，实现产学研一体化。其捐赠金额往往大于千万元。如2019年4月23日，中德环保集团陈泽峰向清华大学捐资5亿元人民币，用于环保技术研发、环保科技人才培养、环保科研成果产业化以及服务国家"一带一路"倡议和国家生态文明建设智库的相关研究工作。

3. 年度捐赠

年度捐赠包括校庆捐赠、小额捐赠、事件捐赠等。该类捐赠金额较少，但重在参与、贵在坚持，虽然无法与上述大额捐赠、专项捐赠的金额进行比较，但体现了校友对学校的认同感、参与感、凝聚力和向心力，在某种程度上具有无可比拟的作用，如武汉大学"微爱珞珈"、浙江大学"我爱浙大"、湖南大学校庆年度捐赠、暨南大学"公益健步行"等。

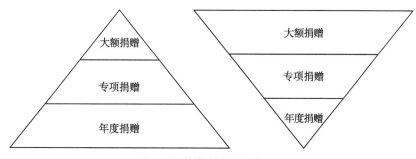

图2 大学筹资的金字塔理论

图2中第一个金字塔图是按照捐赠人数划分的，由上至下捐赠人数不断增多，而第二个金字塔图是按照捐赠金额划分的，由上至下捐赠金额不断减少。从两个金字塔对比可以看出，捐赠人数与捐赠金额是以倒金字塔的反比例形式存在的。金额越大的捐赠其捐赠人数越少。捐赠次序符合"三三"原

则和"二八"原则。三三原则是指大约 1/3 的筹款额来源于前 10 笔大额捐赠，另外的 1/3 来源于接下来的 100 份大额捐赠，而最后的 1/3 则由其他的捐赠贡献。二八原则是指 80% 的捐赠金额来源于 20% 的捐赠者。

（二）校友捐赠的影响因素

一次成功的校友捐赠受诸多因素影响，包括主观因素和客观因素。国内外学者和同行以不同视角做了深入研究，通过文献分析影响因素会发现校友捐赠时机和意愿是有迹可循的。从表 6 可以看出，影响校友捐赠的因素包括国家政策以及社会环境影响因素、高校自身管理因素、校友基金管理工作因素及捐赠者个人因素。笔者将从影响捐赠的因素之一，即校友基金管理工作的影响因素出发，以暨南大学为例，阐述优化校友关系管理对于提升校友捐赠意愿的意义。

表 6 国内学者对校友捐赠的影响因素分析

影响因素	具体原因	代表学者
国家政策以及社会环境因素	制度环境、社会环境与文化背景、社会捐赠意识、社会慈善文化、对捐赠者的补偿政策、公益捐赠法律制度、税收政策	罗公利、刘惠明、王冬梅、侯东军、张磊、周红玲、李文章
高校自身管理因素	学校的教育质量（高校教师水平、软硬件设施条件、学生规模、师生比），管理水平（后勤管理、食宿、奖惩制度），办学特色，人才培养质量，科学研究能力，名望和综合声誉，社会影响力，校友对母校认同感，师生关系维护	陆根书、陈丽、侯东军、罗公利、叶琳娜、陈纲、刘结、郑琼鸽、屈皓、陈晓宇、王文龙、万颖、何孟颖、黄文辉、郭檩、傅博满、周红玲、郭垍、何娟、洪成文、钟玮、李一可、李亚芳
校友基金管理工作因素	校友关系维护、校友管理状况、筹资方式与力度、筹资对象选择、筹资活动的宣传力度、捐赠资金的使用	罗公利、周红玲、陈鹏宇、周建民、韩怀超、王冬梅、陈丽、陆根书、张晓丽、孙旭东、应飚、周红玲、刘琪瑾
校友捐赠者的个人因素	校友年龄、性别、家庭、受教育程度、毕业届别、在校经历、收入水平、行业、职位、工作区域	周红玲、罗公利、侯东军、何孟颖、陆根书、陈丽、钟玮

资料来源：宁小花：《高校校友捐赠影响因素研究文献综述及启示》，《教育现代化》2019 年第 6 卷第 1 期，第 119～123 页。

五 校友关系管理质量对大学多元化筹资的影响

——以暨南大学为例

暨南大学创建于 1906 年，经历三落三起，五度播迁，从南京、上海、福建建阳辗转到广州办学。114 年来，暨南大学始终坚持"面向海外、面向港澳台"的办学方针以及"宏教泽、系侨情"的独特办学使命。2018 年 10 月 24 日，习近平总书记亲临暨南大学视察，参观暨南大学校史馆和华侨华人文献馆，并嘱托暨南大学把中华优秀传统文化传播到五洲四海。

暨南大学与国内众多高校一样，设有校友会和基金会。校友会历史悠久，遍布全球。1986 年暨南大学教育基金会在香港成立；2010 年境内成立广东省暨南大学教育发展基金会，获批广东省民政厅 5A 等级评估。除此之外，早在 1922 年暨南大学就设有董事会，复办后一直延续至今，成为独具特色的办学模式。按本文广义校友的意义，董事会也纳入校友的理念。暨南大学将"三会"合一，即把校友会、基金会和董事会并入学校行政机构——对外联络处，更方便暨南大学面向社会整合校内外资源。

下文以暨南大学为例，通过具体管理经验和实操案例，阐述如何优化校友关系管理，促进大学多元化筹资的开展。

（一）暨南大学校友关系管理的几点做法

1. 有序搭建网格化的校友组织

1941 年，暨南大学新加坡校友会成立。20 世纪 80 年代中期，地方校友会纷纷成立。1992 年成立校友总会，由澳门工商领袖马有恒担任会长。校友会经历萌芽、发展、整合、兴盛四个阶段，由最初的地方校友会为主的联谊活动，到地方与学院校友合作发展，再到校友深度参与学校建设。学校方面出台相关的《关于做好暨南大学校友工作的指导性意见》，将校友工作纳入"双一流"建设战略规划和国家大统战发展规划，校友工作得到了空前的发展。

目前暨南大学校友会已在全球设有 132 个校友组织，其中境外校友组织 59 个，境内校友组织 73 个，实现了"全球布点，全省覆盖"的布局，堪称"有海水的地方就有暨南人"。132 个校友组织包括地方校友会、学院校友联谊会、行业和兴趣校友俱乐部，搭建了"纵横交错、多点融合""你中有我、我中有你"的网格化组织架构。暨南大学校友会布局全球，遵守共同章程，规范组织架构，大批校友骨干成为终身的校友工作者，以点带面，以面搭平台，搭建了校友工作的大格局。

网格化的校友组织有助于校友关系的建构、与校友情感的维系、对接校友资源的匹配等。2016～2020 年，暨南大学校友捐赠超过 50000 人次，为筹资工作的多样性和覆盖性奠定了良好基础。

2. 持续举办品牌化的校友活动

暨南大学校友会多年来打造众多拥有暨南大学烙印的校友活动，注重创新和可持续发展。由校友会主办的周年校庆，已成为海内外校友最重要的节日，每年海内外有近百个校友组织组队回校庆生；"全球校友会会长（秘书长）联席会议"由地方校友会申请承办，汇聚智慧，共商学校和校友发展大计。

暨南大学持续举办"根系暨南情公益健步行""寻根之旅""一带一路校友足球联赛"等独具暨南大学特色的校友活动以及"校友骨干培训班""校友企业家论坛""粤港澳传媒高峰论坛""粤港澳大湾区医学论坛"等高层次赋能的校友活动，满足不同校友的发展需求，深化校友会的内涵建设，彰显暨南特色，积极承担"把中华优秀传统文化传播到五洲四海"的光荣使命。

品牌化的校友活动能够增强校友情感归属，强化凝聚力，丰富校友内涵建设，有助于"学校帮助校友成长，校友反哺学校建设发展"的良性循环机制的产生，有利于培养"出心、出力、出席、出钱"的"四出"新时代校友。

3. 积极打造矩阵式的媒体传播

暨南大学校友会以"两微一抖"（微信、微博、抖音，主要是微信公众号）为核心，通过《暨南校友》刊物、校史展厅、国内外传统媒体、新传媒，包括南方传媒集团、广州日报传媒集团、澳门日报、羊城晚报报业集团、网易、头条、抖音、荔枝等共建合作宣传平台，利用视频、音频、海报、出版物等形式，构建全方位、多视点、广渠道的矩阵式传播格局。

近年，校友会公众号策划多个专题栏目，如"校友说""我们的四十年""香港暨南人""寻访世界暨南人、讲述家国好故事""全球抗疫，展现暨南校友力量"原创专题栏目，2019年阅读量达250万，成为全球暨南校友最有黏性的读物，并多次获得"最具传播力公众号"和"最受欢迎公众号"的称号。

疫情期间，基金会服务号平台迅速搭建募捐平台，发出"万众一心，全球暨南人紧急支援暨大医疗队"的倡议，同时校友会公众号平台迅速转发捐赠链接，在最短时间内为全球14000余名校友提供了捐赠渠道，彰显了全球暨南共同抗疫的决心和信心。

矩阵式的品牌传播对于弘扬学校精神、传播正能量起着积极的作用，也为校友关系管理中关系情景的构建提供载体传递，积极营造和渲染了筹资气氛，是筹资环节最重要的催化剂，对年度捐赠、小额捐赠及事件捐赠方面的号召力尤为突出。

4. 广泛运用智能化的管理手段

暨南大学校友会和基金会各个业务板块广泛运用现代化技术和信息化手段，服务各项业务和广大校友。

2015年，校友会开始探索校友工作信息化建设路径，着手搭建校友信息数据库。2016年，基金会自主开发全业务管理信息系统。基金会业务管理系统是一个集行政办公、校友工作、项目管理、合同协议管理、捐赠者服务与管理、财务管理、档案管理、固定资产管理以及数据统计与分析九个板块于一体的全方位管理系统，能够有效管理捐赠协议、财务支出，跟进项目实施情况，及时对捐赠者进行项目反馈和沟通，为众多捐赠者提供强大的系统保障，特别是对于捐赠群体众多的校友，能够提供更全面、细致的服务。

2017年，"智慧校友会"完成了第一批用户的信息采集和验证。2018年校友云卡的发布，将毕业生有效转化为校友，为"智慧校友会"吸纳了新用户。2019年，暨南大学对"智慧校友会"继续升级，深度开展数据共享和信息互通，打造了"暨南大学微信校园卡"，打通学校内部资源链接渠道，为全球132个校友组织提供校友资讯、校友企业招聘、公益课程、云游校史馆、期刊订阅等各类服务，实现大平台交流、行业交流和兴趣交流（见图3）。

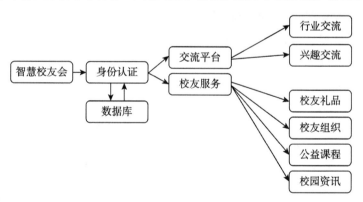

图3 暨南大学"智慧校友会"流程

智能化的管理手段有效地联系分散在全球各地的校友个体和群体，能够快速、有效、便捷地与校友建立起常态联系，为校友搭建情感交流平台，并在提供精准校友服务、提升捐赠管理效率等方面提供强大的系统支持。

5. 积极构建多样化的服务体系

校友工作的第一阶段是满足校友的情感归属，促进校友联谊；第二阶段是为校友提供服务，满足校友各个阶段的事业发展；第三阶段是构建校友生态圈，促进校友间的自组织发展，互助提升；第四阶段是校友与母校共同构建荣誉共同体、发展共同体和命运共同体。

暨南大学校友会根据四个发展阶段，为校友定制多样化的服务体系。第一阶段的各种值年活动、班级联谊活动、校庆活动、植树活动、寻根活动等，为校友情感归属提供场所和情境。第二阶段是为校友提供的服务，如学校提供继续教育服务，为校友企业定制职业提升管理课程；线上线下搭建校友企业招聘平台，为校友企业人才支持输送服务；校友基金为校友金融服务提供支持，共建产学研基地等。这为母校和校友发展共同体、荣誉共同体和命运共同体的构建打造坚实基础。

在第三阶段和第四阶段，校友会通过搭建各类平台网络，促进校友会之间、校友之间相互提供服务和支持，如各个行业俱乐部、专业委员会为校友事业发展提供专业支持，校友公益基金提供校友帮扶互助，校友企业为校友提供工作岗位，兴趣俱乐部为年轻校友提供职业帮扶、相亲平台等，打造了一个年轻有所为、年老有所依的校友大家庭。

多样化的服务体系，能够最大程度地整合校友资源，促进校友事业发展，为校友资源创造和流动提供良好的社群基础，也是培养校友捐赠意识，提升捐赠意愿的最有效手段。

6. 主动策划层次化的筹资模式

暨南大学根据捐赠类别，将筹资模式层次化，把筹资模式分为大额捐赠、专项捐赠、年度捐赠（包括小额捐赠、校庆捐赠、事件捐赠）。

（1）大额捐赠

通过项目策划、事件推动，暨南大学2012年启动新校区建设基金，为新校区建设筹款超过5亿元人民币。2015~2016年，在暨南大学110周年校庆期间，校友会、校董会两次集体捐赠，祝贺学校百十诞辰，为学校筹款2.2亿元人民币。2019年113周年校庆，暨南大学再一次集体捐赠超1.3亿元人民币。

（2）专项捐赠

专项捐赠主要是各学院专项发展基金利用名师、学科、科学研究等推动的捐赠。专项捐赠包括生命科学学院林剑生物医药基金、经济学院张元元基金、口腔医学院吕培锟基金、管理学院黄德鸿基金、护理学院黄爱廉基金、文学院詹伯慧基金、新闻学院胡文虎基金等。

（3）年度捐赠

年度捐赠包括绿化基金、校友爱基金。绿化基金以"把根留在暨南园"

为理念，让每届毕业生或校友为母校种上一棵树，自 2014 年已持续 7 年，在新校区种植逾千棵名贵树种。校友爱基金以"我对母校，每天都有'十分'/'百分'/'千分'爱"为口号，提倡日行一善，聚沙成塔，关爱困难同学，鼓励学子敢于创新，传承暨南忠信笃敬精神。

（4）事件捐赠

暨南大学校友会和基金会共同策划了几次成功的捐赠活动。例如，针对蒙古包重建，暨大策划"我为蒙古包添砖加瓦"活动；"天鸽"台风袭击造成珠海校区灾情，暨大发起"珠海校区灾后建设基金"；学生陈莉一家 14 口人在火灾伤亡，暨大发起紧急救援基金；新冠肺炎疫情期间，暨南大学附属第一医院 89 名医护人员逆行抗疫，暨大设立"武汉救援基金"。每次启动事件捐款，全球暨南人都是接力支援，将校友心系母校、支持母校表现得淋漓尽致。

层次化的捐赠设计，为校友提供更多选择，为不同类别的捐赠者提供等意义的回馈，同时也丰富了校友关系管理的内涵和质量，实现了稳定和可持续的关系管理。

暨南大学通过打造网格化的校友组织，举办品牌化的校友活动，构建矩阵式的品牌传播，运用智能化的管理手段，搭建多样化的服务体系，策划层次化的筹资模式六个方面，构建暨南校友生态系统，培育校友捐赠文化，提升校友捐赠能力，以提升校友捐赠意愿，达到校友捐赠效果，形成一种"校友离不开校友会，基金会离不开校友"的独特的校友文化（见图 4）。

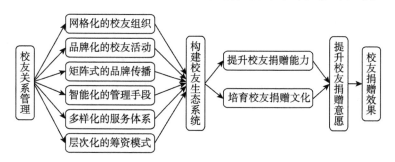

图 4　校友关系管理质量对大学多元化筹资的影响

（二）校友关系管理案例

为了进一步诠释校友关系管理对多元化筹款的影响，笔者以暨南大学抗击新冠肺炎疫情的筹款行动案例来验证暨南大学校友关系管理的成效。作为暨南大学抗击新冠肺炎疫情筹款行动的深度参与者，笔者将以第一人称从策划、启动、宣传、执行、管理、收官六个阶段对筹款行动进行阐述。

1. 策划（启动）

由于疫情突发，本次筹款行动中，策划与启动几乎同步进行。

大年三十傍晚，我们获悉暨南大学附属第一医院派出 9 名医护人员奔赴武汉救援。校友会和基金会迅速建群召开紧急会议，与会人员一致认为这是一个牵动校友爱心的事件，须密切跟踪，及时报道。秘书处马上决定改变原来春节宣传各地旅游风光的策略，校友会和基金会合力策划并启动"暨南大学抗击新冠疫情筹款行动"，支援奔赴武汉的暨南英雄。

大年初一深夜 12 点，校友会发布《夜赴武汉，正月初一的头条属于暨医人》，迅速引起全球暨南人的关注。大年初一早上 11 点，基金会服务号平台迅速搭建募捐平台，发出"万众一心，全球暨南人紧急支援暨大医疗队"的倡议。短短 12 个小时，校友会与基金会共同吹响"全球暨南人团结一心共同抗击疫情"的号角。

2. 宣传

疫情期间，校友会和基金会持续发布有关抗疫的原创文章 50 余篇，用 MV、音频、海报、直播等形式多样传播暨南人抗疫的故事。多篇原创文章被学习强国、统战新语、南方+、广州日报、凤凰卫视、凤凰网、南方都市报等原文转播。其中 MV《平安武汉》被广东省教育厅"共抗疫情，爱国力行"主题宣传教育活动评为最佳原创作品，并在广东网络思政中心微信公众号首期播出；校友艺术团 17 国 34 地区成员原创歌曲舞蹈《给世界一个拥抱》，被国内外媒体持续报道。这种原创策划主题鲜明、形式多样、及时迅速地宣传了海内外暨南人抗疫的故事，在海外华人及主流人群中广泛传播，全方位地展现了抗疫过程中的暨南校友力量。全球暨南人抗疫故事的及时宣传以及多家媒体的持续报道，不断鼓舞校友的士气，渲染和催化校友家国情怀和爱校情绪。

3. 执行

在基金会捐赠倡议发出后，累计共有 14000 余人、132 个团体组织积极响应，国内外校友及校友企业不间断捐资捐物，累计收到超过 1300 万元的抗疫资金和物资。

抗击疫情初期，校友总会组织海外校友会建立"连接纽约""连接英国""连接荷兰""连接新加坡"等多个物资运输工作群，发动海外校友会筹款、寻找物资、对接运输，争分夺秒、跨越万里将急需物资运回国内，在危难关头解了燃眉之急。让人感动的是，在国内抗疫取得阶段性胜利，海外疫情扩散蔓延之际，校友会和基金会编制海外物资需求登记表，组织国内的校友会与海外校友会进行点对点爱心支援，促成 22 对国内校友会与海外校友会结对支援。暨大万众一心、跨国接力、全球抗疫的故事被多个主流媒体宣传报道。

4. 管理

本次筹款涉及人数和物资众多，基金会通过智能化管理，使 10000 多名捐赠者及时收到捐赠短信，下载捐赠证书。同时，基金会还为捐赠者提供免税申请、举办捐赠仪式、现场体验等个性化服务，为捐赠者提供了满意的捐赠体验。此外，作为广东省民政厅指定的唯一一家接收海外物资的高校基金会，基金会完成报关、清关、公示、免税等大量规范化的流程，连续 6 次公示收到的资金和物资，大到数百万、小到 5 元钱都予以公示和鸣谢。同时，我们作为 5A 基金会，FTI 透明指数达到满分（基金会中心网发布），为公众提供了一个满意放心的捐赠平台。

5. 收官

在项目执行过程中，除了不间断的全媒体报道各校友和校友会抗疫事迹外，学校党委书记和校长、校友总会长署名致函感谢和致敬校友会、校友企业和校友个人。校友会和基金会发出各类慰问函、感谢函、致敬函数百份，电子邮件感谢函一万多封。

2020 年 4 月 13 日下午，89 名抗疫医护人员全部安全回穗，校友会和基金会共同举办了"暨南英雄面对面"线上直播活动。活动得到合作媒体网易、南都、荔枝、抖音四大平台全球同步直播，在线参与总人次达 57 万多。活动在全校师生和全球校友中反响热烈，再一次体现了全球校友万众一心、同频共振的校友氛围。至此，抗击新冠肺炎疫情展现暨南力量的"暨南大学抗击新冠疫情筹款行动"在高潮中阶段性收官。

在抗击新冠肺炎疫情中，全国 600 多个高校基金会结合自身所在高校的特点，不同程度地参与到各项疫情防控工作当中，在抗疫物资筹措、师生关爱、科研攻关等诸多方面发挥了重要作用，受到社会各界的普遍关注与高度认可。[1]

全国高校抗击疫情的事例是对校友关系管理的一次全面检验，没有长期

---

[1] 雷引杰、杨维东：《应对疫情"大考"，高校基金会尽显担当》，全国党媒信息公共平台，https://baike.baidu.com/reference/23276695/052adItWYv-f0iN_2-VMJVIs-_AFYjjrsWJJrqz1kCRDE6yOoXGckQeG7xzOSMZrE85rfddfxw_zYkWvkxW8nOzs0HsSE8X7tjtviQ，最后访问日期：2020 年 9 月 29 日。

的维护和积累，不能做到万众一心、众志成城；没有团队的职业敏感性和专业素养，不能做到反应迅速、高效执行；没有信息化和智能化的系统支撑，不能做到精细化管理和规范透明；没有长期与媒体和社会资源的合作，不能做到全平台同频共振。所有高校展现出来的成绩其实都是"守正笃实，久久为功"的结果，是校友关系管理成效最直接的体现。

六　推进大学校友会和基金会现代化进程的思考

"双一流"建设背景下，如何做好校友关系管理，充分挖掘高校校友的社会价值、筹资价值以及情感价值，为大学发展筹集更多的办学资金，对大学校友会和基金会的建设与发展提出了新的挑战和要求。下文从推进大学校友会和基金会的现代化进程提出几点思考。

（一）营造慈善氛围，培育校友捐赠文化

良好的慈善氛围是培育捐赠文化的基础，包括大学的校友捐赠文化。英美两国慈善事业的蓬勃发展，得益于政府在慈善领域发挥的作用。大量文献提及政府与慈善组织是良好的合作伙伴关系，二者相互辅助，相互弥补，共同促进社会进步。我国可加以借鉴，实现政府从管理者向监督者、服务者和保护者的角色转换，使之成为我国慈善事业发展过程中强有力的后盾。

作为监督者，政府应该通过明确的法律法规制度，对于违法乱纪的现象进行坚决打击，绝不姑息纵容，并且要一视同仁，严格整顿慈善领域中的歪风邪气。作为服务者，政府要转变之前领导者的形象，为慈善事业提供优惠政策和一切可能达到的需求帮助，起到辅助作用。作为保护者，政府应该对慈善事业的健康发展负责，明确其权利与义务，并赋予其一定的灵活性，充分激发公众的参与度；同时，应该注重对慈善文化的宣传，激起人们的共鸣，把慈善文化的建设融入社会主义精神文明建设中。慈善思想在我国早已出现，并在传统文化中占有重要地位，儒家所倡导的仁爱思想以及墨家的兼爱思想等都是中国慈善文化精华的体现，客观上大力推动了以慈善为荣的社会道德。

对于捐赠文化的培育，一方面，政府应坚持开放和监督并重，像重视民营经济组织一样，重视公益组织的发展，营造真正自由的公益慈善"市场"；同时要加强监督，规范发展，建立政府和行业第三方组织、捐赠人、公众和媒体全方位的立体监督体系，为慈善行为营造一个充满阳光的环境，使我国

慈善文化蔚然成风。① 另一方面，正如前文所提到的，校友是大学筹资中最重要也是最可靠的对象，因此，政府应要求高校基金会与校友会通力协作，从年度捐赠入手，以情感为纽带，积极打造温馨、积极、阳光向上的筹款行动，为校友捐赠文化的培育和发展持续助力。同时，基金会也应注重在校师生的捐赠体验，通过在校园内布置环境、宣传慈善理念，使在校师生知晓、认可并支持捐赠行为，让慈善氛围在校园内盛行。

（二）优化校友会和基金会现代化内部治理

无论合署办公还是分开办公，校友会和基金会都应该按照现代化社会组织的搭建工作架构，按照各自的章程建章立制，各司其职，各负其责，各自有独立的考核指标。同时，二者又要建立联系和协调机制，以项目形式，组建工作团队，开展市场化和职业化的运作模式。

1. 健全党建工作

大学要做好党的组织和工作覆盖，将党建工作写入章程，基金会负责人担任党组织书记，按规定定期开展活动，并结合校友会和基金会的特色，创新党建工作的形式，突出主题活动形式，包括党史与校史结合，党建引领业务、党建促进扶贫、党组织建设基金等。校友会和基金会要发挥党组织监督作用，对"三重一大"事项予以监督，对专项基金规范审批、报销及票据使用的流程予以监督，为其业务工作保驾护航。

2. 现代化的组织架构

校友会和基金会作为一种基本的组织和制度形态，不同于政府、企业，也有别于一般非营利组织，具有公益性、非营利性、非政府性的特征。校友会和基金会是独立的社团法人机构，独立承担民事责任，有规范的名称、章程、组织机构以及专职工作人员。

校友会和基金会的组织架构由治理决策机构理事会和执行团队秘书处两个部分组成。理事会承担决策职能，通过由理事长召集并主持的定期理事会决议，对校友会和基金会战略规划、制度建设、年度计划、预算等重大事项进行审议和审批。秘书处为理事会的执行机构，下设行政、筹资、项目、财务等职能部门，具体执行理事会决策事项，完成年度筹款目标、项目执行管理、财务预算和决算以及增值保值的事项。

---

① 霍姗姗：《我国慈善事业进程中的难题与对策》，《内蒙古统计》2018 年第 1 期，第 42～44 页。

3. 社会化的运营机制

近年来，公益市场化和可持续已成为公益行业的一个热门话题。大学基金会作为学校自身实现多元化筹款的部门，筹款对象和资助对象都具有独特性。大学基金会有别于社会其他基金会，普遍缺乏市场压力和生存压力，仍存在严重的制度依赖和资源依赖，公益社会化和职业化程度仍然很低。笔者认为，大学基金会应利用特殊的时代背景和优势资源，采取更多自下而上、更为灵活自由及满足成员价值需求的社会化运行模式，包括组织工具性、非营利管理技能、社会化的激励、目标管理等手段，让大学开放更大的赋权以及动员参与能力，推动团队自主追求更高层面的社会化公益，逐步实现大学基金会公益社会化和职业化。

（三）积极采用现代化的工作手段

1. 项目管理信息化

在互联网时代，数据就是组织资产，是核心竞争力。要建立基金会项目信息管理系统，一方面是捐赠方数据和有关活动资料的信息化，使筹资信息传递和查询更加的便捷；另一方面是捐赠项目管理、捐赠人管理流程的信息化，极大地优化了筹资管理流程，提高了工作效率。[①]

基金会通过项目信息管理系统，对项目捐赠类别和捐赠人行为进行数据分析，充分分析捐赠人的捐赠意愿、捐赠能力以及学校的捐赠热点，有助于设置层次化筹资项目，并挖掘潜在客户。此外，基金会利用系统中的基础信息数据平台，及时维系与捐赠方的关系，跟踪并维护好已有项目，在保证复捐率的同时，也可以提升捐赠方的捐赠服务满意度。

2. 校友联系智能化

传统的邮件往来、电话沟通对于资源的拓展和校友的关系维护未能起到很好的作用，未脱离纸质化的办公对于繁杂的校友事务而言很难进行优质的校友关系维护和校友工作追踪。为此，笔者认为要引入"智慧校友会"这一概念，从线下校友会发展到线上校友会，大力促进远距离校友的零距离沟通，努力营造校友活跃氛围，积极培育支持型校友。高校首先要完善校友信息库系统，建立校友跟踪联系和分类管理制度，通过校友网站、校友杂志、校友会微信公众号平台，加强信息推送，引导校友关心母校发展，促进大学与校

---

① 林成华、洪成文、杨艺：《传承与颠覆："互联网＋"时代大学教育基金会管理变革及其策略思考》，《现代教育论丛》2015 年第 12 期。

友、校友与校友之间的情感联系、资源共享和事业合作，通过智能化的手段使校友工作达到非人工性的常态化。同时，校友信息库系统与基金会项目信息管理要做到无缝对接，减少双方统计信息差异，做好数据管理、流程管理，为后续决策分析提供可靠的数据来源，切实优化校友捐赠信息和服务平台。

（四）团队专业化和职业化培养

1. 提升团队专业化水平

就基金会而言，团队的专业化体现在以下三个方面：一是组织机构专业化，长期的筹资实践使大学基金会的职能得到不断的发展，并且形成院校两级筹资组织；二是筹资人员的专业化，大学应注重筹资人员的业务培训和职业道德教育，在有条件的情况下定期组织团队人员与国内外优秀的高校筹资部门交流学习；三是筹资运作的专业化，从筹款运动规划、筹资项目设置、营销与公共关系、组织实施到效果评估与问责，从捐赠池评估、捐赠人关系培养、劝募、捐赠人答谢认可到后续管理等，都建立一整套完备的规范标准和运作体系。

2. 提升团队职业化水平

一方面，大学基金会和校友会要加强物质激励，提高团队的薪酬待遇，建立市场化的、有竞争力的从业人员薪酬体系和符合自身定位的激励制度，把工作绩效与薪酬挂钩，把专业素养、工作能力和工作态度等指标纳入考核当中。另一方面，大学基金会和校友会要利用精神激励，设置可量化的内部晋升等级，明晰各等级所需的能力、知识和经验，使晋升的通道和途径透明化；定期给从业人员安排教育培训活动以加快晋升进程，提升团队职业化水平，让从业人员在行业内看到努力的希望和坚持的勇气，也吸引更多专业人才投身于大学筹资和校友工作事业当中。

（五）开展筹资与投资的双渠道运作模式

筹资与投资是获取资金的两驾马车。筹资是资金的直接来源，投资则是资金的间接来源。基金会要在所筹集资金的基础上，做好资金的保值和增值工作，使基金会资产有所增长。良好的筹资和投资管理不仅会获得可观的经济回报，还会从侧面增加捐赠人对大学的信任，以获取捐赠人的持续支持。

筹资方面如上文所谈及的需要形成院校两级筹资组织机制，在大学内部设立校级筹资部门统筹全校资金筹集管理工作的基础上，再成立以院为单位的部门筹资体系，由学院主要领导班子成员分管学院筹资及落实工作，确定专门工作人员负责并积极采取各种措施开展具体的筹资工作，动员各级领导和教师积极参与，从而形成以校级筹资组织为核心的庞大的院系分支机构网络，构建起校内校外发展联络工作网络。①

　　投资方面，《基金会管理条例》第二十八条规定："基金会应当按照合法、安全、有效的原则实现经济的保值、增值。"目前我国部分高校基金会已经尝试多元化的投资运作，如银行存款、购买国债、股票投资、委托理财和股权投资等。但总体而言，投资管理水平较低、投资管理模式的不完善和总体投资效益不佳等问题十分突出，资金的保值增值面临较大的压力和挑战。笔者认为，高校基金会进行投资时应当优先保障本金安全，维持资金的适度流动性；其次再考虑投资的效益性以及合理配置长期资产与短期资产的比例，从而使基金会同时保持公益性和效益性；最后，大力发展慈善信托，建立基金会自主投资与信托投资相结合、多元化资产配置的组合投资模式，确保捐赠资金的保值增值。②

（六）积极推动筹资行业发展的建议

1. 开展行业研究

　　开展行业研究是一个行业专业化程度的重要标志。高校要注重对行业市场和捐赠人的研究。一是对大学筹资市场的研究，这主要是指运用科学的方法，有计划、有系统地收集整理行业信息及其变化，对大学筹资市场做数据分析和应用。大学筹资市场研究报告是筹款运动可行性报告的主要支撑材料，直接影响大学筹款运动的目标和战略。二是对筹资管理的研究，主要包括捐赠人需求和满意度调查、公共关系及筹资绩效评估以及对大学筹资过程中出现的问题提出具有建设性的对策，重视利益相关者的信息反馈，重视筹资市场的调查，这可以大大提高筹资管理和决策的科学性和前瞻性。

2. 鼓励行业组织发展

　　行业组织代表着行业全体成员的共同利益，可以使政府与大学之间达成有效的联系和沟通。行业组织在以下几个方面发挥着重要作用：一是制定行业标准，协调行业成员行为；二是加强行业监督与行业自律；三是统计、分析、发布本行业基本数据；四是对本行业面临的共同问题开展研究，提出建议供行业成员和政府机构参考；五是提供信息咨询、教育培训、会议、行业资格认证等行业服务。

---

① 宰思烨：《重点高校教育基金会筹资问题及对策研究》，硕士学位论文，陕西师范大学，2017。
② 于红：《我国高校教育基金会投资研究》，《经济师》2011 年第 11 期，第 118～119 页。

虽然目前我国已有"高校筹资联盟"微信公众号、"中国校友会网"等为大学筹资从业者提供行业信息，但与欧美大学相比，行业的组织发展还相差甚远。笔者建议，有条件的话，筹资行业可专门成立"中国大学专业筹资人协会"，通过专业筹资人协会协助制定中国大学筹资人的专业标准，推动专业筹资人的职业资格认证考试，开展专业筹资人的教育培训活动，倡导职业筹资人职业道德并服务筹资人的职业发展。

3. 培养专业人才

筹资人员专业化和职业化是美国一流大学筹款运动成功的重要因素之一，包括专职发展副校长、首席发展官、首席财务官、首席投资官、首席公共关系与沟通官、发展事务官、基金经理人等。鉴于我国现阶段大学筹资事业规模较小，不可能在职位序列里面做过多的细分，但是大学筹资管理和基金运作人员的专业化和职业化的培养是重要的发展趋势和理念。基金会要大力推动行业专业发展，对从事大学筹资的从业人员有统一的从业资格标准，进而形成行业标准。有条件的大学可以开设筹资学和基金投资学专业，为大学筹资事业的发展提供专业人才保障。

最后，笔者期待在我国相关慈善法律、基金条例越来越规范，以及社会对于高校捐赠的热度、关注度逐渐提高的大背景下，高校校友会和基金会从业人员能够主动服务、主动管理、主动作为，在提高服务水平、提升管理效率上精益求精，不断突破，逐步向专业化和职业化转型和发展。

大学基金会筹资发展模式与探索[*]

李胜兰[**]

大学基金会筹集社会捐赠是大学多元化筹资的重要途径之一，为大学获得自主性、内涵式发展提供了宝贵的支持。捐赠不仅对高等教育产生积极的影响，而且对高等教育产生变革性的影响。[①] 2020 年，中国大学基金会走过了 20 余年的艰辛旅程。本文现就其筹资发展路径、模式以及未来的发展进行探讨。

一 大学基金会的发展路径及动力机制

党的十九大报告提出，加快一流大学和一流学科建设，实现高等教育内涵式发展。《中国教育现代化 2035》确立了中国教育的远景任务，其中明确了高等教育竞争力明显提升的目标，而"高等教育内涵式发展是构建现代教育体系的重要着力点"[②]。在高等教育内涵式发展的背景下，大学基金会也需要找准自身定位和发展方向。分析和研究大学基金会的发展规律和筹资模式，不仅关系到大学基金会这个大学衍生组织本身的发展前景，也关系到"双一流"大学建设、高等教育发展的进程。

（一）大学基金会的发展路径与中国高等教育发展重大战略呈现高度一致性

大学基金会是在中国高等教育体制下孕育的，其出现的初衷是以独特形式帮助大学解决发展中面临的问题，主要任务是提供资金保障。中国大学教

---

[*] 本文为教育部人文社科一般课题"我国大学社会捐赠筹资管理研究"成果。

[**] 李胜兰，北京师范大学教育基金会副秘书长。

[①] Frederic J. Fransen, "Leveraging philanthropy in higher education," *Academic Questions* 20（2007）: 150 – 153.

[②] 《绘制新时代加快推进教育现代化建设教育强国的宏伟蓝图》，新华网，http://www.moe.gov.cn/jyb_xwfb/s271/201902/t20190223_370865.html。

育基金会从产生到发展，都具有极强的依附性，其发展路径基本也与国家高等教育发展步调保持一致。从"211 工程""985 工程"到"2011 计划"再到"双一流"，历史上高等教育发展战略每一次面临重大调整时，大学基金会都会相应地迎来新的发展机遇，面临着新的挑战。这从大学教育基金会的成立时间可以看出来（见表 1）。

表 1 大学教育基金会成立时间

单位：家

年份	数量	年份	数量
1994	2	2006	13
1995	2	2007	18
1996	0	2008	13
1997	0	2009	26
1998	1	2010	42
1999	0	2011	42
2000	0	2012	48
2001	0	2013	58
2002	1	2014	44
2003	0	2015	35
2004	9	2016	34
2005	6	2017	24

资料来源：杨维东：《中国大学教育基金会：过去、现在与未来》，载《中国大学教育基金会发展报告》编写组编《中国大学教育基金会发展报告（2018）》，社会科学文献出版社，2018，第 3 页。

中国第一批大学教育基金会诞生在 1994 年，1995 年"211 工程"随即启动；2004 年教育部、财政部印发《教育部、财政部关于继续实施"985 工程"建设项目的意见》，启动"985 工程"二期建设，大学教育基金会正好迎来了成立的高峰期，9 家大学教育基金会注册成立，而 2004 年也是《基金会管理条例》颁布之年。2009 年第二次大学教育基金会成立的高峰与中央财政配比办法出台的节点相重合。[①] 大学基金会与高等教育发展，与国家经济、政治、

---

① 杨维东：《中国大学教育基金会：过去、现在与未来》，载《中国大学教育基金会发展报告》编写组编《中国大学教育基金会发展报告（2018）》，社会科学文献出版社，2018，第 3 页。

文化和社会发展之间有着密不可分的联系（见表2）。①

表 2　中国高等教育发展战略与大学基金会发展情况

年份	高等教育发展阶段	高等教育发展战略	大学基金会发展情况
1994 年	积极稳步发展	"211 工程"，即面向 21 世纪、重点建设 100 所左右的高等学校和一批重点学科的建设工程，于 1995 年 11 月经国务院批准后正式启动。"211 工程"是新中国成立以来由国家立项在高等教育领域进行的规模最大、层次最高的重点建设工作，是中国政府实施"科教兴国"战略的重大举措，中华民族面对世纪之交的中国国内外形势而做出的发展高等教育的重大决策①	1994 年，清华大学、北京大学相继成立教育基金会，标志中国大学基金会的诞生
2004 年	提升教育质量与管理水平	1998 年 5 月 4 日，时任国家主席江泽民在庆祝北京大学建校 100 周年大会上代表中国共产党和中华人民共和国中央人民政府向全社会宣告："为了实现现代化，我国要有若干所具有世界先进水平的一流大学。"② 1999 年，国务院批转教育部《面向 21 世纪教育振兴行动计划》，"985 工程"正式启动建设。"985 工程"一期建设率先在北京大学和清华大学实施。2004 年，根据《2003—2007 年教育振兴行动计划》，教育部、财政部印发《教育部、财政部关于继续实施"985 工程"建设项目的意见》，启动"985 工程"二期建设	2004 年，《基金会管理条例》颁布，当年共有 9 家大学登记成立了基金会。大学基金会数量实现了历史突破，增至 15 家
2017 年	推动、实现内涵式发展	2015 年 8 月 18 日，中央全面深化改革领导小组会议审议通过并于同年 11 月由国务院颁布《统筹推进世界一流大学和一流学科建设总体方案》。2017 年 1 月，教育部、财政部、国家发展和改革委员会印发《统筹推进世界一流大学和一流学科建设实施办法（暂行）》③，对新时期高等教育重点建设做出新部署，统筹推进建设世界一流大学和一流学科，推动实现我国从高等教育大国到高等教育强国的历史性跨越④	截至 2017 年底，42 所世界一流大学建设高校中，已有 40 所成立了教育基金会组织

资料来源：①211 工程部际协调小组办公室：《"211 工程"发展报告：1995—2005》，高等教育出版社，2007。②闵维方：《实践"三个代表"努力创建世界一流大学》，《中国高等教育》2002 年第 17 期。③教育部：《统筹推进世界一流大学和一流学科建设实施办法（暂行）》，教育院/系/研究所名录，2017。④金德水、吴朝晖：《建设世界一流大学和一流学科——建设世界一流大学须发挥优势彰显特色》，《中国高等教育》2015 年第 22 期，第 6～8 页。

---

① 杨维东：《中国大学教育基金会：过去、现在与未来》，载《中国大学教育基金会发展报告》编写组编《中国大学教育基金会发展报告（2018）》，社会科学文献出版社，2018，第 3 页。

（二）大学基金会发展壮大的动力

内涵式发展是高等教育的初心所在，也是高等教育的未来所向；是高等教育发展的永恒主题，更是当下我国高等教育发展面临的重大课题。我国高等教育发展即将迈入普及化阶段，虽然外延式发展还有空间，但主要任务已经转变为实现内涵式发展。[①] 中国特色社会主义进入了新时代，我国社会的主要矛盾已经转化为人民日益增长的美好生活需要和不平衡不充分的发展之间的矛盾。人民群众期盼有更多教育获得感，享受更好的高等教育，就是现实迫切的需求之一。以内涵式发展推动高校"双一流"建设，满足人民群众对优质内涵高等教育的需求是中国大学的历史使命和责任担当。

新时代大学基金会的发展依靠创新驱动。创新驱动强调的是从要素结构探寻社会发展的动力，主张以实现要素结构最优化的方式走"内源性发展"和"外源性发展"相结合之路。[②] 目前几乎全世界高等学校均处于发展经费缺乏的状态，各国及各类高等学校均采取多种办法来增加学校收入。解决我国高等教育机构的经费问题，亟待创新思路。除了坚持政府对高等教育的投入保持在一定的水平之外，大力提倡社会捐赠，采取多元化筹资增加对高等教育事业的捐赠投入是高校实现可持续发展的必由之路。尤其在全球经济遭受重创、人类财富面临急剧下滑的形势下，如何以新的筹资模式来应对危机和挑战，是大学基金会面临的巨大考验。如果继续传统的模式，不进行创新，有可能把过去的积累耗尽而在未来也毫无所获。创新驱动的基金会需要构建学习型组织，具备优秀的学习能力，通过对信息而不是知识的觉察和处理，不拘泥于固有的模式而根据时代的变化保持内在的持续生长。

二　大学基金会筹资发展阶段

大学基金会以大学的发展为目的，大学基金会的筹资也随着大学的发展而呈现不同的内容和形式，形成了不同的阶段及特征。筹资是大学基金会产生和存在的根基，是其赖以发展的首要条件，也是体现大学基金会价值的主要活动。离开了筹资，大学基金会便失去了存在和发展的物质基础，便会成

[①]　别敦荣：《论高等教育内涵式发展》，《中国高教研究》2018 年第 6 期，第 6～14 页。

[②]　杜玉华：《新发展理念：马克思社会发展理论的新成果——以社会结构为分析视角》，《教学与研究》2017 年第 9 期，第 8 页。

为无源之水、无本之木，也将失去其生命力。筹资的道路是艰难而崎岖的，特别在资源有限和竞争激烈的环境下，筹资更是大学基金会面临的最大挑战。中国高等教育体制下孕育的大学基金会，有其自身独特的发展规律。对应大学基金会发展的历史，笔者根据不同发展阶段的筹资目标将大学基金会筹资发展划分为三个阶段：项目期、平台期、使命期（见表3）。

表3　基金会筹资发展阶段及特征

基金会筹资发展阶段 特征	项目期	平台期	使命期
筹资目标	项目资助	平台服务	使命实现（价值引领）
筹资内容	资金	资源	资本
导向	捐赠者导向	市场导向	大学需求导向
筹资动力方式	被动	主动	源动力
发展模式	外延式	外延式	内涵式
筹资境界	学道酬苦	商道酬信	业道酬精
基金会作用	桥	网	光

（一）项目期

如同所有的创业机构一样，大学基金会在成立初期会经历各种困难，这个阶段对于组织来说最重要的任务就是生存。由于缺乏经验，基金会筹资趋于保守和封闭，实行项目型筹资模式，即以项目资金为筹资目标，表现为以资金捐赠项目为导向，接受或者争取各类资金捐赠项目。在这个阶段，基金会在资金捐赠项目的类别上多是被动的，别人捐什么就接收什么，对捐赠资金资助的方向和内容没有太多的话语权。这个阶段，基金会资产规模较小，与大学的年度收入相比微乎其微。在面临筹资资源少，筹资团队尚未组建或经验缺乏的条件下，基金会在筹资活动上基本表现为点对点的筹募，在极其有限的范围内摸索和拓展，还谈不上筹资策略和方法。

学道酬苦。如同攻读学业一样，筹资的道路是艰辛的，特别在初创时期。所谓"苦"的滋味有两种：一种是在漆黑的道路上摸索的迷茫感、无助感，另一种是在新的土壤上勤勉开拓和耕耘的疲惫感。筹资是一项行动力很强的活动，要把大学的目标与社会资源联系起来，这与商业行为有共同之处。但是大学基金会作为非营利机构有其特殊性，归根结底其是发展人与人之间社会关系的活动，必须在实践中探索其发展规律，并不断积累经验。大学基金会创立伊始，由于专业管理人才有限，任职的负责人（秘书长）大都是从大学其他部门转岗的管理人员，对基金会的筹资基本没有经验，这时候的基金会还不算真正启动。当负责人把筹资团队组建起来，真正迈出校门面向社会去筹募资金的时候，才是基金会真正意义上的起始。为了达成筹资目标，基金会要大胆地"走出去"与社会交往以寻求资源的支持。不同学校处于创业期的时间有较大差异，受到学校实力、支持系统、负责人能力等各种因素影响。如果学校本身声誉良好、实力较强，基金会得到学校的重视和支持，人力、政策、社会资源等配套到位，引导相关资源进行倾斜的扶持，或者负责人的筹资能力很强的话，那么这个阶段会相对比较短。反之，如果基金会在这些方面没有优势，那是很难在筹资上获得大的发展的。

（二）平台期

度过了艰苦的创业期，基金会逐步成长壮大。这个阶段基金会开展平台型筹资，主要表现为以多元资源为筹资目标，以平台服务为导向，开拓筹资渠道，发展社会资源，筹集资金和其他资源，并且尽可能在基金会平台上最大化发挥资源的作用，增强资源的交互，释放资源的能量。相比学院模式，这个阶段的基金会真正进入社会、融入社会，在资源积累上有一定的基础，对外联络和拓展的能力也会得到提升。以基金会为桥梁，拓展社会联系网络，实现从弱到强的转变。在资产规模上，基金会会有历史性的突破，捐赠收入大幅增长，也会有大额捐赠的出现。

商道酬信。在这个阶段，筹资最重要的因素是信任。大学基金会开展广泛、多渠道筹资的过程也是与捐赠者发展关系、建立信任的过程。良好的捐赠者关系往往会经历陌生阶段的尝试性信任关系、深入阶段的适应性信任关系和熟悉阶段的持续性信任关系。每一阶段关系的强度取决于双方的时间耗费、情感强度、亲密程度和互惠关系等。时间耗费越多，捐赠者与大学的（基金会及代表）情感越深厚，亲密度越强，互惠频率越高，双方信任关系就会得到提升。基金会往往会在重大捐赠者关系上花费更多的时间，也通过各种人性化的方式加深与捐赠者的情感和亲密度，尽可能地为捐赠者提供其所需要的服务与帮助，以赢得捐赠者更多的、更长久的信任与支持。

（三）使命期

经过资源拓展和平台搭建的阶段，筹资基金会逐渐进入自由期。这个阶段基金会以核心资本（留本基金）为筹资目标，注重内涵、稳健发展，塑造品牌，以使命实现为导向。主要表现为基金会承担大学赋予的责任，有重点地筹集大学发展需要的资金和资源，并对筹资和运营的项目进行深耕。通过卓越的执行力和精细化管理，使基金会的核心实力得到稳步提升并为大学实现目标提供有力的资源支撑。在筹资过程中，基金会只接受符合基金会宗旨的捐赠者，慈善伙伴选择的话语权大大增强，总资产达到一定规模并稳步增长（大学预算总数的 10% 以上）。此时的大学基金会对自身的使命和本质的价值有深入的觉知，对筹资目标和内容有清醒的认识，有能力兑现接受捐赠时的承诺，积极付诸行动并能取得理想的效果，基金会筹资的模式和风格得以形成。

业道酬精。大学的使命归根到底是培养优秀的人才。为了实现这个目标，基金会的筹资必须做到精益求精。"精"有两重含义：其一是精准性，即筹资目标与大学的使命是高度吻合的，只有这样的一致性才能保证大学基金会集中精力满足大学的重大需求，从而才能推动大学在正确的轨道上行进；其二是精细化，要精心地对捐赠项目执行、评估和反馈等全过程进行高水平的管理，保证项目的效果，才能对大学发挥积极作用，兑现筹资的承诺。可以说，捐赠项目完成的质量是基金会的生命线，把捐赠项目做成精品是对捐赠者最好的答谢。

特别值得一提的是，使命期是基金会发展成熟的时期，是一个漫长的发展过程。其间基金会也将经历不同的阶段，而其最高的发展阶段以价值引领为目标，这是大学基金会发展的理想形态。此时，基金会首先通过建立庞大的留本基金实现了物质上的自由，不以筹集任何资金、资源为目标，却能够动员并获得需要的资金和资源。其次，基金会实现了意志的自由，不受外界的束缚，得以以自身价值引领为导向，主要表现为发扬大学的精髓并实现文化的凝练、升华和传播。因为大学基金会与大学在价值观上呈现高度一致性，与大学一道坚持追求真善美如同人一样追求自由全面的发展。因为大学基金会有强大的留本基金和收益，实现了自我造血的功能，同时由于自身的高价值持续吸引社会资源的汇集以及升值，因此，这个阶段基金会不但拥有雄厚的资金基础、强大的资源动员能力和卓越的组织运行能力，其倡导的代表文明发展方向的价值理念也将在一定程度上推动和引领社会经济、政治和文化的发展。

三　大学基金会筹资管理

近年来，大学在筹资方面的实践取得了长足的进步，筹资观念发生了很大的转变，但与此同时，由于缺乏科学理论的指导和有效的制度规范，大学在社会捐赠筹资管理中也暴露出诸多问题。目前大多数大学基金会仍处于项目期或者平台期阶段，宏观上未将筹资战略与策略作为努力推动大学发展的有效手段，没有与学校事业的发展规划挂钩；微观上存在筹资的主动性不强，缺少主动策划、积极募捐的意识，缺乏专业专职管理人员，宣传手段滞后，劝募方法单一，随意性较大，没有形成制度化的管理体制，缺少监督机构，捐赠文化落后等问题。这些问题制约着大学基金会筹资的成效，影响了大学的建设和发展。基金会筹资对于大学的重要意义不仅在于能够缓解大学办学经费不足，也在于能够促进大学优化治理结构，增强社会服务功能，提升大学综合实力。

专业化的筹资管理，是推进大学筹资工作取得高绩效的基石。根据现代营销学理论，如果把筹资看作营销，那么其过程包含以下几个环节。

（一）捐赠市场分析

捐赠市场是筹资工作的外部环境，捐赠市场分析是筹资工作的第一个步骤。在"捐赠"这个特殊市场中，高校是产品的供给方，捐赠者可以被看作需求方。捐赠市场中供给方和需求方的规模、类别、偏好等因素都对筹资工作具有重大影响。首先是筹资环境分析。为了更好地了解市场，找准自身在市场中的定位，得到市场机会，高校有必要对整体环境进行分析，主要包括对各级市场中供需双方的规模及其发展趋势的研究和掌握。其次是捐赠市场和捐赠者行为分析。一方面，高校要通过大数据来判断捐赠市场供需双方整体偏好的变化及趋势；另一方面，高校还需要对与自身密切相关的捐赠类别的捐赠者行为进行深入研究。近十几年来，社会经济飞速发展产生了更多的高净值人群，公益慈善事业也蓬勃发展，有捐赠意向的捐赠者数量不断增多，即需求方规模有了一定程度的扩大。但随着我国高校发展步伐加快，特别是"双一流"建设启动，高校对筹募资金的需求不断增加，高校基金会的数量高速增长，市场竞争更加激烈，这意味着高校要付出更多的努力才能获得捐赠资源。基金会对大环境清醒的认识会加强自身的建设。以此作为出发点，根据市场来制定筹资战略是筹资工作的基石。这种努力在供给侧改革的大潮中，突出体现为高校对于自身"产品"的定位和打造，这便是筹款方案的设计环节。

（二）筹款方案设计

在营销学的概念中，营销组合是指企业的综合营销方案，即企业根据目标市场的需要和自己的市场定位，对自己可控制的各种营销因素（产品、价格、渠道等）的优化组合和综合运用，使之协调配合，扬长避短，发挥优势，以取得更好的经济效益和社会效益。[①] 筹款方案设计是指，高校根据选定的筹资目标可能的兴趣点并结合自身资源条件，对不同类型的筹资目标有针对性地策划一系列的筹款活动方案（个人募捐、网络募捐、校友活动、慈善晚宴等）。与营销组合中的关键因素相对应，筹款方案的设计也要对各种筹款因素进行综合运用，既要解决卖什么产品（公益慈善项目）的问题，又要根据筹资目标的可接受程度和项目实际情况，设计合适"价位"的公益慈善项目或者对公益慈善项目进行调整以使其预算能够被筹资目标接受。同时也要根据与筹资目标取得联系的渠道情况，预先对筹款方案可能产生的效果进行预估。这样才能使筹款方案具体实施时更加顺畅并能达到预期的效果，使前期投入有回报。"双一流"大学建设对大学基金会的筹款方案设计提出了新的要求：首先，这个"产品"是能够体现高校自身特色，符合高校内涵式发展需要的项目，是从高校的需求出发并服务于高校的，这是方案设计的初心和中心，是筹资策划人员需要牢记的不可动摇的原则；其次，为了获得捐赠者的认可和支持，基金会应当发挥创造性，呈现优质的、有创新的和有吸引力的公益慈善产品，供市场、捐赠者选择。如果说一个好的筹资方案是有灵魂的，那么它的灵魂便是来自对学校核心文化的深刻理解和对学校重大需求的社会化呈现。

（三）筹资目标选定

在对捐赠市场的宏观和微观环境进行深入分析，并研究捐赠市场和捐赠者整体行为后，高校需要结合自身情况及筹资目标，从筹资数据库中选定合适的筹资目标。首先，高校需要从以下四个维度来进行初步考量：捐赠方性质（个人、企业、基金会等），捐赠方向（助贫、奖优、奖教、教学科研及学科发展、学校基础建设、国际交流、学生活动、校园环境建设等），捐赠额度（大额、中小额）和预期效果。其次，高校要仔细衡量筹资目标现有的和未来的市场潜力。根据筹资目标以往的捐赠行为及延续性，判断其是否具有未来继续捐赠的潜力。再次，高校还要根据与筹资目标进行联系的可能性判断是否将其作为重点筹资目标。如果暂时建立不了联系，则可以将其放入筹资目标备用库，以后通过某种关系能够建立联系时再将其作为重要筹资目标。最

---

① 苏亚民：《现代营销学》（第四版），中国对外经济贸易出版社，2002。

后，高校要综合以上要素，对筛选出来的筹资目标按照重要程度进行分类或者排序，确定筹资工作重点和主要目标，把市场中的目标与策划方案相匹配。找到匹配的捐赠者，是筹资人员最重要的工作任务之一，是实现捐赠的突破口。这需要筹资管理人员的智慧——对市场和目标的清晰判断，对筹资方案的熟稔于心，对资源的灵活掌控。

（四）项目管理及关系维护

高校筹资的目的在于为高校发展争取更多的支持，本质上是为了教育事业的发展。因此，获得捐赠不是目的的达成，而是刚刚开始。在捐赠达成以后，对高校来说，更为重要的是捐赠项目的有效执行。这不仅仅是高校教育事业发展的客观要求，也是高校作为有责任感的捐赠接受者对捐赠者负责的必然要求。我们关注捐赠后期的项目执行情况及捐赠者的满意度，是因为捐赠者的满意度是影响捐赠者对高校事业以及公益事业态度的重要因素。捐赠者满意将带给捐赠者一种美好的公益消费体验，会增强他们对公益事业的热心和信心，有利于社会形成良好的捐赠氛围，更有利于高校未来筹资工作的顺利开展。除了捐赠项目的管理和执行，高校还需要对客户关系进行定期的、有目的的维护，如通过与捐赠者交流项目执行情况并征求捐赠者对项目的看法。这不仅有利于捐赠项目执行的有效性，也有可能挖掘到继续捐赠或者新的捐赠机会，良好的口碑效应也会为基金会带来新的潜在捐赠者。

四　关于大额捐赠

大额捐赠的重要性对于大学基金会来说不言而喻。捐赠资金因有其独特的精准性、灵活性、公益性、发展性等价值而备受大学重视和青睐。随着捐赠收入占学校总支出比例的不断提高，大学基金会纷纷将筹集教育基金和大额捐赠作为中心工作和重要课题。而处在捐赠金字塔顶尖的大额捐赠者，既是教育基金捐赠的主体，又是教育基金筹资的客体；是这个关系中最重要的要素，也是最神秘的要素。"爱与友善都是那优越的一方（施惠者）的实践的结果。"① 大额捐赠者是研究高等教育捐赠过程中一直鲜有触碰和认识但又不可回避的一个难题。

---

① 亚里士多德：《尼各马可伦理学》，廖申白译，商务印书馆，2003，第298页。

根据"2017 年胡润慈善榜"，2017 年的捐款中有近一半（44%）是捐给大学的，高于三年前的比例（27%）。[①] 在高等教育领域成为接受社会捐赠最大赢家的同时，高等教育大额捐赠者的捐赠额占总捐赠额的比例也越来越高。2019 年 10 月，《公益时报》共采集全国大额捐赠 35 笔，包含企业以及慈善家的捐赠，合计 17.64 亿余元人民币。其中超过 1 亿元人民币的 4 笔捐赠，包括融创中国向清华大学教育基金会捐赠的 10 亿元人民币、泰禾投资集团与字节跳动向南开大学各捐赠的 1 亿元人民币、五粮液集团向四川大学捐赠的 1 亿元人民币，在该月的捐赠额度上占比为 79.3%，而且重点全部在高等教育方面。

美国高等教育筹资也呈现三大发展特征：一是筹资越来越专业化，大学组建自己的筹资团队，不再依赖筹资顾问公司等外部机构；二是大学发展部门负责人进入大学高级管理层，获得更多大学的资源和支持；三是筹资项目多，项目设计与运营更加精细化，重点指向大额捐赠。[②] 在美国，从 20 世纪 90 年代到 21 世纪初的 20 多年里，标准的指导原则是 80% 的资金来自 20% 的捐赠者（所谓的"二八"理论）。但之后捐赠者发生了巨大的变化，2013 年 1% 的高等教育捐赠者提供了近 80% 的捐款，而 2006 年这一比例为 64%。在 2015～2017 三年里，有 77 项 5000 万美元的捐赠被用于美国高等教育的新研究、项目、设施和援助。[③] 在全球范围内，百万富翁和亿万富翁的数量继续增加。根据 2017 年的《全球慈善报告》，全球高净值个人（HNWI）财富在过去 20 年中增长了近 4 倍，总计近 60 万亿美元。全球有 1500 多万百万富翁和大约 2000 名亿万富翁，[④] 福布斯富豪榜统计显示 2019 年 2153 名亿万富豪。[⑤]这些富有的人中有许多人支持社会事业，《慈善纪事》显示，2017 年美国 50

---

① 《外媒称中国富豪热衷向大学捐款：相信教育改变社会》，参考消息网，http://www.cankaoxiaoxi.com/china/20170610/2104668.shtml.

② 梁显平、洪成文：《西方发达国家高等教育社会筹资：经验、特点及趋势》，《比较教育研究》2018 年第 3 期，第 98～105 页。

③ "College fundraising gift pyramid narrows," UB Universitybusiness, https://universitybusiness.com/college-fundraising-gift-pyramid-narrows/? highlight = College% 20Fundraising% 20Gift% 20Pyramid% 20Narrows.

④ "The Global Philanthropy Report: Perspectives on the global foundation sector ," HARVARD Kennedy School Center for Public LEADERSHIP, https://cpl.hks.harvard.edu/global-philanthropy-report-perspectives-global-financial-sector? admin_ panel = 1.

⑤ "WORLD'S BILLIONAIRES LIST," Forbes, https://www.forbes.com/billionaires/#7a406d59251c.

位最慷慨的捐赠者每年的捐赠中位数达到 9700 万美元,[①] 几乎是 2000 年的两倍,这批慈善家总共捐赠了 147 亿美元[②]。排名前 3 位的捐赠者比尔·盖茨和梅琳达·盖茨、马克·扎克伯格和普莉希拉·陈、迈克尔·戴尔都是久负盛名的高等教育慈善家。排名第 6 至第 9 位的捐赠者也斥巨资支持高等教育,如海伦·迪勒捐赠 5 亿美元给加利福尼亚大学旧金山分校,用于助学金、教职员聘任和生物医学等项目;罗伊·瓦格洛斯捐赠 2.5 亿美元给哥伦比亚大学内科和外科学院,用于奖学金、研究和医学项目;詹姆斯与爱丽丝·克拉克基金会捐赠 2.195 亿美元给马里兰大学,用于奖学金、教授职位和项目;亨利·萨穆埃利捐赠 2 亿美元给加州大学欧文分校,用于建立新的健康科学学院。[③] 这形成了高等教育大额捐赠的繁荣局面。

约翰·梅纳德·凯恩斯在 1930 年的文章《我们子孙后代的经济可能性》中写道,解除经济必要性的后果将是"自从他的创世之人将第一次面临他真正的、他永久的问题,即如何利用他摆脱紧迫的经济忧虑的自由,如何占有科学和复利为他赢得的闲暇时间,使他活得明智、愉快和美好"。随着中国经济的高速发展,中国高等教育的大额捐赠者也在不断涌现,中国最富有的人群进行大笔慈善捐款的趋势正在加快形成,大额捐赠占捐赠总额的比例越来越高。与此同时,个人捐赠者对高等教育的捐赠方式发生了变化,他们的捐赠显示出"与传统不同"的动机和途径。[④] 正如 Schervish 指出的,不断增长的物质能力创造了更多的财富持有者,同时也带来了性格和性格形成的新挑战和机遇。[⑤] 财富从目的转向手段,可以说是能力和性格的最重大转变。鉴于这一转变,了解创造"大礼物"的大额捐赠者的意义显得尤为重要。

哈佛大学肯尼迪政府学院艾什民主治理与创新中心认为,私人财富的快速增长是现代中国最为重要的成就之一,并对社会、经济和政治等方面产生

---

① "The rise of the mega-donors," Devex, https://www.devex.com/news/the-rise-of-the-mega-donors – 92017.

② "America's Superrich Made Near-Record Contributions to Charity in 2017," Philanthropy, https://www.philanthropy.com/article/America-s-Superrich-Made/242446.

③ 《2017 全球 10 笔最大捐赠总额 102 亿美元 这些富豪上榜》,金融界网,http://finance.jrj.com.cn/people/2018/01/16183423955841.shtml。

④ "The Rise of the Mega-Donors," Devex, accessed March 8, 2020, https://www.devex.com/news/the-rise-of-the-mega-donors – 92017.

⑤ Schervish P. G., "The Moral Biography of Wealth: Philosophical Reflections on the Foundation of Philanthropy," Nonprofit and Voluntary Sector Quarterly 35, no.3 (Sep.2006): 477 – 492.

了深远影响。公民如何选择配置他们的财富，将会塑造个体与国家、国家与企业以及国家与社会部门之间的种种关系。① 国内《公益时报》每年持续推出《中国慈善榜》，2019 年的《中国慈善榜》收录了 274 位慈善家和 744 家慈善企业的大额捐赠，收录的善款总额超过 276 亿元，为历年金额最高。从榜单来看，大额捐赠呈现几个特点：年度过亿的捐赠者继续大规模涌现，捐赠总额占所有大额捐赠的 60% 以上；主要流向扶贫和高等教育领域；房地产行业贡献的捐赠额仍占主导地位，而以投资为代表的商务服务业也迅速崛起，已占据企业榜数量首位；以北京、深圳、香港为主要活动领域的民营企业捐赠动力十足，捐赠额占榜单近 80%。榜单对 2008~2019 年 12 年间前 50 名大额捐赠记录进行了分析，发现了令人鼓舞的现象：大额捐赠随财富同步增长，前 50 名的入榜门槛由 3600 万元人民币跃升至 1 亿元人民币；大额捐赠主要来源于民营企业，民营企业上榜数量是国有企业的 4.5 倍，捐赠总额是国有企业的 6.5 倍；大额捐赠推动社会变革，捐赠者越来越注重资金所产生的社会价值。

（一）他们是谁？

国外学者对于捐赠者特征的研究比较早。1994 年 Prince 等在《捐赠者的七种面貌》一书中，把慈善捐赠者提纲挈领地分成了七种，即社区类、虔诚类、投资类、社交类、爱心类、回报类、家族类，较详细并深入地分析了捐赠者的特征、动机和需求，对一般捐赠者进行了系统的分类。② 更多学者从人口统计学角度对一般捐赠者进行了细致的考察。从年龄角度，Feldman 等发现年龄与捐赠无显著相关③；从性别角度，Drezner 认为女性捐赠的倾向性更强，但女性倾向于捐赠小额资金给多个机构，而男性则更倾向于捐赠更大额的资金给更少的机构④；从收入角度，Bekkers 证明个人收入与捐赠程度呈正相关⑤，而

---

① 哈佛大学艾什中心：《中国慈善榜单》，https://chinaphilanthropy. ash. harvard. edu/cn，最后访问日期：2020 年 10 月 8 日。

② Prince, Russ A., and Karen M. File, *The Seven Faces of Philanthropy* (San Francisco: Wiley, 1994).

③ Naomi E. Feldman, "Time Is Money: Choosing between Charitable Activities," *American Economic Journal: Economic Policy* 2, no. 1 (Feb. 2010): 103–30.

④ Drezner N. D., "Philanthropy and fundraising in American higher education," *ASHE Higher Education Report* 37, no. 2 (2011): 1–16.

⑤ Bekkers R. H. F. P., "Keeping the Faith: Origins of Confidence in Charitable Organizations and its Consequences for Philanthropy," (Paper presented at the the NCVO/VSSN Researching the Voluntary Sector Conference 2006, Warwick University, UK).

Havens 等学者却发现两者相关性较弱①。此外，受教育程度是受诸多学者关注的一个变量，Brown 等学者指出慈善捐赠随着个人受教育程度水平的提高而增加②，也有学者发现两者不相关③；从婚姻状况角度，Brown 等发现其与捐赠行为正相关④，Houston 认为两者之间没有相关关系⑤。还有学者研究了不同世代（如千禧世代）⑥、种族⑦、居住地⑧等变量与捐赠行为的关系，他们的观点也同样存在分歧⑨。

除了以上捐赠者普遍的特征外，高净值大额捐赠者还表现出以下特征：倾向于以家庭为基础的捐赠；被具有某种价值观念的机构所吸引；有财务顾问协助规划；对其捐赠对象的高绩效期望；有意愿参与项目，并在项目中获得一定操控权。美国信托基金（U. S. Trust）2016 年研究报告显示，富有的捐赠者对捐赠的了解程度与特定的捐赠行为特征之间存在很强的关联，在慈善捐赠方面是"专家"或"知识渊博"的高净值人士更有可能监督自己的慈善捐赠。⑩

①　Havens J. J., Herlihy M. A., and Schervish P. G., *Charitable Giving: How Much, by Whom, to What, and How? In The Non-Profit Sector: A Research Handbook* (New Haven: Yale University Press, 2007), pp. 42 – 67.

②　Brown E. and Ferris J. M., "Social capital and philanthropy: an analysis of the impact of social capital on individual giving and volunteering," *Nonprofit and Voluntary Sector Quarterly* 36, no. 1 (2007): 85 – 99.

③　Park T. K. and Park S. B., "An economic study on charitable giving of individuals in Korea: some new findings from 2002 survey data" (Presented at 6th International Conference of the International Society for Third-sector Research, Ryerson University, Toronto, 2004).

④　Brown E. and Ferris J. M., "Social capital and philanthropy: an analysis of the impact of social capital on individual giving and volunteering," *Nonprofit and Voluntary Sector Quarterly* 36, no. 1 (2007): 85 – 99.

⑤　Houston D. J., "Walking the walk of public service motivation: public employees and charitable gifts of time, blood, and money," *Journal of Public Administration Research and Theory* 16 (2006): 67 – 86.

⑥　Drezner N. D., "Philanthropy and fundraising in American higher education," *ASHE Higher Education Report* 37, no. 2 (2011): 1 – 16.

⑦　Feldman N. E., "Time is money: choosing between charitable activities" (Working paper, Ben-Gurion University, Israel, 2007).

⑧　Bekkers R. H. F. P. and Wiepking Pamala, "A Literature Review of Empirical Studies of Philanthropy: Eight Mechanisms That Drive Charitable Giving," *Nonprofit and Voluntary Sector Quarterly* 40, no. 5 (Sep. 2010): 924 – 973.

⑨　Regnerus M. D., Smith C., and Sikkink D., "Who gives to the poor? The influence of religious tradition and political location on the personal generosity of Americans toward the poor," *Journal for the Scientific Study of Religion* 37 (1998): 481 – 493.

⑩　U. S. TRUST Bank of America Corportion, "The 2016 U. S. Trust © Study of High Net Worth Philanthropy," https://newsroom. bankofamerica. com/system/files/2016_ US_ Trust_ Study_ of_ High_ Net_ Worth_ Philanthropy_ – _Executive_Summary. pdf.

随着经济的飞速发展和社会转型的加快，高等教育大额捐赠者里出现了一类新型群体——风险慈善家。之所以被这样命名，是因为他们似乎热衷于投资一项事业，并渴望取得可以通过可衡量的成果证明的影响。他们是现代捐赠者的一股新力量代表。学者总结了风险慈善家的四个主要特征：第一，捐赠者和大学之间的密切关系至关重要；第二，风险慈善需要捐赠者和大学之间的长期承诺；第三，风险慈善家寻求提升组织能力以完成其使命，致力于提高大学持久成功的潜力；第四，风险慈善家希望他们所做贡献的方式和目的可衡量。这意味着社会投资回报率已成为衡量和评估慈善事业成果的指标。[1] 有学者把这种新的捐赠模式称为转化型捐赠，转化型捐赠具有以下特点：大学与捐赠者广泛接触，以及大学具有在校园外参与社会服务的期望。无论是在捐赠方面还是在影响方面，转化型捐赠者和大学之间的关系体现为一种伙伴关系。这些慈善家有兴趣利用他们的捐赠帮助提高高等教育的效率和效益，他们希望实现"真正的系统性变革"，而不是从外部着手解决问题。高等教育即必须改变系统，才能吸引这样的慈善家。

（二）他们为什么捐给大学？

高等教育大额捐赠者的动机既简单又复杂，与激发各个财富阶层捐赠的动机一致，同时又在能力、精神和关联上具有各种复杂性，包括价值认识、产生影响、校友情感、利他主义、减税、对地位（声望）的追求、对认可和宣传的渴望、有责任和义务及感恩心理、经济利益及有形回报、自我实现、同伴压力、利他主义等。

捐赠是一种基于信任的社会交换活动。社会交换理论认为，许多人类行为是以对社会交换的考虑为指导的，人们在做出某些行为之时都会对行为的结果有所预期。社会交换分为内在性报酬的社会交换、外在性报酬的社会交换以及混合性社会交换三种。内在性报酬的社会交换以交往过程本身为目的，追求的是社会认同、爱与感激以及自我实现；外在性报酬的社会交换是把交往过程看作实现更远目标的手段；混合性社会交换则是二者兼而有之。据此，我们可以把捐赠者的动机分为内在性报酬动机、外在性报酬动机和混合动机。

虽然捐赠者的捐赠行为更多地表现出混合性动机驱动的特点，即不同个

---

[1] Boverini L.，"When venture philanthropy rocks the ivory tower," *International Journal of Educational Advancement* 6, no. 2（2006）：84–106.

体在捐赠倾向上可能存在不同，同一捐赠者的捐赠行为也可能是多种动机复合作用的结果。但是笔者认为，内在性报酬动机应当成为驱动高等教育捐赠良性发展的主要力量之一。在捐赠实践中也可以看到，捐赠者对于高等教育、社会和人类的价值有着深刻的认识。捐赠者为大学捐赠是通过赠予大额财产的方式表达对于高等教育的信赖、支持和期许，而在此过程中他们更多的是希望大学接受他们的想法、观点，而并非仅仅是金钱。反过来，大学接受这份赠予也表达了大学对捐赠者的一种认可和接纳。从某种程度来说，这对于捐赠者是一笔宝贵的精神财富，意味着高度的存在感与价值感。当捐赠者用大额财富和闪光的智慧帮助大学获得了革新和发展，捐赠者的自我实现就达成了。

（三）他们对大学的什么方面更感兴趣？

偏好是指人们对客观对象的主观评价，表现为消费者在市场上购买某一特定的产品。从消费者心理学分析，因为消费者价值观的差异，不同的消费者有着不同的偏好。偏好及其程度又决定了消费的内容和数量。U. S. Trust 2018 年研究报告显示，36% 的高净值家庭捐赠用于教育事业，其中 22% 用于高等教育。有学者从捐赠院校排名、捐赠院校类型、捐赠院校性质和捐赠资金用途等不同角度对捐赠主体的捐赠行为进行分析，发现不同类型的捐赠主体表现出不同的行为偏好。也有研究指出企业捐赠者倾向于捐赠更有品牌价值的院校，以达到提升自身形象和地位的目的。捐赠者因为存在"己化关怀圈"，他们所受教育的学校便成为捐赠的主要对象之一。相关研究也总结了高等教育捐赠的三种战略取向，即个人本位取向、高等教育机构本位取向和社会问题本位取向。

早在 1889 年，卡耐基就在其发表的《财富的福音》一文中指出，建大学是剩余财富应该投向的最佳领域之一。建大学与由此延伸的对现有大学的附加性的捐助一直是捐赠者热衷的一个点。这是因为，高校承担着人才培养、科学研究、社会服务等多种职能，是"教育强国"战略的重要实施者。同时，它因作为人类文明传承的一种载体代表着先进文化和独立精神而备受社会关注。对于高等教育的重视和钟爱让诸多有识之士慷慨解囊，愿意为其发展助上一臂之力。而高校中不同项目对捐赠者消费者的效用差异，又构成他们的品牌偏好和产品偏好的细分差异。如捐赠者对不同高校的选择，以及在产品上有的选择捐赠建筑、设施设备等硬件项目，有的选择捐赠科研、人才培养等软件项目。捐赠者给那些让他们感觉良好的地方，那些他们有良好经历的地方，那些让他们感到充满激情的地方，那些他们觉得做得好的地方，以及那些与他们的信仰体系相一致的地方。从这种意义上讲，大额捐赠是一种价值交换，基于价值认同的资源交换。大额捐赠者不再满足于以他们的名字命名的建筑或教授职位。事实上，他们偏好与高等教育机构合作的创新方式，例如有兴趣支持创新和创业计划，以及研究解决社会问题的跨学科方法，他们希望超越母校。

（四）什么因素会影响他们？

校友是高等教育捐赠者中的重要群体，所以笔者认为有必要把校友捐赠的影响因素进行单独讨论。影响校友捐赠行为决策的因素相对于其他捐赠者而言，有其特殊之处，涉及校友捐赠能力、捐赠者心理因素、组织建设、社会环境等因素。"三圈理论"认为，组织首先要有公共价值（使命），同时要具备一定的能力，还需要得到支持，这样就形成了三个圆圈。三圈相交，组织才可能实现目标。有效的领导者会基于"价值圈、能力圈和支持圈"三要素进行考量并追求其结构性平衡，即有了公共价值的想法，争取支持，并用支持来充实组织的能力。在分析影响因素的时候，我们可以从能力和支持这两方面来讨论。

从能力角度而言，第一，校友捐赠者的年龄等人口学统计因素会影响其是否向母校捐赠。研究证实校友的年龄、性别、家庭、受教育程度、毕业时间、社会地位等个人因素都会在不同程度上影响校友对母校的捐赠行为及捐赠规模。男性比女性向母校捐赠的可能性要小，但女性捐赠的数额比男性要小；校友对母校的捐赠并不会随着年龄的增长而减少。第二，校友收入与捐赠基本呈现一种正相关关系。收入水平越高，校友捐赠的可能性和数额就越大；校友收入每增加 1%，校友对母校的捐赠就能增加 0.4% ~ 0.55%。第三，校友对母校的情怀、归属感。虽然这个因素很难量化，但是研究发现，校友对自己母校的认可和认同是捐赠的主要激励因素之一[1]。在筹资实践中也可以发现，校友捐赠者谈到母校时会有自豪、骄傲之情溢于言表，往往"眼里会放光"。第四，对大学专业和经历的满意度也是影响校友捐赠的重要因素。校友在校所学的专业以及毕业后从事的职业对捐赠具有显著影响。特别是在母校就读本科专业的满意度，对大学经历感到满意的校友比不满意的同

---

[1] McGuire J. P., Integrating fund raising with academic planning and budgeting: Toward an understanding of strategic fund raising (PA diss., 2003).

龄人更有可能产生捐款行为。实践中也会发现，排名领先的学院、专业一般都不难产生慷慨的校友，因为他们对自己的学科专业满意也就意味着他们对自己在大学获得的培养是满意的，也可以预期他们一旦在财务上有余力就愿意为母校做出捐赠来回报。第五，参与学校活动的程度和质量。校友在大学期间的表现会增加未来成为捐赠者的机会。让学生参与募捐活动将增加他们作为校友的捐赠倾向，这或许能够给大学基金会组建志愿者团队提供一些信息。第六，在校期间获得福利和资助的校友也会更倾向于为母校贡献。有学者研究发现校友在校期间获得贷款或者奖学金对其捐赠行为影响不大，但是在一组奖学金获得者校友中，那些获得更大资助的校友往往会为母校捐赠更多。[①]

另一方面，从支持角度而言，在大学及基金会组织建设方面，大学的教育质量、学术声誉和排名，学校领导者的个人特质，学生的学术天赋，学校的师生比率、组织架构和功能，毕业生的就业能力，校友联系紧密度等都会影响高校社会捐赠的水平。特别要指出的是，Frank G. Bingham 等学者研究发现大学基金会筹资管理水平以及捐赠项目的影响力，是影响高校社会捐赠的重要因素。[②] 学校对大学捐赠工作的重视、高校筹资经费充足对获得社会捐赠有正向促进作用。同时，在社会环境方面，公益捐赠法律制度、奖励政策、对制度环境的满意度、社会慈善文化与公众捐赠意识、教育捐赠的环境和地位等都会对高校社会捐赠产生影响。

国内外学者对于个人捐赠影响因素的研究已较为成熟，显示出捐赠行为影响因素的多元性、复杂性。学者的研究越丰富，越能凸显捐赠者个体捐赠行为的独特性，其背后的影响因素难以用单一的因素来解释，即便分析出影响捐赠者的主要因素，但其发生作用的过程和机制仍然不太清晰，很难衡量各因素的比重。在学术研究和各种报道中，鲜有人把捐赠者的捐赠行为客观地展示出来，让社会了解"大学捐赠者"这个群体的真实面貌，并运用多种角度去体察和理解。这或许是值得大学筹资人员和研究人员关注的一个方向。

---

① Jonathan Meer and Harvey S. Rosen，"Does generosity beget generosity? Alumni giving and under-graduate financial aid？" *Economics of Education Review* 3（2012）：890 – 907.

② Frank G. Bingham，"An Investigation of the Influence Acknowledgement Programs Have on Alumni Giving Behavior：Implications for Marketing Strategy，" *Journal of Marketing for Higher Education*（2008）：37 – 41.

（五）如何与捐赠者建立良好持续的关系？

捐赠行为是在社会关系中发生的。大学与捐赠主体是社会捐赠系统机制形成的核心要素，二者之间的关系是捐赠系统机制良性运行的内在规律。高等教育捐赠行为表现出多维需求关系模式。大学与捐赠者在互相信任的社会关系基础之上，捐赠者满足大学发展对于资金资源的需求，同时大学也满足捐赠者的合理需求。促进与捐赠者的关系是捐赠成功的关键因素，通过挖掘、策划、推销自身的优势，寻觅有意愿襄助高等教育的捐赠者，构建长久的捐赠关系，已成为大学筹资的战略发展趋势。那么大学应该如何建立和维护与捐赠者关系？综合学者的研究，并结合具体的实践，笔者给出以下建议。

1. 制定一体化筹资战略

教育捐赠不只是高校单方面的努力就可以，更需要衡量与之利益交织的多方面关系的需求主体。大学需要提升筹资能力去应对竞争。为此，大学需要审视其维护与捐赠者慈善关系的一体化战略。随着慈善捐赠机会的竞争和变化，捐赠者也对他们的捐赠行为抱有更多的期待。大学的筹资项目与捐赠者的兴趣或理念诉求越趋于一致，就越容易建立捐赠关系。实现这种一致性可以有三种路径：一是根据捐赠者的偏好来设计和策划项目，二是为自己大学的筹款目标寻觅和挑选匹配的捐赠者，三是将捐赠者的志趣引导到大学关心和需要的方向上来。

哈佛大学肯尼迪政府学院的 Mark H. Moore 教授主张，从公共价值中的个人愿望、需求和权利三个层面出发，社会捐赠意愿是不一样的。[1] 相比个人的愿望，需求和权利更容易获得捐助，这也就是助学金比国际交流基金更容易筹集的原因。助学是基本的生存需求，而国际交流、艺术教育这种发展性需求往往被人们认为与愿望相关。捐赠这个完美礼物的仲裁权其实应当属于受益人。如果捐赠者定义了捐赠的权利，这个礼物就不完美了。这在一定程度上颠覆了常识和经验。因为我们向来首先尊重捐赠者的意愿，现实中很多慈善捐赠都是慈善家掌握仲裁权和决定权。谁真正应该拥有对慈善发挥社会效力的判断力？由于认识能力的局限性，受益人往往不了解自己真正的、根本的需求（慈善家和公益组织很可能这样认为），而掌握更多资源的慈善家往往是自信的，他们提供捐赠并且希望掌握话语权。真正完美的状态是受益人的

---

[1]　Moore Mark H. , *Recognizing Public Value*（New York：Harvard University Press, 2013）.

需求和捐赠者的需求达到高度一致。如果是这样的话，那么大学基金会将面临巨大的挑战。

2. 构建参与式互动模式

捐赠者参与是建立和促进关系的重要途径。传统捐赠者捐赠了资金，就较少关注项目的后续执行。现今的捐赠者越来越关注项目的执行过程，例如资助培训项目，捐赠者会参加开幕式、闭幕式，项目执行过程中也会前往现场旁听。捐赠者需要身临其境地去感受自己捐赠的"成果"，无论如何，"在场"本身就是一种捐赠的体验，可以说是捐赠行为的延续。同时，大学可以主动地策划适当的环节来满足捐赠者"在场"的需求，例如开展与资助学生的座谈会，一方面可收到项目结果的反馈，另一方面可加深捐赠者对慈善事业的理解和认同，这种感受往往会加强他们持续捐赠的意愿。特别要指出的是，捐赠者参与的环节和频次要符合大学的规则，需要以保障受益人的权利以及项目的正常开展为前提。

3. 重视已有捐赠的服务

已有捐赠被认为是大额捐赠开发过程中的一个重要部分，在此需要强调其重要性，因为这是捐赠过程的一部分，因此最有可能影响对捐赠体验的最终感受。[1] 善待每一份捐赠，是大学基金会、慈善组织应承担的责任，是对捐赠承诺的履行。同时研究表明，已捐赠的人在获得正向反馈的条件下更容易进行再次捐赠。对于筹资人员来讲，维护已有捐赠促成再次捐赠的成本一般会低于新开发捐赠。已有案例表明，大额捐赠一般是以一个小项目作为开端。所以，永远都不要忽视一个看起来很小的项目，倾心去耕耘，小树苗也可能长成参天大树。

4. 推动校友多元双向互惠关系

校友从某种意义上是大学最大的财富，也是最有可能为大学做出贡献的人群。校友毕业后与学校的关系会影响其未来的付出和捐赠，将培养社会认同感作为一种增加学生、校友和其他利益相关者群体参与捐赠的机制，把基于"学校—校友"的简单学缘关系提升至行业合作高度，放眼长远，从而建立起"学校—校友—社会"多元双向的互惠关系，实现共赢和可持续发展。

5. 保持真诚和尊重，加深信任

真诚和尊重对于建立积极的捐赠者关系至关重要。基金会筹款时需要真

---

[1] Morrison Anna Lee, "Donor Motivations and Decision Making: Understanding the Major Gift Development Process from a Donor's Perspective" (Ph. D. diss., Texas A&M University, 2015).

诚地将捐赠者视为合作伙伴。表达感谢和赞赏对加强与捐赠者的关系有着非常关键的作用，可以提升捐赠者积极的情感并缓和消极的情感。筹资人员与捐赠者接触的频率及关系的亲疏影响捐赠者关系。个体的主观感知决定人际关系亲密与否。研究结果表明，能够与他们有共同利益和建立信任的个人建立联系至关重要，人格、好感度和可信度是影响捐赠者与个人建立持久的个人关系的因素。筹资实践的一个方向是对筹资人员进行社会财富环境和资产规划的教育并且让他们去影响捐赠者，让捐赠者认识到他们捐赠所发挥的作用和达到的效果。如果说筹资是一门艺术，那么筹资人员便是艺术家。

五　大学基金会筹资发展趋势与转变

大学作为传承知识与道德的殿堂，其使命仍然在于培养杰出的人才并推动伟大的思想和科学技术的产生，从而推动人类文明的发展。中国大学在建设世界一流大学的进程中，将迎来历史性的机遇和挑战。高等教育改革已经进入深水区，在人民群众对于优质高等教育的需求越来越迫切的背景下，如何实现高等教育从外延式发展转向内涵式发展，如何为大学的快速发展供给足够的资金和资源，如何发挥自身的独特优势为大学未来的发展提供支撑，是大学基金会面临的严峻课题。大学基金会的特殊价值在于它不但是大学与社会往来共通的桥，汇聚力量和联结资源的网，更将是引领未来教育发展方向并努力行动的一束光。

大学基金会应通过不断的实践和自身的反省，实现以下五个方面的转变。

其一，从捐赠者导向向大学需求导向转变。基金会筹资以捐赠者为导向，继而以市场为导向，是在外延性发展模式的必然。为了追求资金或资源，基金会会从捐赠者的需求出发来设计和规划项目，在捐赠者的需求与大学的需求一致时，筹资的效果不会受到影响；但当捐赠者的需求与大学的需求不一致甚至发生冲突的时候，在资金和资源的诱导下，大学本身的需求被忽略或者被遗忘，在某种意义上，这也是一种筹资异化。筹资的目的为大学服务，不能为了迎合捐赠者的需求而偏离了方向。为了适应和引领经济发展新常态，适应国际金融危机发生后综合国力竞争的新形势，供给侧结构性改革正在推向深入。适应经济发展新常态必然要求高校基金会做出变革，在内涵式发展模式下，筹资才能得以回归初心，回到以大学需求为导向的正轨上，进而在满足大学物质需求的基础上，发挥体现大学精神追求的价值引领作用。

其二，从消耗性筹资向可持续性筹资转变。在外延式发展模式下，基金会主要以追求资金和资源为筹资内容，在捐赠者的支持下设立资助型项目。在项目和平台阶段，受大学建设长期发展规划和捐赠能力的限制，资助型捐赠项目也以消耗性为主，少有设立永久性存续基金。进入使命期，一次性的、短期的捐赠项目不能支持大学长久的需要，资助型的项目也不能满足被资助方发展性的诉求。留本基金大量出现，资金规模得以迅速扩大，基金会将注意力转移到资助的精准性、长效化，资本的增值以及组织本身的可持续发展上来。与此同时，慈善家，特别是大额捐赠者，已不满足停留于现金和物资捐赠的初级阶段，他们开始青睐股权捐赠、慈善信托等能够有效保证慈善资金持续性的方式，各种创新慈善方式被财富家族视为实现理财和财富代际传承的有效途径。如何将筹资的可持续发展与慈善家的持续性需求相结合，是值得大学基金会研究的新课题。

其三，从感性筹资向理性筹资转变。大学基金会在刚刚起步的时期，主要凭感性行事，尽管抱有极大的热情，或者对筹资有一些理解，也仅仅停留在粗浅的层面上，对筹资缺乏理性的认识。随着筹资实践的深入，从项目期发展到平台期，特别在内涵模式的趋势下，不再仅仅靠感性去野蛮追求外延式发展的数量，更需要理性的思考和谋划来提升筹资和捐赠项目管理的质量，这是基金会的生命线和发展根基，直接关系到基金会的公信力和社会影响力。在使命期的高级阶段，大学基金会既需要对使命的热烈激荡、饱含深情的追求，同时也要理性的对待筹资活动中的对象、方式，深入地探索筹资的规律和本质，实现感性和理性相统一、相辅相成的完美结合。

其四，从随意松散性走向系统常态性。大学基金会成立之时往往规模比较小，人员少，专业性不足，筹资工作管理比较松散，筹资的对象、过程的随意性比较强，经过努力的项目不一定能够达成，而"无心插柳柳成荫"的情况时而发生。随着组织机构的健全和成熟，筹资人员的扩充和专业性提升，大学基金会的计划性将大大加强，不只是追求绩效指标，而更加注重机构的系统管理。不但内部要素的运行有条不紊，外部关系也得到适当的维护并形成常态化的良性互动，达到内外体系协同发展的局面，为组织的成长提供了系统支撑。

其五，从线下单一传播走向线上线下并行发展。在中国大学基金会发展的 20 多年里，绝大部分的筹资都是在线下面对面展开的，这种传统的模式随着"互联网＋"和人工智能技术的飞速发展也会发生改变，大学筹资也逐渐向线上发展。目前已有多家大学基金会利用中国教育发展基金会搭建的平台开展线上众筹的尝试，直播、微视频等新媒体传播方式方兴未艾，并且这种趋势正在加速发展。大学基金会应提前布局，在战略、模式、团队等各方面进行规划，以应对不确定的挑战。有准备的人总是能够发现和迎接新的机遇，拥有新技术、新青年的大学，必将在"筹资"这片领域开创一个新的网络时代。

我国大学校友会与基金会的关系探赜

王　俊[*]

引　言

随着我国高等教育事业的持续发展，特别是大学与外界环境的沟通互动不断加深，大学校友会和基金会应运而生，并逐渐走入社会公众的视野。由于一系列原因，大学校友会和基金会在功能定位、运行逻辑和组织外观上具有一定的相近性、交叠性，再加上名称上的接近常常让社会公众尤其是大学的利益相关者们难以辨识，不少校友和在校师生在遇到具体工作情境时常常将校友会和基金会混淆，也不清楚自己应该和基金会还是校友会打交道。这种错觉产生的原因，仅仅是语汇上的相近性，还是存在更多历史逻辑和现实因素？两个机构应该合署运行还是独立分置？两个机构在实际运行中该如何处置彼此的关系？……随着校友会和基金会在大学自身建设发展中的作用愈加显著，这些问题都值得我们深入思考和细致审视。

目前，围绕我国大学校友会或基金会的研究成果已积累了不少，针对基金会事务和高校社会捐赠的研究稍多一些，但针对校友会和校友工作方面的研究相对较少，聚焦于大学校友会和基金会关系的研究成果更是寥寥无几。对于我国高等教育事业中这两个独特的机构来说，目前的研究状况无论从理论建设还是实践指导上来说都是一种缺失和遗憾。本文尝试从历史沿革、现实选择、运行机理、发展前瞻、实操策略等方面，分析阐释我国大学校友会和基金会的发展脉络和相互关系，力争为高校合理处理两个机构的关系提供一些参考。

---

　*　王俊，南京大学教育发展基金会理事、发展委员会国内事务主任。

一 从历史到现实： 校友会与基金会 "分—合—分" 关系走势

现代高等教育源自西方社会，大学校友会和基金会是现代大学的产物，因此，探寻我国大学校友会和基金会的诞生，要从出现现代高等教育机构之后开始。由于各种原因，我国高等教育事业的发展是分阶段演进的，大学校友会和基金会的建设和发展也呈现一定的阶段性特征，分别经历了雏形、初步成长、蛰伏、再次萌芽、正式成立和快速发展等阶段。在这个过程中，校友会和基金会的关系呈现出 "分—合—分" 的整体态势。

（一）机构诞生的历史寻踪

1. 大学校友会的源流：远端肇始与再次萌芽

按照我国当代大学校友会的定义，校友会是指一种在大学指导下的群众性、非营利性社会组织，是以联系校友、服务校友、服务母校、服务社会为宗旨，适应大学发展需要，满足广大校友发展需求的社会团体。[1] 从法律形式来说，大学校友会（包括设在学校的总会和校外的地方校友会、行业校友会等）是在民政、教育等相关行政部门登记注册，或至少在相关高校报备的从事校友相关事务的正式或非正式社会团体。但从实际运行来说，我国现代高等教育机构诞生以来，那些开展联系校友、服务校友、开展校友活动，促进校友与校友、校友与母校互动的行为或组织形态，都可以认为是大学校友会的 "萌芽" 或 "雏形"。因此，笔者认为我国的校友会有两个源头：一个是比较远端的，肇始于清末民初；另一个是比较近端的，萌芽于改革开放以后。

大学校友会是大学与校友展开互动的组织平台或活动载体，清末民初我国现代高等教育的兴起和快速发展，源源不断地产生了一批又一批的大学校友，校友与校友、校友与大学和社会的互动，促使了现代大学校友会的兴起和建设。我国最早出现的校友会是 1900 年时成立的上海圣约翰大学同学会。[2] 随后，各地高校相继成立同学会、校友会、毕业生联谊会等类似的校友组织。如清华学校留美同学会于 1913 年成立，清华同学会总会于 1933 年成立；南

---

[1] 魏德功：《高校校友会的职能与校友资源有效开发的研究》，《广西大学学报》（哲学社会科学版）2008 年第 1 期，第 148～153 页。

[2] 《中国最早的现代大学——"东方哈佛"圣约翰大学》，搜狐网，https://www.sohu.com/a/329259033_162197。

开同学会于 1915 年成立，南开"出校同学会"于 1929 年成立；旅汀厦门大学毕业同学会于 1938 年成立，厦门大学校友总会于 1940 年成立。彼时校友组织一般由在校师生和校友们自发成立，或由校长或校方发起设立。校友组织立足于服务校友和学校双方的需求，开展学术研讨、促进校友社会交往、开展联谊活动、发起捐资助学，有的还组织和参与爱国救亡运动等[①]，不仅加强了校友之间的情感联系，助推支持了母校的建设发展，还为国家和社会做出了一定的贡献。不少校友会在当时的社会表现，堪称民国时期乃至中国高等教育史上的经典案例[②]。这是我国大学校友会的雏形，也是发展史上一个远端的源头。

新中国成立后，由于国家政治经济体制因素，大学校友会在大陆地区的活动处于停顿状态，但在海外地区不少大学的同学会、校友会的活动依然活跃。远在海外的大学校友们虽与母校中断了联络，但彼此之间的联系依然紧密。这些校友组织和校友活动在海外异乡延续着大学校友会发展的根脉。[③]

改革开放后，国家逐渐放松了对社会领域的管控力度，个人得以在工作单位以外展开相对自主的人际互动。校友群体也不例外，与当年大学的老师、同学、好友重建联系、重叙情谊是他们最显著的愿望。在学校的帮助支持下，校友和在校老师自发恢复或成立了一批校友组织，借助这样的平台实现彼此联络的功能。这一时期，大学与校友之间最显著的互动方式是追忆活动——回忆校园生活——成为互动主题，校友期刊成为追忆内容的媒介载体，校园和教室成为追忆活动的具体场所。[④] 校友们积极返校返系、故地重游、寻访共同记忆，在这一过程中满足情感归属诉求。而此时的校友组织成为情感联络、关系重建的组织者、协调者和服务者。由于此时高等教育事业仍完全由国家财政承担，大学对校友及其他社会资源的需求尚未体现，加上刚刚恢复重建的学校校友组织（或者承载类似职能的其他机构）中多为兼职人员，基本事务就是加强失散多年的校友与校友、校友与母校之间的沟通联络，所以校友

---

① 苏全有、王世超：《论清末民初校友会》，《重庆交通大学学报》（社会科学版）2013 年第 5 期，第 90～93 页。

② 汪巧红：《民国时期高校校友会功能研究》，《河南科技大学学报》（社会科学版）2016 年第 6 期，第 15～20 页。

③ 周民钦：《试论厦门大学校友工作建设的模式创新》，《教育与考试》2017 年第 2 期，第 84～90 页。

④ 马强、高丙中：《校友会组织：单位之外的社会结合》，《西北民族研究》2017 年第 4 期，第 47～56 页。

会的功能较为单纯朴素，没有特别的官方任务和功利目的。同时，由于各种政治社会因素，在很长一段时间国家并不鼓励学校和民间成立正式的校友会组织（独立法人机构）①，因此，校友会的运行不具有很强的官方性质，也没有与社会建立广泛的联系。这些非正式的校友组织及联谊活动，就是我国大学校友会发展的再次萌芽，也是发展史上近端的起点。

可以看到，我国现代大学校友会的两个源头都肇始于民间社会，尤其是来自广大校友或师生的意愿。民国前后不少大学的校友组织虽是由校方主导发起，但彼时大学（特别是私立大学、教会大学等）社会属性很强，校友会的设立也主要反映了民间诉求，校友会的日常运转（如人员配备、会费缴纳）大多靠师生校友为主的民间力量。改革开放后，校方对校友活动有一定程度的支持或参与，一般也不带有官方意愿和诉求，通常是对广大校友情感归属的临时性、零散性的回应。② 无论在新中国成立前，还是在改革开放后的一段时间，校友会组织及其活动的民间性、非官方性很强，本质上是一群拥有相同、相近"学缘背景"的社会个体，在官方体制之外通过结社的方式实现共同的夙愿和利益。③

2. 大学基金会的源流：远端肇始与再次萌芽

我国的大学基金会一般是指由高校发起，经相关主管部门同意或批准，在民政部门正式登记注册的高等教育领域非营利性社会组织，主要负责接受、管理、运作捐赠资金，支持高校的教育事业发展。与现代大学校友会的发展相类似，我国大学基金会的肇始和成长同样有远端和近端两个源头。

我国自古就有"尊师重教"的优良传统，捐资助学、兴办教育的善举历史源远流长。近代以降高等教育的兴起和不断成长同样离不开社会慈善力量的支持。1901 年，清政府被迫签署《辛丑条约》，赔偿本息合计白银 9.82 亿两，史称庚子赔款。此后，美国决定退回部分赔款，建议清政府将退款用于派遣中国学生赴美留学，并保证退款不被政府收入国库，要求中国设立独立机构管理退款。清政府随后于 1909 年成立游美学务处附设游美肄学馆（后更

---

① 1992 年，民政部发布了《关于在社团清理整顿工作中对校友会问题处理的通知》。《关于在社团清理整顿工作中对校友会问题处理的通知》提出各级各类学校一般不宜成立校友会，更不宜倡导成立全国性的校友会。

② 一些历史悠久并承载政治功能的大学校友会除外。

③ 马强、高丙中：《校友会组织：单位之外的社会结合》，《西北民族研究》2017 年第 4 期，第 47~56 页。

名为清华学堂），1917 年设立该款项的管理委员会，后又成立中华教育文化基金会，负责将该基金用于留美学务和其他办学事业。① 有研究者指出，这个当时叫作"基金会"的机构为中国高等教育办学起到了资金支持作用，可以认为是我国现代大学基金会的肇始机构。② 此外，20 世纪 20 年代以来，中英庚款董事会、中法教育基金委员会、俄庚款委员会等机构也资助了当时不少院校的建设。③ 同时，国内众多高等学府都接受过来自海内外企业、基金会或个人的捐资捐物支持，如天津北洋西学学堂（天津大学前身）、复旦公学（复旦大学前身）、河海工程专门学校（河海大学前身）、江苏省立水产学校（上海海洋大学前身）、厦门大学、南开大学等院校在创立和建设的历史上，都镌刻着不同类型教育捐赠者的身影。④ 而这些院校的相关机构，如董事会、财务管理和收支部门、专设的募款委员会等，在募捐和接受善款的过程中，逐渐形成了一些近似于"基金会"的组织雏形。以上这些叫作"基金会"的类似机构或者管理使用"捐赠款"（教育基金）的组织形式，就是我国大学基金会发展史上远端的源头。

自 20 世纪 80 年代以来，我国当代的慈善事业和教育捐赠开始萌芽和生长。在民政、金融、教育等相关行政部门允许正式登记注册大学基金会之前，由于办学经费上的实际困难，不少高校开始向海内外社会募集捐赠资金，成立了不少类似于现代大学基金会的组织或机构。1986 年，暨南大学教育基金会由荣毅仁、霍英东、马万祺等校董发起在香港注册成立，支持暨大的办学事业。1988 年安徽大学率先在国内大学中成立校董会。⑤ 南京大学等不少高校或依托财务处、人事处、校办等已设部门，或新设发展委员会、合作办公室等机构，开始探索筹措、管理和使用社会捐赠资金。这些在学校行政体制内自设的筹款机构及其组织形式，虽然外观各异、名称不同，管理运行上也比较粗放，尚缺乏规范性，却是我国高校探索社会捐赠事务的重要尝试，可

---

① 美国的庚子退赔款项主要用于以下方面：留美学务和清华学堂办学，支持设立科学研究教席，支持设立科学研究补助，支持开展调查研究工作，对大学、科研机构、文化学术团体给予补助，支持北京图书馆、静生生物调查所等科研机构的创办。参见李洁《大学社会捐赠运行机制研究》，华中师范大学出版社，2012，第 54 页。

② 杨维东：《中国大学基金会治理问题研究》，中国政法大学出版社，2015，第 57～59 页。

③ 刘福森、周景勇、荆丽丽：《民国私立高校教育经费的筹措及现代意义》，《宁波大学学报》（教育科学版）2016 年第 4 期，第 30～36 页。

④ 王佩、赵媛、陆丽云：《民国时期我国高等院校的教育捐赠研究》，《江苏高教》2018 年第 8 期，第 60～63 页。

⑤ 鲁育宗：《大学的财富管理：从耶鲁到复旦》，复旦大学出版社，2012，第 45～48 页。

以认为是我国大学基金会发展史上近端的起点。①

可以看到，在我国现代大学基金会的两个源头中，校方的主导性、组织性较强。学校由于缺乏办学资金才设立筹款机构（类基金会机构），无论是主动劝募、筹措善款，还是被动接受、管理使用善款，都直接反映了校方的意图——对官方渠道办学经费不足的补救措施。

3. 校友会和基金会：不同源点生发的平行轨迹

从时间上看，校友会和基金会自源起到再次萌芽具有阶段上的相近性，都处在清末民初和改革开放后，但两个机构在组织方式、业务内容和服务对象上具有很大差异。校友会一般由在校师生、校友或校长发起，发起的根本动力在于民间和社会的需求；主要业务领域是开展学术探讨，联络校友情怀，增进校友与母校互动，实现社会交往互助，结成团体服务支持学校教育事业，同时应时应景地参与爱国保家运动；服务的主要对象是校友群体和学校，逐渐延展至社会和国家。相较而言，类似"基金会"的机构雏形主要由官方或校方发起设立和运行，主要业务领域是接受、管理、监督和使用捐赠善款，有的还负责发起和组织一系列的募捐行动；服务对象主要是院校的办学事业，在校生或校友群体从中直接或间接获益。从两个机构的肇始和再次萌芽来看，一个聚焦于特定人群及其活动，一个聚焦于捐赠的款物，原本并没有必然的联系，业务内容上交汇点不多，是相互平行生发的组织机构及其运行方式（见表1）。

表1　大学校友会、基金会的远端肇始和再次萌芽

两个时段	肇始（清末—民国）			再次萌芽（改革开放后）		
	发起成立	业务内容	服务对象	复建或成立	业务内容	服务对象
校友会	最早：上海圣约翰大学校友会（1900年）组织：师生或校友等民间发起成立	情感联络社会交往校友互助募捐助学服务社会	校友学校社会民族	20世纪80年代起。组织：民间自发活动，学校非正式支持、协助	情感联络活动平台关系重建（回应校友情感归属需求）	校友群体
类基金会机构	雏形：美庚款退赔管委会（1917年）、中华教育文化基金会（1925年）等组织：官方设立或校方运行	接受、管理、使用、监督捐赠款物等	学校建设教育事业	20世纪80年代起。组织：校方或校董发起成立相关机构（校内筹款部门等）	面向海内外筹措、接受、管理、使用社会捐赠资金（补充办学经费）	学校建设教育事业

---

① 20世纪90年代中期，一些著名学府通过主管部门特批率先成立了正式的大学基金会，如清华大学教育基金会于1994年成立，北京大学教育基金会于1995年成立，浙江大学竺可桢教育基金会于1994年成立。但我国大学基金会正式成立的高峰期还是在2000年以后。

但也有例外，如民国时期，在校友会（校内的总会）的运行过程中，当校长和校方主导性很强时，校友会很容易侧重于"募捐善款、支持办学"的业务内容。① 作为"民国第一校友会"的南开校友会在张伯苓校长的亲自率领下，就曾多次发起募捐活动，创造了当时大学校友会劝募频度和获捐金额之最，被誉为民国校友会"募捐机器"。② 笔者认为，民国时期的南开校友会其实已经兼具了"大学基金会"的部分功能，这与20世纪末以及后来我国大学校友会和基金会的发展趋向颇有相似之处，可以视为两个机构后续关系的一个预演。

（二）机构重叠的现实探因

我国当代大学校友会和基金会的正式诞生，与我国高等教育体制的改革演进密切相关。改革开放后，高等教育的功能定位不断延展，逐渐承载起人才培养、科学研究、社会服务、文化传承创新、国际交流合作等多重职能。民众对高等教育的需求不断增长，改革开放和国民经济高速增长使广大人民群众越来越重视教育、关注教育，接受高等教育成为普通民众实现人生转变和社会跃迁的重要渠道。不仅如此，20世纪90年代后期，高等教育事业还承载着一部分拉动内需、刺激消费的经济功能。社会的强烈需求加上国家的推动，使高校规模不断扩张，办学资源日益紧缺，原先政府大包大揽的财政支持方式显得力不从心。与日益增长的高等教育需求相比，高等教育产品的供给数量和质量都亟待提升，急需国家财政以外的社会参与和资金支持。大学校友会和基金会就是在高校、社会和国家非常现实的需求和客观条件之下正式登上历史舞台的。③

1. 高校、社会、国家的现实诉求

在学校层面，学校的现实诉求是充实自身办学力量，尤其是扩大自主办学资金。解决财政经费不足的问题是高校引入社会力量参与办学的源动力。高校急需在政府财政拨款、银行借贷、学费、服务性收费等常规收入之外获得资金来源，校友捐赠和社会捐赠是全新增长点。在社会层面，社会兴教助学的良善愿望是参与办学的强大推动力。尊师重道、捐资助学的优良传统，

---

① 张善飞：《民国时期大学校长的筹资特点及启示——以南开大学、燕京大学、东南大学为例》，《医学教育探索》2007年第8期，第677～678、725页。
② 王长生：《民国第一校友会》，《文史天地》2004年第8期，第31～36页。
③ 邓娅：《我国高等教育财政体制改革与大学基金会的兴起》，《北京大学教育评论》2011年第1期，第94～106、190页。

加上慈善文化的兴起和传播，越来越多富有情怀和社会责任感的企业家、慈善家不断涌现，他们愿意加入慈善事业特别是兴办教育的行列。更令人感动的是，广大的校友群体怀着一腔对母校和社会的感恩情怀和热诚之心，义无反顾地为高等教育事业挥洒汗水、出钱出力。在国家层面，一方面，国家出台系列政策予以支持，比如1993年印发的《中国教育改革和发展纲要》强调"多渠道筹措教育经费"，1998年颁布的《高等教育法》规定"国家鼓励企业事业组织、社会团体及其他社会组织和个人向高等教育投入"，2009年制定的《中央级普通高等学校捐赠收入财政配比资金管理暂行办法》以及后续不少省市自主运行的高校社会捐赠配比政策措施，都在鼓励各层级各类型的高等院校扩大社会捐赠，争取社会办学资源。2015年国务院印发的《统筹推进世界一流大学和一流学科建设总体方案》中，明确提出"加快建立资源募集机制，在争取社会资源，扩大办学力量，拓展资金渠道方面取得实质性进展""完善政府、社会、学校相结合的共建机制，形成多元化投入、合力支持的格局"①等意见，更是为各种社会力量和社会资源（包括资金、物品、智力、科技、人力等）广泛参与高等教育事业的进程吹响了冲锋号角。另一方面，政府要求高校自主吸纳社会资源、组织社会活动、开展合作办学等行为必须合法合规、科学合理，既要符合教育主管部门的相关要求，也要遵照民政、金融、税务等部门的具体规定。这成为广大校友和社会力量参与高等教育办学的官方策动力和高校各种资源吸引举措的刚性约束力。

2. 高校、社会、国家的客观条件

在学校层面，学校对捐赠事务、校友事务的认识水平有限，经验积累不足。再加上学校体制内可供支配的人、财、物冗余资源有限，岗位编制稀缺，所有在开展具体的捐赠事务和校友工作时，总显得捉襟见肘，不够专业。在社会层面，社会组织和慈善捐赠现象方兴未艾。随着经济快速发展，民间财富快速积累，分散闲置可供调用的各类社会资源越来越多，需要富有效率的"桥梁""中介"组织将其引入富有价值的社会公共领域，但基金会、校友会及其相关社会组织从业者很少，整个行业处于发展萌芽期，知识积累、技术准备和人才储备都显不足，行业标准规范尚未成形。在国家层面，一方面，国家对高等教育的财政支持能力与办学实际需求相比总是很有限，在不同区域、不同层级和不同学校上很不均衡；另一方面，无论是基金会捐赠领域还

---

① 《统筹推进世界一流大学和一流学科建设总体方案》，中华人民共和国中央人民政府网，http://www.gov.cn/zhengce/content/2015－11/05/content_10269.htm。

是校友事务领域，都处于"摸着石头过河"的状态，缺少较成熟完善、明晰可循的法律法规体系。

3. 功利化的"合体"：校方主导的组织设计

高校作为校友会和基金会的正式发起者、直接的投入建设者，基于高等教育事业改革发展的大背景，以及来自自身、社会、国家的现实诉求和客观压力，不得不审慎地考虑校友会和基金会这两个新生事物的组织设计问题。以下四个因素是高校进行两个机构的组织设计时，优先考量的实际问题。①主导可控，完全为校所用。无论历史上两个机构发挥了怎样的功能，取得了怎样的业绩和声誉，眼下的机构设立和资源投入行为，应该是基于学校对其完全的掌控和领导，日常运行和设置是学校可以决定的。同时，两个机构设立运行后所产生的收益要对学校自身建设发展有较显著的助推作用。②便于操作，节约行政成本。前文已述，社会组织和慈善事业在全国兴起不久，教育慈善和校友事务更是新鲜事物，如何快速组织团队、设立机构，并以较低的成本开展相关业务、实现日常运转是当务之急。③功利导向：投入产出比高。学校急于充实办学力量，最需要的是社会资金，其他形式社会资源置于从属地位。学校已投入校内体制资源新设了机构，就必须见到实质性成效，最显著的体现是办学资金规模上的扩容。④合法依规，应对监督检查。政府主管部门对社会新生事物管控严格，尤其是针对社交联谊类社会组织运行和社会资金的流动管理。学校必须严格遵从相关部门的规章制度，确保新设机构依规体现其组织完备性、流程规范性，并不断建章立制、完善制度。高校与社会增强互动、获取办学资源虽是学校所愿，但毕竟属于办学事业的增量改革，守法合规是高校遵循的底线。

基于以上因素的综合考量，学校针对校友会和基金会的组织设计在逻辑上大致可分成两个步骤，但在实际操作的过程中可能是同步进行的。

第一个步骤——学校主导发起并正式注册成立具有社会组织身份的校友会（总会）和基金会。两个机构在实际运行中与校内行政部门（如基金会与发展委员会或合作联络处、校友会与校友工作办公室等）合署办公，使二者兼具公共事业单位行政部门和社会组织的双重组织身份，具体操作如下。

校友会方面，对原有纯粹民间组织属性的校友会进行"组织改造"或"吸纳收编"，借助即将举办的庆典活动或其他举校重大事件，将校友会组织（主要指校内设立的总会）转变成行政体制内的一员。这样"校友工作"就出现在了大学职能的正式序列之中，而不是像以往一样仅仅作为民间活动载体或服务平台。"改造和收编"的组织设计主要表现在：一是学校行政主导注册成立校友会总会，推动设立地方、行业、院系专业分会等各级各类校友组织，初步形成学校与校友群体之间纵横交错的校友组织体系；二是由校级领导出任校友总会会长或理事长，相关部处负责人兼任校友理事会成员，任命校内行政领导为校友总会秘书长，以确保校友会运行体现校方意志，同时可调动校内各方面资源，由此在实际上保证了校友工作服务于学校建设；三是对校友会宗旨进行调整，更加突出"为学校发展服务，为高等教育事业服务"这一明确目标；四是成立校友工作部（或依托统战部、校办、对外联络处等）与校友会合署办公，使校友会在实际运行中成为兼具事业单位行政部门和社会组织双重身份的机构。学校行政主动接管原本松散的校友事务，积极联系校友，邀请校友返校，通过集中举办庆典等活动凝聚校友力量、汇集校友资源，牵引社会资源助力学校发展。

基金会方面与校友会类似。一是由学校自行出资（作为基金会发起资金）、出人、出场地等，依法成立具有社会组织性质的基金会；二是以学校相关部门既有的编制人员（如财务处、人事处、校办等）作为基金会工作团队班底，与学校已设或同步设立的行政部门合署办公，使基金会在实际运行中成为兼具事业单位行政部门和社会组织双重组织身份的机构；三是为确保基金会资金管理运行完全处于学校掌控之下，基金会最高决策机构——理事会——基本由学校领导和相关行政部门负责人担任，同时邀请部分校内外专家（如法务、财务、金融投资等）作为理事或监事。这一系列的举措也确保了大学基金会从决策到执行的所有事务都在学校体制之内。

第二个步骤——学校倾向于将校友会（总会）和基金会两个机构合署办公，工作人员完全重合或部分交叠，实现多块牌子（基金会、校友会、相关行政部门）一套人马。在机构章程的文本中，依旧区分体现出两个机构不同的职责功能，但在机构的实际运行中，设定了高度重叠的核心任务——面向校友和社会募集办学资金，广泛争取办学资源，支持学校的建设发展。这主要体现在学校评价两个机构的业绩和负责人表现的主要指标就是筹款数量，如年度协议金额、到账金额，基金会持有净资产总量等可量化指标。

各高校在处理两个机构关系的具体方式上略有差异，或以基金会为主，或以校友会为主，主要看学校捐赠事务和校友事务的历史传统和工作基础。更多高校是以基金会捐赠筹款业务为导向的，在这种选择下校友会几乎成为基金会的筹款助手或工具，主要面向杰出校友展开联络和动员劝募工作，以便学校以最低的成本、最高的效率募集捐赠款项，快速解决学校办学经费上的燃眉之急。校友会和基金会从正式注册成立开始就完全分置运行的高校并不多见，如清华大学。此外，将两个机构整合在一个更大的机构中也是一种处理方式，如南京大学、东南大学等高校将负责教育捐赠及运作、校友事务、对外联络等相关的国内筹资部、海外筹资部、校友部、基金部、办公室等统合进更高级的机构——发展委员会，发展委员会的主任由校级领导担任，各机构部门平行运转并共同向校级主任负责。这也是一种特别的设计。

综上可见，校友会和基金会的正式诞生是学校基于自身办学发展的紧迫需求和实际条件，通过对原有校友事务、对外联络、资金管理等部门的"收编"和"改造"，再通过对两个机构的社会组织身份与行政部门身份的"合体"，以及校友会、基金会两个社会组织自身的"合署"等多个步骤的"融合式"组织设计，旨在突出两个机构吸纳社会资源、争取社会捐赠的主要任务。这样就使校友会和基金会在一定时期内出现了以下关系特征——组织目标高度重合、业绩指标高度一致、工作人员高度重叠、工作外观高度相似、重大活动同时出场等，加上行业领域还处于发展初期，所积累的专业知识和工作经验不足，学校决策层对两个机构的功能定位也不明确，师生员工、校友、校外人士对两个机构的关系就更加困惑，由此出现难以辨识的情况。对很多学校来说，这种"融合式"的组织设计行政成本较低、运转成效明显，很容易被学校决策层采用，一般会延续很长时间。

表2 大学校友会、基金会呈现机构重叠的现实探因

背景 （国家和社会）		高等教育事业的功能定位不断拓展（人才培养、科学研究、社会服务、文化传承创新、国际交流合作等）	
		民众对高等教育的需求持续增长、高校之间的竞争等（倒逼高等教育事业的建设发展）	
		高等教育产品的属性发生变迁（政府财政逐渐走出大包小揽，社会力量多元参与供给）	
不同层面的主客观因素		**现实诉求**	**客观条件**
	大学	充实自身办学力量（办学资金为要，其他形式为次：整合调动一切力量吸纳社会资源）	①对基金会、校友会认识水平有限，实操经验缺乏； ②人、财、物投入能力有限，相关岗位编制缺乏
	社会	①捐资助学、参与高等教育事业的意愿强烈； ②校友群体对母校的建设发展热情关切	①民间财富快速积累，认知水平逐渐提升； ②教育慈善、社会组织刚起步运行不成熟； ③相关行业缺乏专业人员和行业标准
	国家	①鼓励社会力量参与高校办学； ②组织设立和资金运行必须合法规范有序； ③减少社会风险和不可控因素	①高等教育财政支持力度有限； ②相关社会领域法律法规逐步完善； ③针对高等教育慈善和社会组织运行的法律法规缺失

续表

校方选择逻辑	综合考量	基于以上主客观因素，①主导可控，完全为我所用；②操作性强，节约行政成本；③功利导向，投入产出比高；④合法依规，应对监督检查	
	组织设计方案	逻辑步骤Ⅰ： ①主导发起、正式注册成立具有社会组织身份的校友会（总会）和基金会； ②两个机构在实际运行中，分别与校内某行政部门（如发展委或校友办等）合署办公，使其具有双重组织身份，机构的负责人和工作团队学校任命、调配	逻辑步骤Ⅱ： ①校友会（总会）和基金会两个机构合署办公，工作人员完全重叠或大部分交叠，实现"两块牌子一套班子"； ②两个机构的主要事务交叠——向校友群体和社会募集捐赠资金、争取多重资源，补充办学经费

（三）机构分置的发展趋势

任何一个行业的发展总是伴随着社会环境和利益相关者需求的变化而不断演进，行业中的机构要想在激烈的竞争中谋得更好的生存空间和发展机遇，就必须对这种变化做出及时响应。大学校友会和基金会虽具有高校的官办背景，但同时作为行业中的社会组织也必须遵循这一法则。

1. 教育慈善行业的演进与基金会的功能拓展

大学基金会事务是社会慈善事业的重要组成部分，而慈善事业的具体形态始终处在不断的发展演进中，中西方社会都不例外。西方社会的慈善事业历经传统慈善、科学慈善、战略慈善、风险慈善等一系列慈善模式，实现了从"前现代慈善"向"现代慈善"的转型。不同时期慈善模式的出现，是对前一种或前几种慈善模式出现的缺陷和不足的改进和完善而不是替代，最终逐渐形成一种混合叠加的慈善形态。这就对慈善事业的组织、管理、运行，尤其是对最主要的慈善事务承载者——基金会、慈善组织、公益组织等机构——提出更高的要求。我国慈善事业与西方国家相比，在诞生背景、环境条件、思想观念和发展轨迹等方面均有很大不同，随着改革开放后现代慈善在大陆地区的复苏，加上经济全球化的推进、传统社会向现代社会的转型加剧等因素，国内外慈善模式在很多方面相互都影响或借鉴，甚至趋近或融合。由于发展时间较短，我国慈善模式在压缩的二三十年中同时具备了西方社会百余年间不同阶段出现的慈善模式特征，呈现不同类型慈善模式相互叠加的混合性外观。曾有学者提出，当今中国的社会慈善形态为"前现代慈善""现代慈善""后现代慈善"三种慈善模式的叠加，并将其命名为"超慈善"。在

"超慈善"形态中,三种慈善模式并存且均处于发展之中,呈现重叠发展、叠加创新的局面。①

大学基金会具体开展的高等教育慈善事业在"超慈善"形态中体现得尤为显著。由于高校自身建设对办学资金的需要、社会捐资助学的愿望、国家大力发展高等教育的政策推动等主客观因素的综合作用,高校社会捐赠成为我国慈善事业中一个非常重要的部类,逐渐受到社会各界的广泛关注和积极支持。在20余年的急速发展中,高等教育慈善事业既呈现类似于西方社会多元慈善模式的混合外观,又体现出我国慈善发展中一些特有的属性。在捐赠主体上,各类企事业单位或个人不断加入捐赠行列,除了表现出异常热情的广大校友群体之外,校董、民营企业、私人基金会、慈善组织、地方政府及国企、公共事业单位、公民个人(如家长和社会热心人)等利益相关者也都表现积极。在捐赠动机上,高等教育慈善事业既有慈善公益情怀的释放、感恩母校培育的表达,又有借助捐赠善举牵引战略合作、分享品牌资源、携手互惠共赢的诉求。在捐赠内容上,捐赠者既关注师生员工中的弱势群体或优异群体,也关注前沿课题、高端人才、文化传承、国际合作等软实力和硬实力的提升,既愿意为学校眼下的基本建设埋单,更期待为中国高等教育的持续发展和科学研究的未来成果投入。在捐赠运行方式上,高等教育慈善事业既有捐赠款物、股票、房产,也有提供无偿服务、知识技术、经验教训;既有限定捐赠用途,也有普惠学校发展;既有一次性捐赠,也有留本永续使用等。

总之,高等教育慈善事业呈现一种极为复杂的多元慈善外观,这也是目前我国大学基金会所面临的慈善场景与西方大学的重要差异所在,具有高度的时空叠加性和形态混合性。在具体的表现形式上,我国的高等教育慈善事业逐渐形成具有"传统慈善"特征的公益情怀型捐赠模式,具有"科学慈善"特征的感恩回报型捐赠模式,具有"战略慈善"特征的品牌分享型捐赠模式,具有"风险慈善"特征的合作互动型捐赠模式,还具有传统"行政慈善"特征的官方捐赠模式,以及具有"后现代"特征的个性展示型捐赠模式等。②

以上高等教育慈善形态发展演进的特点,对我国大学基金会事务产生了

① 康晓光:《超慈善——中国慈善新时代的特征及其由来》,搜狐网,https://www.sohu.com/a/217939744_727938。
② 王俊:《高校社会捐赠模式的混合形态分析》,《华北电力大学学报》(社会科学版)2019年第4期,第116~124页。

重要的影响。

第一，劝募、互动和服务的对象增多。前文所述的"超慈善"形态或称教育慈善的混合叠加形态，映射在大学基金会事务中最显著的变化就是，与高校发生捐赠关系的主体由原先单一的校友群体，拓展至企业家、慈善家、企业组织、社会组织、慈善组织、私人基金会、热心个人、学生家长、在校师生员工等众多高校利益相关者群体或机构。对象的多元化直接影响到基金会开展互动的方式和捐赠服务的内容增多、要求变高，每一类群体都携带不同的捐赠诉求在大学实施善举，因此需要通过"量身定制"的方式完成互动、回馈和服务事项，而不能像以往校庆时动员校友群体一样"整齐划一""一招鲜吃遍天"。

第二，捐赠项目的数量提升、规模加大。项目数量的提升对管理的精准度提出更高要求，基金会从原先每年运行 30～50 个项目，到现在每年运行 300～500 个项目。从理论上说，大学基金会在每个项目的"生命周期"中都需要完成监督执行、财务管理、汇报进展、调整方案、收集成果成效等事务，基金会项目除了前端劝募以外，后端维护事务工作强度大大增加。部分专项基金涉及管理和拨付的资金额度巨大，还需要成立专门的管理委员会或小组，聘请专家团队共同参与基金治理，要付出大量的执行成本和时间精力。不少捐赠项目的运行实施年度预算制度，根据前一年的实施情况酌情增减，因此对捐赠项目执行质量的控制和成效成果的追踪收集等，也是大学基金会必须承载的繁重事务。因为维护和延续一个好的项目，毕竟要比拓展一个全新的好项目容易。

第三，基金会持有净资产资金总量攀升。基金会账户上大量的公益资金倒逼基金会另聘专业人员，成立专门小组，对既有资金进行保值增值的财务运作，既要确保资金运作的收益成效，又要按照有关制度合法依规操作，谨防国有资产的流失。这些并不是简单的日常事务。

第四，基金会在学校管理体系中的地位跃升。随着捐赠项目的增多和沉淀资金总量的扩大，基金会越来越成为学校需要和认可的"资源方案设计者"和"重大决策支持者"，不少重点建设项目和战略规划的工作小组中都有基金会负责人的身影。校方要求基金会围绕全校的中心工作和重点事务设计捐赠项目，获取重要的资金支持。这就对基金会运行模式提出了新的要求，从原先的"等靠要"状态转型为"谋争抢"状态，需要精准设计品牌项目，挖掘体制资源，定制互动方案，形成教育慈善营销策划的工作模式，而不是像以往只是"被动等待受赠"。

第五，基金会广泛参与办学事业，衍生新的功能。基金会因设立大量学生奖助金，而参与学生培养工作流程，间接肩负起促进感恩教育、诚信教育、慈善教育的职责；因设立校园景观、建筑空间、楼堂馆所等冠名项目，肩负起传播慈善捐赠文化，促进校园文化建设的职责等。此外，基金会还在捐赠事务之外间接参与到促进校企战略合作、产教融合，促进科技前沿探索，帮扶贫困地区（大学定点扶贫市、县等）的建设发展，支持基础教育等新的事务当中。（见图1）

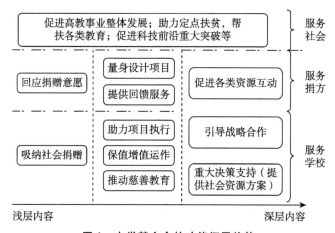

图1　大学基金会的功能拓展趋势

总之，随着高等教育慈善事业的持续发展，大学基金会不得不走向纵深的业务领域，工作内容的内涵和外延显著扩大，工作外观和工作强度都发生了变化。全国高校基金会的数量与日俱增，大学基金会之间的激烈竞争带来的压力，也倒逼基金会必须走向专业化、职业化、专家化进程，需要校方给予持续的人力、财力、物力、智力投入，原本匹配于单一化项目、单一性人群、被动式受捐的传统基金工作思维、工作状态和人员结构等均难以胜任新的行业发展局面。

2. 校友群体的评价期待与校友会的功能拓展

与基金会行业类似，校友会事务也在不断发展演进。校友会作为一个具有社交性、联谊性和服务性的社会组织，逐渐意识到自身在组织运行中存在的一系列问题。这其中有很多问题是通过校友群体的切身感悟直接或间接表达反馈出来的，引起了学校层面和一线从业者的注意。

第一，校友会在功能向度上过于单一。由于大学校友会组织恢复重建的特定背景和资金来源，其功能主要指向发起成立和提供支持的高校。在校友会的功能结构中，服务学校方向体现得特别显著，尤其在募筹捐赠、汇集信息情报等方面较有成效。相较而言，服务校友的方向就比较薄弱，基本只停留在沟通联络的功能维度上。其他一些作为社会组织应该具备的功能，如服务社会文化、服务地方经济发展等还处在萌芽状态，有待进一步开发。

第二，校友会在工作内容上过于功利。大学校友会因为组织设计和自身资源状况等因素，往往更加关注那些成效显著的事务。比如，校友会即使有服务校友的功能，也主要体现在组织联络、情感维系方面。相较而言，校友会为校友提供的校园服务、终身教育、发展助推等内容与校友的需求相去甚远。再如，校友会服务学校的功能主要体现在募集捐赠、改善公共关系等显性维度，而对引导校友群体参与大学治理、促进大学文化、大学精神的传承等隐性功能内容关注不足。

第三，校友会在运行方式上过于浅层。大学校友会在日常运转中采取的具体运作方式参差不齐，有的比较专业化和现代化，有的则比较简单化、形式化。比如，不少学校采用校友网络平台、大数据分析、校友信息库等形式加强校友会的组织联络，而更多的校友会仍停留在依靠纸质通信、邮件发送、期刊编印等传统形式。劝募校友捐赠的功能也仅限通过官方发布号召、召开动员大会、领导出面走访等方式，通过捐赠项目创新设计、公益品牌推广、网络众筹、公益营销等开展校友劝募的专业性还很不足。[①]

这些实际运行中的问题，一方面反映了校友会整体工作水平、工作成效有待提升，另一方面反映了校友群体在与母校互动时的真实感受和期待。首先，校友认为学校层面对维护校友关系重视不够、投入不足，没有真正关注回应校友群体的真实需求，与校友的互动流于形式、缺乏实质内涵，关系维护时常出现"校友热、学校冷"的情况。其次，互动方式的简单化逐渐让校友产生倦怠感，导致捐赠热情下降。校友会开展校友服务的手段简单随意、不够贴心，局限于编印校友期刊、举办联谊活动、发送公告邮件等传统途径；校友与母校的互动也仅限于返校联谊、捐资捐物等浅层形式。随着时间的推移，校友参与互动的积极性大幅减退。为了最大程度地汲取社会资源，提高校友捐赠额和捐赠率，学校处置校友关系比较功利化，与校友的互动常常限于校庆纪念等时间节点，以便吸引关注和发起筹款，忽视了对校友日常化的服务细节；服务重点选择知名校友、成功校友、资深校友，忽视对普通校友、

---

① 王俊：《我国大学—校友关系的发展转型探析》，《江苏大学学报》（社会科学版）2019 年第 5 期，第 86～92 页。

年轻校友的关注支持，未体现人本原则、平等原则。工作方式趋近于开展行政事务，忽视了校友的参与和意见，缺乏对校友诉求的倾听和回应，缺乏民主协商意味。再次，不少大学的地方校友会、行业校友会依托校友企业或地方组织机构开展具体服务工作、联络工作和合作事务的自主性、创造性和服务性都强于学校设立的校友总会，与大学校友总会形成隐性的竞争关系。校友群体的感受和体验反映了学校对校友关系维护和互动水平尚处在初级阶段，具有间断性和不可延续性，而校友们的"审美疲劳"、"不满评价"和"用脚投票"行为，易使大学校友事务处于一种"学校热、校友冷"的困境之中。

现实的工作状态、工作结果和工作评价等外部压力，加上各高校加快推进"双一流"建设迫切获取校友和社会资源的内在动力，驱动学校开始反思校友会的职责功能，并意识到应当将校友事务精细化、服务化、合作化的改革任务提上议事日程。校友事务的一线从业者也意识到，旧有的"涸泽而渔""杀鸡取卵"的互动方式必须加以改进，校友资源的开发犹如促进作物的生长，"欲乘凉必先栽树""不断施肥培育"才可能收获后续的"果实累累"。广大校友群体多元需求的呈现、真实情绪的表达、"用脚投票"的选择、"审美疲劳"的感受等，倒逼高校从理论和实践上不断探索，大学校友会的组织功能开始裂变出服务校友、服务学校、服务社会等多重方向和更加细致的工作内容。

①服务校友的功能不断细化。校友会存续发展的动力源于真实的需要，校友个人成长发展的需求是校友会作为社会组织功能设定的重要依据。有研究者曾对校友、对大学及其校友会的需求做出分析，总结出安全、社交、尊重、自我实现等多个层次的需求点。① 本文结合走访调研和现有文献的梳理，将校友会服务校友的内容细化为组织联络、校园服务、信息咨询、文化教育、发展助推等多个维度。

第一，组织联络功能。校友之间因共同学习、工作、生活而结成"学缘关系"，希望保持联络、开展活动、维系情感。随着高等教育大众化、普及化进程的推进，校友身份对现代公民来说更加普遍，保持庞大的校友群体之间联络的成本和难度日益加剧。这不仅需要校友会建立并不断完善校友信息数据库，成立地域、行业、年级等不同类型的线下联络组织和线上交往平台，更需要通过新颖的活动形式，如不少学校组建校友兴趣协会、举办文体竞赛、

---

① 石慧霞：《需求与回应：处于母校和校友之间的大学校友会》，《复旦教育论坛》2004 年第 4 期，第 66～68 页。

集体仪式等来稳定和巩固校友之间的日常互动；同时，需要校友会成为母校和校友的信息枢纽站，及时分享来自各方信息资讯，加强校友与校友之间、校友与母校之间的信息沟通。① 满足校友之间的情感联络和社交归属需求是大学基金会最基础、最显著的功能。

第二，提供校园服务。校友毕业离开学校后，期待重返校园，重温大学时光，并获得相应的身份待遇或日常福利，如获取大学纪念品、免费或优惠使用大学设施、参访大学景观和场馆等。享受各种因校友身份而独有的福利和待遇是校友获得归属感、满足感和成就感的重要物质基础。校友会对大学纪念品的创意设计、对校内各类实物资源的组织协调等将为广大校友带来切实的便利和幸福感。②不少大学校友会在线上线下面向校友、游客、潜在学生及其家庭等出售学校自制纪念品、学生工艺品等，用销售利润补贴大学校友会的日常运行，以促进校友会更好地服务校友群体，这种社会化的服务运作方式得到校友的广泛认可。

第三，提供信息咨询。校友基于对母校的真挚情感和价值认同，特别关注母校的办学情况，尤其是人才培养、科学研究、社会服务等方面的最新进展和业绩成就。同时，校友会也很关心学校的发展需求和瓶颈，以便助力支持。出于自身事业发展的需要，校友对所处行业、科技、人才等境内外信息格外关注，希望借助母校的信息咨询平台获取最新情报加以利用。校友会在合法依规的前提下，整合校内各种新闻资讯及时发布传递给校友群体，并尽可能协调争取学校的图书馆、档案馆、数据库等资源平台，面向校友办理校园服务卡，为校友免费获取或优惠购买图书资料等提供便利，同时也为校友企业与学校展开产学研合作提供行业情报线索。还有一些城市的地方校友分会充分利用网络平台为校友提供租房购房、就业创业、社交择偶、兴趣分享等一系列服务，大大降低了年轻校友事业起步期的生活成本。

第四，提供文化教育。大学作为一种专门的文化机构，生产和供给文化产品是自身的基本职能，也是对广大校友最具吸引力、最持久的馈赠。校友曾在母校学习成长，学习宝贵的知识和技能，走出校园后仍然希望回炉深造、继续学习，接受终身教育；同时也希望再获大学深厚的文化底蕴的浸润，分享大学提供的公共文化产品。一些校友会通过整合校内各教育教学资源为校

---

① 张健、法晓艳：《大学和校友交互服务模型研究》，《黑龙江高教研究》2016 年第 10 期，第 77 ~ 80 页。

② 袁飞、梁东荣：《美国大学与校友关系互动的经验及启示》，《高教探索》2016 年第 4 期，第 59 ~ 63 页。

友创造继续学习机会，提供在线学习课程，传递优秀的讲座报告的信息等；①或者分享校内各种文化艺术展演活动信息，为广大校友提供观摩学习、交流分享的机会。还有的高校针对校友家庭成员开办校园体验或假期夏令营等项目，让大学文化资源惠及校友下一代。校友会对校友的精神文化诉求积极回应，创造机会让校友与母校在思想上发生碰撞，产生共鸣，增强校友的忠诚度和归属感。

第五，成长发展助推。在校友个人的事业发展中，母校是重要的助推者。校友会通过报道校友的典型事迹和突出成就，传播校友群体的优良品德，既体现了大学的育人成果，也传递了社会正能量；通过授予荣誉、颁发奖励，对做出突出贡献的校友进行致谢肯定和勉励肯定，增强校友及其企业的社会美誉度和影响力；通过聘任校友作为兼职教授导师或顾问理事等，促成校友参与学校教育管理和办学发展，强化校友的身份意识，密切与母校之间的资源互动。不少学校通过校友会和基金会的配合，设立年轻校友创业基金、校友重症救助基金、校友服务贡献奖等，为校友的健康成长和事业发展提供实质性的支持。为校友会协调各种资源助推校友事业发展的本质，是促进学校和校友之间分享社会资本，使二者进一步结成"发展共同体""命运共同体"。

②服务学校的功能日趋多元。大学的使命追求和办学发展需要是校友会作为学校职能部门设立的主要依据。大学基本职能包括人才培养、科学研究、社会服务和文化传承创新，校友工作的重心就是围绕这些基本职能和学校重点工作，吸纳整合社会资源，尤其是来自校友群体、校友企业、校友所在行业的社会资源，支持回应学校的办学发展需求。办学发展需要得到各类资源的支持，包括资金、实物、智力、技术、信息、关系、认同等有形或无形资源，而不仅仅是资金。按照这些资源需求的类型和层次，我们将校友会服务学校的功能分为参与教育教学、改善公共关系、汇集信息情报、引导参与治理、吸纳校友捐赠、促进文化传承等内容。

第一，参与教育教学。校友群体类型的多样化、对学弟学妹的情感、自身经历体验的丰富等，使校友会可以在学校的人才培养工作，尤其是品德教育、就业指导、实习实训中提供技能培训和成为榜样示范②；可以在学校的国

① 李强、蒋婷：《高校校友资源开发与管理：哈佛大学经验》，《大学》（学术版）2011年第8期，第29~32页。
② 詹美燕、楼建悦、郑川：《高校校友资源应用于育人工作的实践与思考——以浙江大学为例》，《思想教育研究》2013年第4期，第86~89页。

际交流、人才引进、产学研合作等工作中牵线搭桥、构筑平台，承担起教书育人校外导师的重要责任。不少学校通过校友会的牵线搭桥，为广大在校生配备了各领域的校友兼职教师、导师、辅导员等，在不少校友企业或工作机构设立了学习实习科研流动站或培育点，极大地丰富了学校的教书育人体系。①

第二，改善公共关系。大学不是一个封闭的系统，需要与外部环境充分交流互通，良好的社会形象和声誉口碑是一所大学获得社会地位的基本保证。校友是学校的重要教育产品，也是学校显著的品牌形象资源。校友的成果业绩、社会贡献、人格魅力等标志着学校的教育教学水平、人才培养质量、办学实力、文化传统，校友的社会表现是学校赢得尊重的重要禀赋。② 校友是学校拓展公共关系的重要媒介。校友身处天南海北、各行各业，对母校成就业绩的传播推广，有力提升了学校的美誉度。校友为学校处理对外事务、开展外部治理提供重要的人力、智力、信息、关系资源支持。校友会在充分掌握校友发展状况的前提下，密切联系校友群体及关键人物，为学校的品牌推广、成果宣传、招生就业、危机应对等出谋划策、提供情报，使学校获得宝贵的公共关系资源。

第三，汇集信息情报。一方面，现代社会中信息就是生产力，学校在处理各种事务，尤其是做出重大决策时需要全面、及时、准确的信息支持。校友群体分布广泛，掌握各种行业信息、科技信息、政策信息、人才信息等情报资源，通过校友会的收集整理传递给学校，有助于学校在管理运行中降低成本，增强解决问题、走出困境、抗击风险的综合实力。另一方面，校友会携手相关部门跟踪校友群体的就业状况、职业发展、社会表现等信息形成人才发展数据库，对学校人才培养工作形成信息反馈，为学校实施教学改革、管理创新提供重要依据。

第四，引导参与治理。现代大学治理涉及校内外各种公共事务的处置，需要各种社会力量的积极参与。校友群体不仅掌握大量的人力、物力、财力、智力资源，而且满怀对母校的一腔热情，希望力所能及地参与到母校的建设发展中。通过校友会的平台搭建和精准对接，校友有机会在校园管理和师生服务等工作中出谋划策、贡献智慧。同时，校友会还可以组织遴选优秀的校

① 郭樑：《论校友资源的育人功能：以清华大学为例》，《社会科学战线》2005 年第 3 期，第 327 ~ 328 页。
② 周蔺：《校友在大学公共关系中的地位和作用》，《高等教育研究学报》2001 年第 4 期，第 57 ~ 59 页。

友代表，通过理事会、顾问组、校董会成员的身份，参与学校管理决策，传递广大校友意见和建议。[①] 校友会的协调和整合，可以促进校友资源与学校建设发展、教育管理、社会服务等职能全面对接。

第五，促进文化传承。校友曾在学校学习、生活、工作，是大学精神和文化的亲历者，走出校园后他们仍然是大学精神的践行者和传播者。在校期间的耳濡目染和潜移默化，使校友的所言所行、社会表现继续传承着大学精神，传递着大学使命，并由此形成独特的大学文化亚文化形式——校友文化。校友会组织校友群体开展的社会活动、实施的服务项目、促成的捐赠合作等都是校友文化的载体和形式。校友文化的内核和灵魂是大学精神，大学、校友会和校友群体的社会行为共同构筑了大学的精神家园，传承和弘扬了大学精神和文化传统。[②]

第六，吸纳校友捐赠。办学经费的缺乏始终是大学在建设发展中必须面对的基本困境。推动校友关注母校的办学需求，积极慷慨解囊，支持母校建设发展是学校恢复和重建大学校友会重要的推动力，也是众多功能内容中校方最看重的一个。校友会通过与基金会密切配合，参与策划捐赠方案，动员引导校友群体的捐赠方向，通过捐赠货币、设备、收藏品、股权、知识产权、房产等形式支持母校办学，同时在捐赠行为完成后，与基金会、相关院系部门等密切配合，及时跟踪善款和物资的使用流向，确保校友的善举得到回馈、心意圆满落地。

③服务社会功能的不断探索。校友会服务社会的功能方向既体现了大学基本职能中的"社会服务"选项，也是作为社会组织的公共责任所在。校友会凭借双重身份属性，背靠学校体制资源，面对广大校友的社会资源，具有承接社会服务项目的潜能。一方面，校友会作为中间方协调学校与企事业单位或社会组织开展洽谈，促成多方合作；协调校友群体、校友企业与地方政府之间进行合作，获得相关部门的政策支持，共同促进地方社会经济的发展，也为校友事业发展谋得实惠。另一方面，校友会，尤其是地方或行业分会，有责任和义务通过举办各类文化、科技、交流、培训等活动直接服务地方建设、社区发展，使广大社会成员也成为校友会功能结构下的受

益方。① 近年来，我国部分城市兴起的"校友经济"模式以母校为中心，通过校友、企业、高校、政府、社会多维关系的互动，产生物质、文化、人才等方面的资源交换，为各方带来经济收益或社会效益的同时，也借助校友会的"枢纽"作用为大学的资源拓展提供了创新路径。② 这些新思路、新举措、新探索对大学校友会自身的组织建设、团队建设、能力建设等均提出了很高的要求（见图2）。

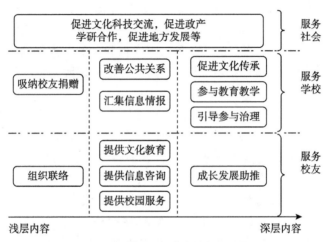

图 2 大学校友会的功能拓展趋势

3. 校友会与基金会分置运行的新趋势

大学校友会、基金会为应对来自学校、社会、校友及利益相关者的需求，必须对自身的功能进行大幅拓展。两个机构的功能设定与其双重组织身份密不可分，不同的组织身份导引出不同的功能方向和细致内容，由浅层内容逐渐向深层内容递进，各自呈现出更为复杂的功能结构（见图1、图2）。由于不同高校的校友会、基金会在历史传统、资源状况、工作基础和能力水平上的差异性，有的功能设计是主动创新的，有的则是被动改善的，不同高校面临着不同的问题和挑战，采取不同的配置运行方式。

大学校友会和基金会因行业的发展演进和服务对象评价期待的变化，导引出两个机构功能裂变和分置运行的趋势。两个机构仍然具有很强的"官方性"，由学校主导控制，以服务学校建设发展，支持高等教育事业为终极目

① 郭必裕：《强化我国高校校友会承担社会服务功能初探》，《现代教育科学》2017 年第 6 期，第 42～45 页。

② 王溥、胡方园、姬媛：《校友经济："武汉模式"及其思考》，《经济问题》2018 年第 6 期，第 100～103 页。

标，但是所覆盖的工作领域、采取的路径方式发生了变化。两个机构职能的重叠部分依然存在且非常重要，如获取社会捐赠和其他实物资源、提供信息支持等，但是占据彼此业务总量的比重下降。在这样的背景下，很多有条件、基础好的学校率先选择将校友会和基金会"分而治之"。资源充裕、时机成熟的学校实施两个机构的完全分置运行，形成两个部门（正处级）分别运转；资源欠缺、条件尚不成熟的学校，选择在一个部门内分置两个机构，功能有所侧重（一般侧重于基金会筹款业务，便于用业绩数据证明自身价值），但是也较为独立运行。总体看来，大学校友会和基金会的分置运行似乎是一种新的发展趋势，有研究者将其描述为"双翼模式"。[①] 这一点还可从两个行业的知识化、职业化进程中看出端倪。中国高等教育学会下设教育基金工作研究分会和校友工作研究分会，分别就基金会和校友会相关理论和事务开展学术研究、业务培训、行业交流研讨等，从侧面佐证了这个发展趋势，现代社会中的行业机构最终趋向于走上精细化的分工之路。

（四）校友会和基金会"合"与"分"的利弊分析

所谓利弊分析只是针对特定时空、具体情境内学校设定目标的实现程度，以及利益相关者的期待评价等进行的主观陈述。大学校友会和基金会无论"合体运行"还是"分置运行"都有其存在的现实性和相对合理性，积极性与消极性只是这枚"关系"硬币的两个面相。

1. 肯定"合"的成效，直面"合"的缺陷和弊端

校友会和基金会"合体运行"最大的受益方是学校。学校发起成立两个机构并合署运行，以比较低廉的行政成本、简约可行的操作方式，快速获取了具有实质性的办学资源——捐赠资金。基金会和校友会携手合作，主要面向大学的杰出校友、校友企业等劝募善款，获得了学校教育基金的"第一桶金"，形成了一定的资金规模，为学校将来持续的建设发展奠定了重要的基础。同时，校友会和基金会携手创造的"校友捐赠"现象，也向社会公众呈现了一种以往不曾有过的高等教育参与方式——财富参与。越来越多捐赠高校的善举，尤其各类媒体对校友大额捐赠事迹的报道，助推了社会公众对高等教育慈善事业的认知和理解，引发了社会各界对大学与校友关系的思考，让"大学捐赠""校友情结""校友经济"等新生事物走进了公众的视野，获

[①] 杨维东：《我国高校校友与基金会工作模式试析》，"高校筹资联盟"微信公众号，2020年4月10日。

得了较为广泛的价值认同，也鼓舞了不少年轻学生和校友的奋斗热情，起到了很好的教育引导作用。此外，高等教育慈善事业因来自校友群体的捐赠频度、善款金额和社会关注度等展现出蓬勃向上的生命力和创造力，成为整个社会慈善事业的重要组成部分，甚至成为推动我国慈善行业发展的重要力量，不断引发专业学者和从业人员的关注和研究。[①]

校友会和基金会"合体运行"的弊端主要体现在行业层面和学校层面。行业层面主要是两个业务领域高度重叠，难以向纵深层次发展，工作人员的能力、素养、知识化水平都得不到充分的提升，与世界一流大学所应具备的校友和基金事务的专业化、职业化水平相去甚远。对学校的长远发展来说，以基金会事务为主、侧重捐赠筹款的"短线运作"方式，很容易让学校决策层产生错觉，捐赠善款来得如此容易，并不需要进行多维度、立体化、持久性的资源投入和战略布局，但社会经济的发展、慈善形态的演进，对这种短期兑现的筹款模式提出了挑战。一旦单笔大额捐赠减少，项目开发能力贫瘠和已有项目维护能力薄弱的弊端就会很快呈现。基金会事务只有逐步走向项目设计、资金运作、精细管理、资源开发、贴心服务、战略合作等全流程的业务领域，并对潜在捐赠方实施多元化开发和持久关系维护，才能为学校的战略发展带来长久实效。"合体运行"的方式也容易对校友会事务产生比较消极的影响。首先，校友群体的互动体验参差不齐，资深校友、年轻校友、杰出校友、普通校友获得感差异很大，从而对学校与校友之间建立良性持久的互动关系造成阻滞。其次，"合体运行"的组织设计聚焦于短线互动、功利交往，因为学校的重视程度和人财物资源投入有限，不太可能对"校友服务"的细节内容狠下苦功、精心打磨，也让校友个体层面的期待和获得感不断衰减。最后，一方面，只有"校友捐赠"内容的校友工作外观让很多校友产生错觉，他们分不清校友会和基金会，即使收到校友会的信息也总以为是学校在向自己募款；另一方面，校友很容易产生"疏离感"，在大额捐赠、重大纪念、庆典活动的激情亢奋过后，觉得自己势单力薄，尚无力量支持母校，与母校的发展命运无甚关联。所有这些表现很可能导致学校未来的校友资源收益减少。

2. 展望"分"的趋势，预判"分"的问题和挑战

为推进校友会和基金会事务向专业领域纵深发展，回应来自学校、社会、校友和众多利益相关者的多元化诉求，持续解决大学建设发展的个性化需求

---

① 王振耀：《大学教育基金会的使命与挑战》，《科学新闻》2012 年第 9 期，第 48～49 页。

与资源有限性之间矛盾，采取两个机构分置运行的方式是大势所趋。分置运行后，两个机构分别聚焦自身的业务领域，才可能实现事务的专业化和职业化，从而使两个机构在大学治理能力提升的过程中，在大学"双一流"建设的进程中发挥更大的作用。目前，从不少高校实施的"分置运行"情况来看，有的是浅层分置，有的是深度分工，都不同程度地出现了新的问题，面临新的挑战，值得我们关注。

第一，分置运行造成信息阻隔、资源共享不畅。两个机构一旦分置，原有的共享信息，如校友数据库、捐赠人数据库、校董数据库、捐赠项目和活动数据库等，分别存放归属，不能在双方各自开展实际工作中及时调用、相互助力，影响具体劝募工作和校友服务的效率和质量。

第二，分置运行造成重复做功、资源浪费。两个机构在面对校内院系、部门和师生群体开展工作时有很大程度上的对象重叠。在策划活动、设计项目、部署任务时，两个机构分别前往相关单位反复对接，造成其他单位时间、精力和行政资源上的浪费。不少校友会和基金会鼓励院系下设二级办公室或工作组。两个机构分置后，院系需要同时设立发展工作和校友工作工作组才能有效对接两个机构的具体事务需求，有形和无形中增加了行政成本。同时，校友会和基金会在面向校外的校友群体（包括校友牵线联络的其他社会主体）展开资源动员时，存在反复开发、重复挖掘的情况，时常让校友疲于应付。

第三，分置运行造成联动缺失、相互掣肘。无论在开展日常工作中，还是在筹划学校大型活动和庆典时，两个机构缺乏制度化的"协同联动"，时常出现工作步调不一致、具体事务权责不清晰、活动重复设计、功能错位挤占等情况，容易造成工作矛盾，影响学校对内统筹和对外事务的整体布局。

第四，分置运行造成捐赠筹款业绩下降。基金会的工作表现一般以捐赠筹款规模体量作为表征，校友会的工作表现一般以服务对象评价、开展活动数量、社会影响力、非货币资源供给情况等作为表征。两个机构在工作观念和价值取向上的天然分歧导致在面对潜在捐赠对象尤其是校友群体时的处置方式差异很大。基金会时常埋怨校友会坐失良机、不敢主动劝募，校友会时常埋怨基金会急功近利、过度索取，而校友时常居于中间无所适从，不少捐赠意愿或潜在合作项目由此搁置、等待时机，很难达到两个机构"合体运行"和与校友"短线互动"时的筹款效率。

二 在校友会和基金会的运行机理中探究二者的关系定位

从上文分析可知，校友会和基金会在不同时期"合"与"分"的关系处置，不仅取决于高等教育事业的发展状况，也取决于学校的实际需求和主观选择。"分"或"合"各有利弊，造成利弊的原因很多，有客观性的，也有主观性的。如果不能充分理解校友会和基金会在大学运行中的功能定位，简单做出"非分即合"的组织选择，加上具体执行上的偏差，则往往容易陷入"一'合'就功利、一'分'就阻滞"的"钟摆式"问题循环。笔者认为，应将对校友会、基金会的职责功能及运行机制的探究纳入更加宽广的大学治理问题视野，在大学外部治理架构中找寻两个机构的恰当位置，发现两个机构的优势和不足，由此确定两个机构之间，以及两个机构与其他相关机构之间的权责边界，这样才可能走出"钟摆式"的问题循环，超越以往单纯的"非分即合"状态。

（一）机理一：高等教育产品供给的多元参与格局

大学校友会、基金会的诞生和不断发展，都离不开"我国高等教育体制改革"这一大的背景环境。高等教育体制改革的本质是国家和社会共同选择高等教育产品属性变迁过程。在政府、社会、市场等各种因素的影响之下，我国高等教育产品从最初政府垄断供给的"纯公共产品"逐渐转变为"准公共产品"或"混合产品"，呈现为政府主导供给，社会、市场、个人共同参与供给的多元格局。走出政府财政大包大揽的高等教育开始有序引入社会力量、社会资本的参与，这是我国当代大学校友会、基金会正式出现的重要因素。

20世纪末，国家出台一系列政策制度，提出"扩大高校办学自主权""高校从社会融资办学""允许提高学费收入"等建议，鼓励各种社会主体参与高等教育事业。从整体上看，改革后的高等教育已成为一种复杂的混合产品，在产品的供给种类、供给主体、供给方式、成本分摊上出现多元化趋势。宏观层面，不同类型高校可视为不同层级的教育产品，如研究型、教学型和社区职业型，部委下属型和省市地方型，可采取多种不同的供给方式，如公办、民办、合办、共建等。中观层面，每所高校提供的教育产品是不同类型公共产品的组合，如学校的教学、科研、管理、服务、后勤、基础建设等，有的居于基础性地位、共享面宽、难以分割，具有非排他性和非竞争性，应由公共财政支持；有的受益面明确，可追溯到具体个体，具有排他性和竞争性，可利用社会化途径解决，按照成本分摊原则采取相应供给方式。微观层面，教育产品的生产和提供比较复杂，既有硬件部分，也有软件部分，具体到每种教育产品的供给流水线可以分阶段、分环节、分步骤进行。[①] 按照公共产品供给理论，公共产品的供给流程呈现为决策—融资—生产（管理）—提供（分配）—评价（消费）等连续分布的不同环节。我国的高等教育作为一种"公共性"很强的准公共产品或混合产品，其供给流水线的每个环节可相对分离，允许不同主体（如政府、社会、企业、校友、企业、个人等）以特定途径或方式主导或参与相应的供给环节，最终实现资源汇聚、成本分摊、收益分享。[②] 这也是高校（高等教育公共产品的主要供给平台）作为多元利益相关者组织较为显著的一个特征。

在这样的背景下，大学的外部治理就显得异常重要，除了关注政府的宏观政策、财政供给，以及教育行业机构的第三方评价等外部因素之外，大学外部治理还应聚焦高等教育产品供给流水线上的"社会资源接入"问题。首先需要解决的是融资接入。在国家政策积极引导和社会公众的主动参与下，不仅财政拨款、扩大规模、增加学费、横向经费为学校所采纳，银行借贷、联合办学和社会捐赠等也都成为高等教育产品融资的补充选项。经历了时间的洗礼和现实环境的考验后，通过银行借贷、扩大规模、增加学费等方法争取办学经费的空间逐渐狭小，吸纳社会捐赠和校友资源作为一种新兴的办学支持方式，逐渐受到高校的重视。其次要解决的是多种类型社会资源的广泛接入。大学的建设和发展不仅需要资金，还需要智力、人力、物力、技术、社会资本、公共关系等各类资源的不断投入。由此，大学基金会、校友会以及一些负责外部治理、对外联络、拓展合作的部门或机构在学校体制内应运而生，包括校友会、基金会在内的外部治理机构，负责将多种多样的社会资源进行分类处置，按照双方共同的意愿诉求，精准接入高等教育产品供给流程中的不同环节。

基金会本质上是一个围绕资金管理的机构，着眼于筹措资金、运作资金、使用资金、监督资金，并处置学校与利益相关者（主要是捐赠者）的关系，所以基金会在"流水线"中主要负责将社会捐赠的资金接入融资环节，同时影响决策环节（为重大项目提供资源方案或必要的资源信息支持），参与生产

---

① 王俊、范赟：《我国高校基金会的社会功能探析》，《黑龙江高教研究》2017年第12期，第25～29页。

② 郑谦：《公共物品"多中心"供给研究——基于公共性价值实现的分析视角》，北京大学出版社，2012，第177～184页。

环节（监督捐赠项目执行，确保项目的质量和成效等）。校友会本质上是一个围绕特定人群（校友及其相关组织）组织动员、管理服务的机构，着眼于联系校友、组织校友、服务校友，处置学校与校友群体的关系，动员校友资源，所以校友会在"流水线"中主要负责将来源于校友（包括校友个人、校友企业、校友组织、校友关联或牵线）的庞大资源（智力、人力、物力、技术、社会资本、公共关系等）接入高等教育产品供给的相应环节，如影响决策环节（为学校重要决策提供信息情报，发动校友建言献策），参与生产环节（为学校的教育教学提供校友导师资源、创设实习实践实训机会，为学校管理服务运行提供技术、信息和人脉等），同时参与评价环节（发动校友对大学的教学质量、服务水平、综合实力进行评价和建议等）。其他外部治理机构 X，如对外合作处、产学研合作办、科技成果转化中心、资产经营公司等分别将产业资源、企业资源、其他社会资源以相应方式接入高等教育产品供给流水线，同时也以合法合规的方式确保"资源投入者"获得高等教育产品供给过程中溢出的"外部收益"。（见图 3）

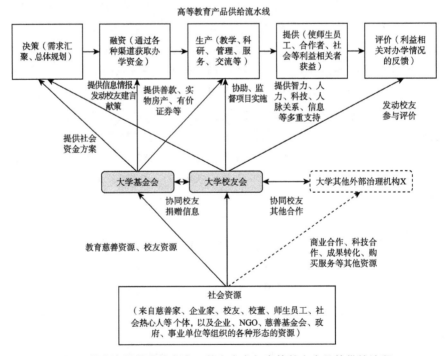

图 3 社会资源通过校友会、基金会参与高等教育产品的供给流程

由此可见，作为外部治理机构的校友会和基金会，一个主要对"资金"

（教育善款）展开具体事务，并由此延伸到特定利益相关者的关系维护和服务工作；另一个主要面向"特定人群"（校友）及其持有的资源展开具体事务，并延伸到相关的关系维护和服务工作。二者殊途同归，最终都服务于学校办学事业的发展，这是我国高校从体制内发起设立校友会和基金会的本意所在，也是中国大学校友会和基金会运行的特定逻辑。按照这个逻辑对大学校友会和基金会进行分工，展开制度化合作就是我们处置校友会和基金会关系的根本原则。实际上我们要处置的不仅是校友会和基金会的关系，还包括众多外部治理机构之间的分工合作关系，否则一旦各种类型的社会主体、多种形式的社会资源无序接入高等教育产品流水线，混乱地参与学校的办学事业，难免发生资源竞争、职能掣肘、效率低下等问题。

（二）机理二：背靠体制——面向社会的资源动员双向模式

与其他外部治理机构相比，大学校友会和基金会还具有自身独特的运行方式。首先，两个机构自身都不占有充裕的、重要的体制内资源（如科技资源、知识产权资源、人力资源、财政资源、后勤服务资源等），可以说校友会和基金会是具有高度的外部资源依赖性的组织机构。[①] 同时，两个机构的主要职责都是向社会外部环境广泛地争取各类办学资源。组织自身不占有绝对资源的现实，加上吸纳获取资源的功能定位，决定了校友会和基金会都是典型的资源动员型组织，吸纳资源、转化资源、传递资源、交换资源是两个机构的天然使命。资源动员的流程可描述为：校友会和基金会首先向共同的母体——学校——汲取体制内资源（学校层面、其他部处、院系层面），作为桥梁或枢纽，将资源包装整合传输到校外特定群体；再通过复杂的社会交换，从校外获取各类资源，再次作为桥梁输入校内体制，促进学校的建设发展，从而完成学校体制资源和校外社会资源的互动。学校体制与社会环境中的资源形态多样、互动复杂，有的涉及经济利益，有的涉及社会利益，关键在于如何资源形态的有效转化。大学校友会和基金会的双重组织身份——事业单位的行政部门和非营利社会组织，促成了这种"背靠体制－面向社会"的资源动员双向链条。[②]

[①] 笔者接触的不少大学校友会和基金会负责人都表示，两个机构在校内的行政部门序列中基本属于边缘位置，如不在体制内巧妙借力、充分动员或开展横向合作，很难发挥自身功能。

[②] 王俊：《我国大学校友会资源动员的功能解析》，《南京航空航天大学学报》（社会科学版）2019年第3期，第90～95、102页。

1. 内部资源动员链 I：学校体制—发展委/校友办（行政部门）—社会环境/校友群体

大学校友会、基金会作为高校职能部门具有一定的行政资源。为实现学校体制赋予的"服务学校建设发展"的使命职责，大学校友会、基金会仅依靠学校配置的职能资源远远不够，必须更加主动地动员体制内其他资源，在维系自身运转的基础上更好地服务校内其他部门、校友群体、其他利益相关者。这个过程体现了校友会和基金会的资源动员组织价值，由此形成资源动员链 I（见图 4）。在动员链 I 中，校友会、基金会借助其职能部门身份（如发展委、校友办等）吸纳各种体制内资源——行政管理资源、权威符号资源、荣誉资源、合作服务资源、专业学科资源、情感资源、文化资源、人脉资源等，并借助社会组织身份传递给外部环境（校友或捐赠人），达成其需求意愿，为动员外部资源做好铺垫。

2. 外部资源动员链 II：校友及社会—基金会/校友会（社会组织）—学校体制

大学校友会、基金会以转化和输出外部环境所需要的体制内资源为基础，充分调动体制外的社会资源，由此形成资源动员链 II。在动员链 II 中，基金会、校友会借助社会组织身份分别向校友群体发出号召、开展宣传、组织动员，通过情感共鸣、公益营销、品牌推广等方式向利益相关者发出"慈善邀约"，以此吸纳各类社会资源，并进行分类整合、对口接入高等教育产品的供给流程，传输给学校相关部门、院系和师生员工，从而促进学校办学事业的发展。此外，动员链 II 还有一个显著特征，就是校内外资源互动的实现主要依赖于一种互动双方达成的"隐性契约"，如团体归属、情感认同、价值观认同、慈善情怀和信任关系等社会交换契约逻辑，而不是商业交换的"显性契约"逻辑。这是大学校友会和基金会共同遵循的互动逻辑，也是与其他大学机构在对外资源互动方式上的显著差异。

可以看到，动员链 I 和 II 路径相向，作为资源动员型组织的校友会、基金会处于学校体制和外部社会之间，承担着资源的"枢纽站""中转站"角色。大学校友会、基金会通过身份属性的变化打通了校友群体、社会环境和学校体制之间的资源通道，通过对来自不同方面的资源进行吸纳、传输、转化、整合、对应接入等环节实现各方需求。动员链 I 属于行政运行，主要在体制内运转；动员链 II 段属于社会运行，主要在体制外运转。这种"背靠学校－面向社会"的资源动员双向模式（见图 4）是我国大学校友会、基金会所特有的运行机制。① 这其中的关键一环是面向体制资源的动员链 I。校友会和基金会如果不能针对外部社会主体的需求，充分地开发、创造性地挖掘和调动校内体制资源，并通过转化、传输、精准服务到位，就无法兑换社会资源，实现自身职责功能，而包括行政管理资源、权威符号资源、荣誉资源、合作服务资源、专业学科资源、情感资源、文化资源、人脉资源等在内的体制资源，对校友会和基金会两个机构来说来自共同母体，往往具有唯一性（有的资源不可复制）、一体性（有的资源来自同一院系专业或部门职能）、有限性（有的资源难以持续开发），反复挖掘和重叠开发就会造成资源浪费或动员效用递减。

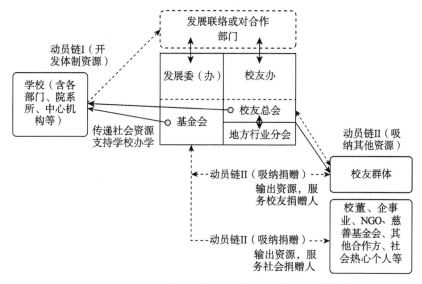

图 4　大学校友会、基金会"背靠体制－面向社会"的资源动员双向模式

由此可见，校友会和基金会在动员机制和机理上的高度相似性，在动员对象上的高度重叠性，是造成外界对两个机构难以辨识的重要原因，同时也决定了两个机构在实现业务分工的基础上，展开深度合作的必然性和重要性。在中国高等教育事业的特定背景下，两个机构不可能脱离高校母体而存续，如此相近的动员路径和动员对象，如不做出整合性的组织设计，在时间、空间、流程、对象上错位分布、相互配合，形成"一盘棋"效应，就难免会造成校内资源竞争和工作掣肘情况。

---

① 实际上我国很多具有官办背景的慈善组织和公益基金会都具有类似的运行方式。

（三）新时期校友会与基金会的伙伴关系：既"分"又"合"的战略选择

校友会和基金会具有相近的组织属性——公共事业单位行政部门和非营利社会组织双重身份，不同的工作对象及交叠部分——广泛的社会力量群体和校友群体，相似的工作机制——"背靠体制 – 面向社会"的资源动员双向模式，相同的长远目标——服务学校的建设发展和高等教育事业，不同个体的阶段性目标——为学校建设发展筹措资金和广谋资源，并衍生服务利益相关者和校友群体。同时，两个机构彼此之间的依存性、互补性也很强，协同配合至关重要，关键在于两个机构"分"在哪里、"合"在哪里。

1. "分"：专业化发展中的深度"分工"

在具体业务领域，大学校友会和基金会应在扎根中国大地、遵循高等教育发展规律的基础上，充分借鉴世界一流大学校友会、基金会在专业技术上的先进做法和宝贵经验，紧密围绕各自最主要的工作对象——教育基金和校友群体，开展业务实践和理论探索。只有充分体现基金会组织和社交联谊型社会组织的差异性，才可能有效提升各自的专业水平和专业活力，在广义的"社会互动"中创造出全新的社会价值，在大学治理体系和治理能力的建设过程中充分发挥自身特色。[1] 笔者认为，校友会、基金会两个特殊的机构部门如能成熟发展、相互配合，所牵引的社会参与性、管理专业性，以及由此生成的行业权威性，恰恰能为我国大学治理外部体系的政府权力—大学权力—社会权力，内部体系的行政权力—学术权力—行业权力"双三足鼎立"格局做出自己独特的贡献和示范。[2][3]

从大学外部治理的角度来看，校友会是大学与校友群体及社会开展"长线互动"战略的设计者和谋划者，在时间轴上应着眼于前端工作，立足于在超长周期中进行基础性、铺设性的战略布局，如更早地介入学生培养体系去培育在校生的感恩情怀和母校情结，更好地为广大校友提供无偿的优质服务，

---

① 张伟：《大学教育基金会在中国大学治理中的角色》，《中国人民大学教育学刊》2018 年第 1 期，第 41 ~ 48 页。

② 张继明、王希普：《大学权力秩序重构与大学治理的现代化——基于社会参与大学治理的视角》，《高校教育管理》2017 年第 1 期，第 27 ~ 32 页。

③ 平和光、卢威、姚荣等：《高校内部治理体系创新的理论与实践》，中国社会科学网，http://edu.cssn.cn/jyx/jyx_jydj/201710/t20171031_3688279.shtml。

为将来大学与校友之间实现"跨期补偿"式的反哺回馈奠定坚实的基础。① 基金会则是大学与利益相关者之间开展"短线互动"的施策者和推动者，在时间轴上应着眼于中短期的资源互动，通过精准落实利益相关者的善意意愿，及时反馈项目运行的成效，为其提供贴心的超额服务等措施，促成社会资源的快速兑现和不断交换；同时以捐赠项目为引导，促进学校和利益相关者在广阔的领域形成战略合作、资源互动。

2. "合"：外部治理布局中的深度"合作"

首先，校友会和基金会在实际运行中所共有的"双重组织身份"特点，以及共同依赖和服务于一个学校母体的事实情况，使两个机构永远不可能呈现为"完全分离"状态。其次，校友会和基金会在"服务学校建设发展"这个统一目标的牵引下，应该也可以在各司其职、高效运转、专业化发展的基础上，通过资源共享、配合互补，有效降低各自在具体事务中的交易成本、沟通成本、动员成本、行政成本等。不能以牺牲一方的利益换取另一方的利益，也不能仅为了眼前利益而影响了两个机构的科学发展和专业化进程。② 同时，我们在看待和处置校友会和基金会关系时应走出两个机构自身运行的狭窄空间，在大学外部治理整体框架中，将两个机构与其他外部治理机构（如创新创业机构、外联处、科技成果转化中心、扶贫办、资产经营公司、校企合作平台等）的关系进行通盘考量，整体服务于学校与外部环境的关系建设，充分整合好校内各个层级、各种类型的资源，与社会资源实现分类对接和有效互联，促成社会力量对高等教育事业的多元参与、有效支持和合理收益。③ 就目前的实际情况来看，校友会、基金会与学校现有的科研、后勤、校企合作、产学研、资产等条口部门已经存在直接或间接的竞争合作关系，只有在顶层设计上错位布局，使各个机构形成面向校外资源、校外主体的"伙伴关系"，才可能减少矛盾冲突，实现优势互补和学校利益最大化。从这个角度来说，新时期大学校友会与基金会的关系处置应超越简单的"非分即合"，走向更高层面的"分工合作"，此时的"合作"不仅应体现在具体事务、具体项目之中，更要体现在大学的治理结构和战略布局之中。（见表3）

---

① 李玉栋、梁爽、雷洪德：《美国精英文理学院校友高捐赠率的形成基础——基于威廉姆斯学院的研究》，《高教探索》2019年第7期，第59~66页。

② 刘志坚：《高校校友会与基金会的伙伴关系模式探析》，《重庆交通大学学报》（社会科学版）2012年第5期，第110~112页。

③ 杨科正、王富平：《论大学外部治理体系的构建》，《教育评论》2018年第4期，第56~60页。

表3　新时期大学校友会与基金会关系的"分"与"合"

分与合	呈现内容	校友会	基金会
分	工作和服务对象	校友群体	捐赠项目和资金，捐赠方（部分是校友）、执行方
	工作目标（阶段性）	为学校建设发展与校方群体及相关主体建立良好持续的互动关系	为学校建设发展筹措捐赠资金，促进捐赠善款的使用执行、发挥实效
	工作思路	组织、联络、凝聚校友群体，建立互信依存关系；搭建沟通互动平台，服务校友、服务学校、服务社会	开发捐赠项目，对接校内外捐受双方供需；服务捐方、执行方、校内师生员工等利益相关者
	角色定位	高校与校友资源"长线互动"战略的设计者和谋划者	高校与社会资源"短线互动"教育慈善项目的施策者和推动者
	行业发展	社交媒介、关系维系、信息传播、活动组织的创新发展（人际动员型组织）	资金筹措和运作、项目开发、资源互动的创新发展（慈善动员型组织）
合	组织属性	公共事业单位行政部门＋非营利社会组织双重身份（社交联谊型 VS 慈善组织）	
	工作目标（长远性）	服务于学校的建设发展、高等教育事业	
	工作机制	"背靠体制-面向社会"的资源动员双向模式（吸纳—整合—转化体制内资源，传输—交换—兑现校友资源、社会资源）	
	具体事务	校友捐赠项目、校友牵线其他社会主体捐赠，校友服务项目（如校友重症、创业、活动、发展基金等），校庆活动等重大事件	
	战略布局	大学外部治理结构和工作流程上的错位布局、资源调配、整合对接等，与其他校内对外机构的配合互动	

三　大学校友会与基金会关系处置的策略选项

大学校友会和基金会的关系处置方式并没有明确的优劣对错之别，符合具体时间空间内的实际情况，能够满足其发起者、建设者、利益相关者的组织期待和任务目标，同时又不产生显著的矛盾冲突和利益损失，就是积极良性的关系处置。因此，所谓的策略框架其实是一个动态适配的策略选项集合，而不是呆板固定、一成不变的方案路径。策略选项中包含了校本实际因素（宏观）、发展阶段因素（中观）和合作促进因素（微观）。每所学校结合自身实际情况，抽取有效的策略选项并重新排布就能形成符合自身特点的关系处置方案。

（一）宏观层面：关系处置的校本性原则

每所学校都有自己的发展历史和办学特点，在文化传统、专业特征、校友特点、办学目标、资源储备等方面差异很大。在处置校友会和基金会关系时，大学只有结合自身特点，选择符合校本特色的路径方案才能收获实效，单纯套用其他高校的现成做法往往会适得其反。

1. 历史文化传统

有的学校历史悠久，横跨一个多世纪，有着自己独特的文化演进脉络。有的学校在发展进程中承载过服务民族国家和社会大众的使命和责任，获得了国家和社会的广泛认可，具有极为优质的品牌资源，拥有众多长期合作的海内外伙伴，积累了深厚的友情和信任。这样的高校在校友会和基金会的初创期和成长期就适合分置运行，基金会依托学校品牌效应和自身力量就可以实现对社会资源的有效拓展，在短期内收到实效。相反，有的学校建立时间较短，与外部联络不多，更适合校友会和基金会均衡发展的路径。

2. 学科专业特征

学科专业特点与人才培养方式及其校友特征息息相关。有的学校偏重文理，培养的校友主要从事科学研究、公共事务管理或文化艺术创新；有的学校偏重工商，培养的校友主要从事经济金融、企业管理。一定时期内，前者可能更适合着力发展校友事务，以校友群体的人脉关系牵线搭桥，直接获取社会资源，间接获取捐赠资源；后者则更适合侧重发展基金会事务，依托校友会的桥梁作用，直接获取校友企业或相关产业的捐赠资源。不同的工作侧重点会影响校友会和基金会的关系处置。

3. 校友发展特点

校友群体的状况直接影响校友会的工作思路和基金会的运行策略。有的学校办学规模庞大，培养的学生众多，校友基数大，适合着重开发校友资源，从校友会的建设发展入手，在服务校友的过程中不断探索捐赠事务，获取各类社会资源。基金会在这一过程中可能只是服务校友的助手和工具。有的学校办学历史较短，校友人数有限，但校外合作机构较多，着重从校企合作、产教融合的角度切入捐赠事务可能更有成效，这时校友会起到培育感恩文化、助力年轻校友成长等孕育功能，为将来获得校友资源和社会资源做好铺垫。

4. 学校办学目标

学校在特定时间内为自身设定的办学目标和具体任务，会直接或间接地影响校友会和基金会的功能发挥和关系处置。如学校处在校园建设期、扩张发展期、战略赶超期，需要大量的资金投入有效吸引人才、扩大规模、改善服务，这种情况下就需要快速实现教育基金规模的增长。对此，学校侧重发展基金会事务，同时校友会也应全力配合筹款才是合理选择。

5. 资源实力状况

学校的现有编制数量、财政经费状况等将直接影响对校友会和基金会的组织设计和资源配置，如果编制和财政经费都很紧张，那么两个机构合署办公、人员重叠就是节约成本的理性选择。只有编制和资金充裕才可能实现分置运行、扩充人员、各管一摊、专业发展。此外，不少学校办学经费充裕，甚至出现冗余情况，那么基金会筹款就不是迫在眉睫的选择，重点发展校友事务为眼下争取其他社会资源、为将来谋划战略资源才是重点。

（二）中观层面：关系处置的阶段性设计

根据校友会和基金会的行业发展状况，可大致将二者分为三个阶段——初创期、成长期和成熟期。学校可在不同阶段采取不同的组织定位和关系处置办法，在机构负责人的配置、机构目标的设定和主要事务上有所侧重（见表4）。

表4 大学校友会与基金会关系处置的阶段性设计

所处阶段 关系特征	初创期 （外部挂靠型）	成长期 （合署交叠型）	成熟期 （分置独立型）
机构定位及关系	两个机构均"挂靠"在其他行政部门运行	两个机构合署办公，独立于其他行政部门；两个机构完全重叠或部分交叠运行	两个机构完全分置、独立办公，通过制度化方式促进常态合作
机构负责人配置	由"挂靠"部门负责人（正职或副职）兼任	由一人身兼两个机构负责人，或由两人分别负责，但有行政级别差异（如正、副职）	两个机构由两名正职分别负责，两名正职互兼对方机构的副职（如理事会的副秘书长）
机构目标及主要事务	实现合法依规运行；被动接受捐赠、回应需求；争取资源，发挥实效，获得体制内外的认可	侧重一个机构的职能（一般为基金会捐赠事务），主要面向校友群体和社会募集捐赠，围绕捐赠开展服务工作及相关活动	两个机构充分独立履行各自职能（大幅拓展的工作内容）；面对部分交叠职能、学校重大活动或相关事务时，共同决策、协同配合

1. 行业初创期：外部挂靠型关系

处于初创期的校友会和基金会在人员、财力、物力、经验、能力等方面都很缺乏，最重要的是学校层面还没有完全接纳和重视这两个机构，也可以说，两个机构还没有在学校行政体制和职能序列内充分证明自身的合法定位和重要价值。学校设立校友会和基金会的原因，很可能是迫于外部压力，如兄弟高校之间的激烈竞争、校友合作者的热切期待、依法合规的上级要求等。在这样一个艰难的初创期，最恰当的处置方式就是联合"挂靠"，两个机构都挂靠在一个更有实力、更被校内认同的行政部门，如校办、财务处、合作处、统战部等，职能高度融合甚至完全重叠（见图 5 - 1）。两个机构的负责人由被"挂靠"部门负责人（正职或副职）兼任，工作团队尽可能精简、压缩、归并，最大程度降低行政成本。两个机构最重要的事务是携手积极争取校友资源，促成一些捐赠项目落地，助力其他部门完成重大活动，支持学校中心工作。机构运行的现实目标是力争在为数不多的工作项目中做出亮点和成效，让包括校领导在内的广大师生和校内院系部门尽快认同和肯定两个机构的存在价值。能够被学校重视是校友会、基金会在体制内存续发展的前提基础，获取办学资源、产生实际作用是证明自身价值的根本途径。

图 5 - 1　外部挂靠型关系

图 5　不同发展时期校友会与基金会关系处置

2. 行业成长期：合署交叠型关系

处于成长期的校友会和基金会，在自身资源和校内认可度上有了一定的基础，学校领导层往往会对两个机构提出具体的工作要求和显性目标，如校庆期间捐赠筹款额度、校友捐赠率等量化指标。在这一阶段，两个机构关系的处置适合"合署办公""相互嵌入""职能重叠"，共处于一个行政部门，如发展委或发展联络处等，但已独立于其他行政部门，由 1 名中层身兼两个机构的负责人或由两人分别负责两个机构，但需配置成一正一副、一主一次，以便协调两个机构的相关事务，分清主次、调配资源（见图 5 - 2）。学校根据自身的实际情况和工作基础，选择侧重于校友会或侧重于基金会。两个机构充分发挥合体运行的优势，面向校友群体展开沟通、协调、动员、组织工作，充分利用庆典、重大纪念日、返校日等劝募捐赠、争取资源，为学校教育基金的积累争取"第一桶金"，为与校友群体建立持久的情感联系打下坚实基础。两个机构的共同目标是从零起步、艰苦创业、从重点校友群体做起，逐渐打开工作局面，积累教育基金"原始资本"和重要的人脉关系，以追求短期和显性的组织目标和捐赠筹款业绩为主导方向。

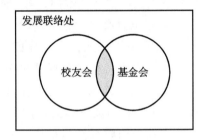

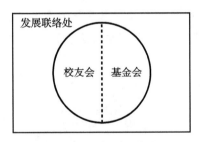

图 5 - 2　合署交叠型关系

图 5　不同发展时期校友会与基金会关系处置

3. 行业成熟期：分置独立型关系

走向行业成熟期的校友会和基金会，自身职责功能完全拓展，彼此重叠的工作内容相对减少。学校领导层、广大师生校友和校外利益相关者对两个机构的定位也逐渐明朗。因此，两个机构适合"分置运行""完全独立"，由两位中层正职分别负责机构事务，以制度化方式保证两个机构的协调联动和资源共享（见图 5 - 3）。主要事务方面，校友会着重服务校友群体，充分维护好学校与校友的良性关系，同时牵线搭桥促进校内外资源互动，广泛吸纳非货币资源支持学校的教育事业和方方面面的建设发展；基金会着重捐赠筹款，维护与所有捐赠人的关系，督办项目执行，做好资金的保值增值，同时牵线搭桥促进校企捐受双方建立更加持久的资源互动关系。特别是在校友捐赠事务方面，两个机构应有明确的工作流程和具体事项上的分工。如校友捐赠人的情感联络由校友会负责，在捐赠意向阶段，校友会工作人员主要培育、维系与校友的关系，引导捐赠并向基金会提供重点校友的数据信息，为深度开发做好准备；进入捐赠商洽阶段后，基金会主要负责设计项目、对接资源、完成协议文本、实施项目监督和跟踪等。再如，日常捐赠事务可以主要由基金会完成，重大时间节点上的大额劝募可由校友会和基金会携手合作完成；校友微捐、小额众筹更适合由校友会承担策划、设计、营销、发动和反馈工作，基金会则提供财务管理、技术平台、捐后服务等支持。

图 5 – 3　分置独立型关系

图 5　不同发展时期校友会与基金会关系处置

（三）微观层面：关系处置的积极性要件

校友会和基金会无论处于哪个行业发展时期或关系模式之中，争取最大程度的协同合作，既能节约行政成本，又能促进优势互补。在具体操作层面，我们通过学习借鉴国内外高校的成熟做法，尝试归纳出一些促进两个机构协同合作的积极性要素，供实务人员参考。

1. 共同议事的常态机制

校友会和基金会无论是在日常工作的开展，还是在重大活动的策划、学校战略层面的部署等方面，都应该设有联席会议、例会或研讨会等工作协同机制，从制度上保障两个机构经常商洽、碰撞、研讨、合作。从目前的实际情况来看，不少高校至少在校庆活动和校友捐赠事务上实现了非常态化的机构合作，但在更为细致的日常事务中，两个机构主动对接的机会很少，暂时没有形成制度性的安排。[①] 比较常见的是"关联理事"的设置，即校友会和基金会的负责人或工作团队主要成员在对方理事会中兼任副秘书长或理事，

---

① 刘志坚：《高校校友会与基金会的伙伴关系模式探析》，《重庆交通大学学报》（社会科学版）
　　2012 年第 5 期，第 110～112 页。

这种组织设计对两个机构推进共同议事起到了一定的作用。[①] 在初创期和成长期，因为共有负责人，两个机构比较容易解决沟通上的难题，消除配合上的矛盾，但在两个机构分置运行的情况下，沟通协同问题就非常突出。此外，两个机构是否由一名校级领导分管也是关键因素，一名校领导可以非常便利地召集不同部门协商议事；如果是两名校领导分别负责校友会和基金会，那么协同推进事务的成本将大幅增加。

2. 信息资源的共享共用

对两个资源动员型组织来说，有效信息和数据资源几乎就是全部的生产力来源。无论是基金会对重点校友、校友企业、校友家庭及其周边人员信息的需求，还是校友会对校友捐赠项目及其实施情况的信息需求，都是各自开展工作的重要依据之一。如果两个机构的所有工作信息和数据完全对另一方闭合，那么所造成的工作成本增加、互动机会丧失等损失是难以计算的。两个机构面向对方开设数据账号、开放信息平台的操作相对简单、便利，实际上最主要的阻隔不是来自技术，而是来自意识和机制。与此同时，两个机构如能实现财政、人力、空间等实体资源和虚拟资源在一定程度的共享共用，那么促进互动合作的效果会更加显著。

3. 共同建设的优质项目

强化两个机构合作和联系，最简单的办法就是共建项目、促成互动，如设立长期有效的校友基金筹款计划，用于困难校友的帮扶、校友活动的开展、校友服务的创新、校友创业的种子基金等；再如面向校友群体的公益众筹项目，如能实现品牌化包装、客户导向的个性化设计，加上校友群体的热情推广和积极参与，既促进了校友群体之间的沟通联系，活跃了校园内外的捐赠文化，传播了对母校的感恩情怀，又收获了各类教育基金和项目的增值。设计互惠共赢的共建项目，双方都有动力投入时间、精力和资源，共同分享收益，深度合作水到渠成。

4. 办公空间的临近交叠

两个机构只有在空间上靠近，才可能有更多时间和机会充分接触、交流，以及共同面对工作对象。如校友会和基金会分置两所、分别运行，甚至处在不同楼宇、不同校区，那么势必造成彻底的信息阻隔和封闭运转，携手合作的机会就会越来越少。西方有些学校不仅将两个机构置于同建筑、同楼层，

[①] 颜克高、罗欧琳：《关联理事的筹资效应：基于高校教育基金会与校友会的关系研究》，《中国非营利评论》2015 年第 1 期，第 73～89 页。

甚至有意识地将两个机构的办公、会晤、活动场地交错配置，最大可能地增进机构之间横向沟通、接触互动的机会。[①] 我国不少高校，将两个校友会和基金会同时置于一座富有文化底蕴和校史故事的独栋小楼，是一种非常值得借鉴的办法。

5. 工作团队的合作意识

从不少高校实际运行的情况来看，促进校友会和基金会协同合作的积极性要件在不同时期实现的难度有所差异。初创期和成长期实现起来相对容易一些，因为机构合署或由单一负责人协调工作，合作起来相对便利；到了成熟期，两个机构开始分置运行，促进合作就比较困难（见表5）。

表5 校友会与基金会关系处置"积极性"要件的实现难度

积极要件及实现难度　　　　不同发展时期	初创期 （外部挂靠型）	成长期 （合署交叠型）	成熟期 （分置独立型）
共同议事的常态机制（重大活动、重要决策、日常事务）	▲	▲	▲▲▲▲
信息资源的共享共用（捐赠人、校友、活动等数据信息，以及编制数量财政经费、外部合作、信任关系等）	▲	▲▲	▲▲▲▲
共同建设的优质项目（如校友发展基金、小额众筹活动等）		▲	▲▲
办公空间的临近交叠		▲	▲▲▲
工作团队的合作意识		▲▲	▲▲▲▲

因此，在机构分置运行后，校友会、基金会的负责人以及工作团队之间的协同配合就成为维系两个机构之间关系的关键性因素。实际上，造成机构之间产生工作矛盾的原因有很多，但大都呈现为具体场景中机构成员之间的矛盾。由于校友会和基金会在组织运行方式、外部资源和工作服务对象上一定程度的相近性，两个机构之间常见的矛盾情景大致如下：双方觉得对方挤占了自己的组织资源；一方"无偿"摘取了另一方努力工作的成果；双方共同推进某项工作，却不能平等分享工作收益；一方有意无意地干扰或破坏了另一方的工作规划或工作节奏；双方抱怨没有主导某项重要工作的职能权限

---

① 邓娅：《校友工作体制与大学筹资能力——国际比较的视野》，《北京大学教育评论》2012年第1期，第139~150、191~192页。

等。① 实际上，设立校友会和基金会的终极目的都是支持学校长远的办学发展和高等教育事业。笔者认为，在共同的组织愿景之下，两个机构负责人首先要展示出主动配合的勇气、谋事创业的气魄、对学校历史负责的态度、"功成不必在我、功成必定有我"的情怀，工作人员也要不断培养协作共赢的意识、巧妙而有效推进工作的智慧，没有工作团队之间积极主动的合作意识，创造再多的客观条件也很难产生持久的合作动能。

---

① 笔者根据与部分高校的校友会和基金会负责人调研交流时的内容整理。

图书在版编目（CIP）数据

中国高校基金会年度发展报告. 2020 /《中国高校基金会年度发展报告》编写组编. -- 北京：社会科学文献出版社，2020.11（2022.5 重印）
ISBN 978 - 7 - 5201 - 7566 - 1

Ⅰ.①中… Ⅱ.①中… Ⅲ.①高等学校 - 基金会 - 发展 - 研究报告 - 中国 - 2020 Ⅳ.①G647.5

中国版本图书馆 CIP 数据核字（2020）第 215218 号

中国高校基金会年度发展报告（2020）

编　　者／《中国高校基金会年度发展报告》编写组

出 版 人／王利民
责任编辑／谢蕊芬
文稿编辑／孟宁宁
责任印制／王京美

出　　版／社会科学文献出版社·群学出版分社（010）59366453
　　　　　地址：北京市北三环中路甲 29 号院华龙大厦　邮编：100029
　　　　　网址：www. ssap. com. cn
发　　行／社会科学文献出版社（010）59367028
印　　装／北京虎彩文化传播有限公司

规　　格／开　本：787mm×1092mm　1/16
　　　　　印　张：18.75　字　数：327 千字
版　　次／2020 年 11 月第 1 版　2022 年 5 月第 4 次印刷
书　　号／ISBN 978 - 7 - 5201 - 7566 - 1
定　　价／128.00 元

读者服务电话：4008918866